U0596208

山林、山民与山村

中国东南山区的历史研究

杜正贞　佐藤仁史　主编

ZHEJIANG UNIVERSITY PRESS

浙江大学出版社

前　言

佐藤仁史　杜正贞

　　本书是根据由佐藤仁史主持的 2013—2016 年度科学研究项目"关于近现代太湖流域农山渔村自然资源管理的田野调查"这一国际共同研究课题中,以浙江省山区为中心的研究成果的一部分而编辑的。[①] 本书收录了 8 篇与山林、山村、山民有关的学术论文,以及 2 篇资料介绍。以下,在说明该科研项目的调查背景和问题意识的基础上,对 4 年来的研究活动的经过及其内容进行简单介绍。首先需要说明的是,在施行计划的过程中,我们不得不根据现实中的种种条件和因素,对我们最初设定的目标进行调整。笔者认为对研究活动及其调整过程的介绍,可以帮助读者们更进一步了解我们编写本书的思考路径。

[①]　2013—2016 年度科学研究费基盘研究 B(海外学术调查)"关于近现代太湖流域农山渔村自然资源管理的田野调查"(主持人:佐藤仁史,课题号码:25300033)。

一、研究背景以及问题意识

（一）学术背景

佐藤曾在自己主持的 2009—2011 年度科学研究费青年学者研究 B"关于中华人民共和国成立初期江南乡镇社会改编的田野调查"中，对太湖流域"社村"的实际情况及其变化进行了探讨。"社村"是在传统中国时期以文化上的纽带组成的村落方式，在具有高度开放性的太湖流域农村中起到关键作用。在项目中，佐藤分析了中华人民共和国成立初期该地域"社村"的改编过程。① 另外，佐藤参加了由太田出主持的 2004—2006 年度科学研究费基盘研究 B"有关清末民国时期江南三角洲市镇社会的结构变动与地方文献的基础研究"和 2008—2011 年度科学研究费基盘研究 B"解放前后太湖流域农渔村的'乡土社会'与田野调查"，针对近代太湖流域农村的共同习惯和合作关系、太湖流

---

① 2009—2011 年度科学研究费青年学者研究 B"关于中华人民共和国成立初期江南乡镇社会改编的田野调查"（主持人：佐藤仁史，课题号码：21720260）。关于江南的社村，佐藤仁史根据滨岛敦俊的讨论（滨岛敦俊：《总管信仰：近世江南农村社会与民间信仰》，东京：研文出版 2001 年版，第 149—152 页）展开了相关研究。参见佐藤仁史：《民国期江南の庙会组织と村落社会：吴江市における口述调查を中心に》，《近きに在りて》2009 年第 55 号。

域渔村的水面利用和生业上的合作关系等内容,进行了初步调
查。① 作为这些科研项目的成果,《太湖流域社会の历史学的研
究》(东京:汲古书院,2007 年)、《中国农村の信仰と生活》(东京:
汲古书院,2008 年)、《中国农村の民间艺能》(东京:汲古书院,
2011 年)、《中国江南の渔民と水边の暮らし》(东京:汲古书院,
2018 年)等书已经出版。② 在研究过程中,我们发现农耕村(以
下简称农村)以外的渔村、山村也是构成太湖流域社会自然环境
的重要部分,然而在以往的研究中我们却忽略了。我们意识到,
应该从自然资源循环的角度分别对农村、山村、渔村的情况进行
分析,并有必要从整体结构来理解基层社会。这也是我们进行
该项共同研究的构思所起。

　　以往的中国基层社会史研究以土地制度史为首,在各个领

①　2004—2006 年度科学研究费基盘研究 B(一般)"有关清末民国时期江南三角洲
市镇社会的结构变动与地方文献的基础研究"(主持人:太田出,课题号码:
16320098);2008—2011 年度科学研究费基盘研究 B(海外学术调查)"解放前后
太湖流域农渔村的'乡土社会'与田野调查"(主持人:太田出,课题号码:
20401028)。关于江南渔民社会的共同习惯,参见太田出:《太湖流域渔民の香头
と"社""会":华北农村调查との比较试论》,《近きに在りて》2009 年第 55 号,等
一系列的研究。
②　太田出、佐藤仁史编:《太湖流域社会の历史学的研究:地方文献と现地调查から
のアプローチ》,东京:汲古书院 2007 年版;佐藤仁史、太田出、稲田清一、吴滔
编:《中国农村の信仰と生活:太湖流域社会史口述记录集》,东京:汲古书院
2008 年版;佐藤仁史、太田出、藤野真子、绪方贤一、朱火生编:《中国农村の民间
艺能:太湖流域社会史口述记录集 2》,东京:汲古书院 2011 年版;太田出、佐藤
仁史、长沼さやか编:《中国江南の渔民と水边の暮らし:太湖流域社会史口述记
录集 3》,东京:汲古书院 2018 年版;除此之外,作为国际共同调查的成果有,佐
藤仁史、吴滔、张舫澜、夏一红:《垂虹问俗:田野中的近现代江南社会与文化》,广
州:广东人民出版社 2018 年版。

域里已经积累了相当多的研究成果。[1] 其中最受瞩目的应属由满铁习惯调查班进行的中国农村习惯调查，以及此后利用这些史料所展开的村落共同体研究。这些研究的主题集中于：传统中国农村中是否存在村落共同体；共同体的性质如何等问题。对此课题，不同的学者所指出的结论也都不一样。譬如，内山雅生认为在传统中国存在共同体。[2] 相对于此，杜赞奇（Prasenjit Duara）和上田信等学者明确否定了共同体的存在。[3] 那么，如果传统中国的基层社会中不存在共同体的话，人们的"共同性"又是如何建立的呢？中华人民共和国成立后又是怎样改编的呢？我们有必要阐明这些课题。这也是贯穿该科研项目的一个共同问题意识。

（二）科研项目的主要目的

基于上述问题意识，该科研项目设定以下 3 点为研究的主要目的。

1. 农村、渔村、山村共同自然资源的管理和利用

以往的中国基层社会史研究主要集中在对农村的分析，相对而言，较少有研究直接探讨渔村以及山村。因此，该项目的研

---

[1] 尤其是在江南，地主制度问题一直受到学者们的瞩目。近年夏井春喜做出了一系列的研究。夏井春喜：《中国近代江南的地主制研究：租栈关系账簿册的分析》，东京：汲古书院 2001 年版；同氏：《中华民国期江南地主制研究》，东京：汲古书院 2014 年版。

[2] 内山雅生：《现代中国农村と"共同体"》，东京：御茶の水书房 2003 年版，第 16—21 页。

[3] Prasenjit Duara, *Culture, Power, and the State：Rural North China, 1900—1942*. Stanford：Stanford University Press, 1988，第 207—214 页；上田信：《村に作用する磁力について（上、下）》，《中国研究月报》1986 年第 455、456 号。

究目的之一就是积累有关渔村以及山村自然资源管理和利用的
事例,从中寻找理解渔村、山村结构的线索。关于渔村,主要分
析:湖、荡、漾的水面所有权的形态以及利用形态[开放利用资源
(open access)还是地方共同资源(local commons)];中华人民共
和国成立后的水面利用权的出现以及利用情况。[①] 关于山村,主
要分析:有关山地和山林的所有权以及其利用情况;林产品利用
的习惯;土地改革以及集体化给山林自然环境所带来的影响。
很早就有些学者指出中国的农村和山村没有如同日本的入会地
一样的共有地。[②] 那么在这样的情况下,自然资源的管理和利用
又是如何展开的呢? 本研究团队希望通过对各个事例的分析来
讨论这一课题。

　　2. 利用口述调查和地方文献,探讨当地各种习惯的实际情
况

　　我们的科研团队试图通过地方文献的搜集、解读和以口述
调查为中心的田野调查,阐明有关基层社会在自然资源管理和
利用上的共同习惯的实际情况。首先,我们整理和分析民国时
期的调查资料中相关的部分,并构建传统中国时期的相关习惯
的框架。在此基础上,我们打算在浙江以及江苏的市级和县级
图书馆、档案馆详细调查地方档案和地方报纸,从中抽出与该课

---

① 试图从公共资源的框架探讨江南基层社会的研究有,太田出:《清末民国期の太
湖流域漁民:漂泊・漁撈生活と入漁慣行》,收录于加藤雄三・大西秀之・佐々
木史郎編:《東アジア内海世界の交流史:周縁地域における社会制度の形成》,
京都:人文書院 2008 年版,第 217—236 页;太田出:《中国太湖流域漁民と内水
面漁業:権利関係のあり方をめぐる試論》,收录于室田武編:《グローバル時代
のローカルコモンズ》,京都:ミネルヴァ書房 2009 年版,第 195—214 页。
② 上田信:《森と緑の中国史:エコロジカル・ヒストリーの試み》,東京:岩波書店
1999 年版,第 209—210 页;上田信:《村に作用する磁力について(上、下)》。

题有关的民国时期到 20 世纪 50 年代的相关史料。[①] 其中我们最关注的是,围绕山地或水面界线所展开的纠纷的相关记录。另外,对于从文献中了解不到的,与当地自然资源的权利义务意识有关的情况,我们通过口述调查进行补充。[②] 口述调查主要以基层干部为主展开。大部分的受访者都是已经超过 80 岁的老人,故而我们有必要尽快对这些老人进行口述访问。该项目试图透过上述方法,从多种角度阐明当地习惯的实际情况。

3. 从共同自然资源的管理、利用理解基层社会结构的历史转变

在积累有关以太湖流域为中心的农村、渔村、山村共同自然资源管理和利用的具体事例的基础上,我们试图分析其背后所存在的社会关系以及社会结构特征。首先,我们探讨农村、渔村、山村各自的特点,并分析其不同类型的共同点和不同点。其次,我们设想构建一个可以从整体理解这些问题的框架。其中主要包括以下两点问题。第 1 点,传统中国时期基层社会的共同性是怎么样形成的。第 2 点,由国家主导的基层社会的改编,特别是从 20 世纪 50 年代的土地改革到集体化期间的共同性是如何转变的。

---

① 关于史料调查,在建德市档案馆的收获最为显著。该档案馆收藏了有关中华民国时期围绕官产所发生的纷争的史料、有关土地改革的一连串档案等大量珍贵的史料。这些史料中包含了大量关于山林和山地的内容。我们急需通过对这些史料的解读,来分析山林管理和利用的情况。

② 具体的调查情况,参见"夏季集体调查日程表"。

二、调查、研究活动的经过

(一)当初设定的研究计划以及研究体制

1. 研究计划

研究计划主要分为三个部分：①在中国的图书馆和档案馆的地方文献调查和搜集；②在太湖流域农山渔村的口述调查；③透过以上的调查结果，针对中国基层社会的共同性进行理论研究。

在日本各机关搜集相关史料之后，我们利用几年时间在吴江区、吴中区、建德市、桐庐县的图书馆和档案馆搜集了与农山渔村有关的史料。

（1）我们计划在已经有过事先调查的农村、渔村、山村进行口述访问。主要的访问对象是，了解20世纪40年代情况的老人，以及在50年代的社会主义改造时期担任过基层干部的老人。

（2）每年召开两次研究会，团队成员对调查结果进行报告，并讨论中国农山渔村共同性的历史转变过程及其特征。除此之外，还通过从外部邀请各领域专家演讲来学习和吸取有关公共资源论、环境史、农林政策学等领域的研究成果，并讨论研究的理论框架。

2. 研究体制

本科研计划开始时的成员如下：

科研主持人　佐藤仁史　一桥大学

科研成员　太田出　广岛大学

　　　　　　　　山本真　　筑波大学

　　　　　　　　山本英史　　庆应义塾大学

　　　　　　　　稻田清一　　甲南大学

　　　　　　　　村松弘一　　学习院大学

　　　　　　　　宫原佳昭　　南山大学

　　　　　　　　林淑美　　广岛大学

　　　　　　　　相原佳之　　东洋文库

　科研合作人　　吴滔　　中山大学

　　　　　　　　杜正贞　　浙江大学

　　　　　　　　陈明华　　浙江大学

　　　　　　　　唐立宗　　暨南国际大学

　　以下是我们当初设想的研究体制。团队成员参加计划的每个工作步骤，在实施研究计划①②的时候由主持人佐藤统管。另外，我们还将成员分为三个小团队，成员在各个团队带头人的领导下进行调查、研究。各个团队以及成员当初所担任的课题如下。

　　Ⅰ农村研究团队。由研究江南农村空间性的专家稻田清一担任带头人。主要成员有山本英史、宫原佳昭。稻田从地籍调查以及土地制度的角度进行研究，山本着眼于乡村的征税制度和乡约的关系，宫原关注农村教育给社会关系带来的转变，三人分别从不同侧面对农村共同性的问题进行分析。

　　Ⅱ渔村研究团队。由研究内水渔民生计的专家太田出担任带头人。主要成员有村松弘一。其中太田主要分析水面权等围绕水面利用而存在的渔民共同性问题；作为环境史专家的村松试图从水利史的角度探讨渔村组织。

　　Ⅲ山村研究团队。由福建地域史的专家山本真担任带头人。主要成员有林淑美、相原佳之。山本真从与有着强大宗族

组织的福建山村比较的角度;林淑美从山区种族问题的角度;相
原从森林史以及围绕林业所产生的社会关系的角度,三人分别从
各自的视角对山地的利用、管理方式及其转变进行分析。

(二)调查计划的变更和山村调查的重点化

在调查的过程中,我们得到的很多有关江南渔村的见解,都
可以证实我们科研团队以往的研究成果。与此同时,我们发觉
我们十分欠缺有关中国山村的基础知识。因此,我们决定把有
关江南农村和渔村的调查委托给团队成员个人,将与中方合作
的大规模共同调查集中在浙江省钱塘江流域的山村进行。

在这里简单说明一下我们为什么会选定浙江省钱塘江流域
的山村为调查地点。作为研究团队成员的太田出和佐藤仁史曾
经参加过科研计划"东亚海域交流与日本传统文化的形成:以宁
波为中心的跨学科构建"(研究代表人:小岛毅)中的田野调查部
门"围绕海域的地域社会"。我们在吴滔教授的帮助下,从 2007
年夏天到 2010 年 10 月在以建德及桐庐为中心的钱塘江水系流
域,针对九姓渔户后裔进行了口述调查和文献调查。① 通过调查
我们了解到九姓渔户从事航运业,他们把木炭以及木柴等林产
物品运输到杭州和上海等下游的大城市,并且了解到围绕他们
的种种社会关系。同时我们也发现,我们有必要将生产林产品
的山村社会也纳入研究对象中,需要从一个更加广阔的视角来

---

① 笔者(佐藤)与太田出和吴滔参加了 2005—2009 年度科学研究费补助金特定领
域研究"东亚海域交流与日本传统文化的形成:以宁波为中心的跨学科构建"(主
持人:小岛毅)之中的田野调查部门"围绕海域的地域社会:从'地域'看的日中交
流史"(主持人:冈元司,课题号码:17083018)。在调查中,笔者(佐藤)与太田出
和吴滔对"九姓渔户"的后裔以及相关人士进行了口述访问。在此期间,我们 5
次前往当地,利用 35 天时间针对 42 位受访者进行了 80 小时以上的采访。

阐明流域社会的实际情况及其转变过程。①

　　当时杜正贞工作的浙江大学正好与浙江省龙泉市政府合作，对中国清末到民国时期的龙泉司法档案进行整理。这些史料对于中国法制史、社会史研究有着非常重要的意义。该合作的成果也已经陆续出版，杜正贞也运用这些史料对家族社会史以及土地所有权等问题进行了一系列的研究。② 我们通过吴滔

① 根据"九姓渔户"的调查成果所展开的讨论有，小岛毅监修·高津孝编：《东アジア海域に漕ぎだす3 くらしがつなぐ宁波と日本》，东京：东京大学出版会2013年版，第155—170页（与太田出的合著）；SATO Yoshifumi：*The Recent History of the Fishing Households of the Nine Surnames*：*A Survey from the Counties of Jiande and Tonglu*，*Zhejiang Province*，in He Xi and David Faure eds. ，*The Fisher Folk of Late Imperial and Modern China*：*A Historical Anthropology of Boat-and-Shed Living*，London：Routledge，2015，第173-182页；另外，本书收录的佐藤论文也是根据"九姓渔户"的调查所完成的。

② 包伟民主编：《龙泉司法档案选编（第一辑 晚清时期）》，北京：中华书局2012年版；《龙泉司法档案选编（第二辑 一九一二——一九二七）》，北京：中华书局2014年版。杜正贞的论文包括《龙泉司法档案的主要特点与史料价值》，《民国档案》，2011年第1期；《晚清民国时期的祭田轮值纠纷——从浙江龙泉司法档案看亲属继承制度的演变》，《近代史研究》，2012年第1期；《地方诉讼中的契约应用与契约观念——从龙泉司法档案晚清部分看国家与民间的契约规则》，《文史》，2012年第1辑；《从诉讼档案回到契约活动的现场——以晚清民初的龙泉司法档案为例》，《浙江社会科学》，2014年第1期；《民国时期的族规与国法——龙泉司法档案中的季氏修谱案研究》，《浙江大学学报（人文社会科学版）》，2014年第1期；《晚清民国庭审中的女性——以龙泉司法档案供词、笔录为中心的研究》，《文史哲》，2014年第3期；《民国的招赘婚书与招赘婚诉讼——以龙泉司法档案为中心的研究》，《政法论坛》，2014年第3期；《宋代以来寡妇立嗣权问题的再研究——基于法典、判牍和档案等史料的反思》，《文史》，2014年第2辑；《民国法律、诉讼和社会语境下的"习惯"——以"异姓承嗣"为例》，李在全主编：《近代中国的法律与政治》，北京：社会科学文献出版社2016年版；《从"契照"到土地所有权状——以龙泉司法档案为中心的研究》，《中国经济史研究》，2017年第3期；《"异姓为嗣"问题中的礼、法、俗——以明清浙南族规修订为例》，《历史研究》，2017年第3期，等等。

的介绍在学会上相识,通过交流发现互相的问题意识十分相近,从此开始了共同调查。①

　　关于 4 年期间的夏季集体调查的日程以及活动内容请参照"夏季集体调查日程表"。夏季集体调查之外,我们于 2013 年 12 月、2014 年 12 月、2015 年 12 月,分别在南京、苏州、杭州等地进行了相关的文献史料调查以及口述调查。除了上述调查之外,各个成员也各自进行了田野调查。这些调查主要包括:钱塘江流域水资源的景观调查;有关福建自然资源的调查;长江下游渔村的调查。这些个别调查的成果的一部分也反映在本书收录的学术论文之中。

夏季集体调查日程表

2013 年度夏季调查　　2013 年 8 月 7 日～8 月 20 日　　浙江山村调查
　调查人　　陈明华、宫原佳昭、林淑美、太田出、佐藤仁史
　调查助理　　李星毅(杭州师范大学研究生)、王丹萍(浙江大学本科生)

日　时	调查地点	调查对象	调查内容	参 与 者
8 月 9 日上午	杭州市	浙江图书馆	阅览·拍摄·复印收藏书籍	佐藤仁史、太田出、林淑美
8 月 9 日下午	同上	同上	同上	同上
8 月 11 日上午	建德市大洋镇西坞村	叶德茂先生	解放前西坞村的土地所有	太田出、林淑美、宫原佳昭、陈明华、李星毅
8 月 11 日下午	建德市下涯镇芳山村	王来生先生	解放前后芳山村的土地所有	同上
	建德市下涯镇芳山村	徐东荣先生	解放前后芳山村的土地所有	同上

---

① 参加的学会是由浙江大学历史系在 2012 年 8 月主办的"新史料与新史学:挑战与机遇"研讨会(于浙江大学历史系),以及浙江大学地方历史文书编纂与研究中心和其他单位在 2013 年 8 月共同主办的"龙泉司法档案研究"学术研讨会(于浙江省龙泉市)。

续表

日　时	调查地点	调查对象	调查内容	参　与　者
8月12日上午	建德市下涯镇芳山村	徐东荣先生	解放前后芳山村的土地所有	佐藤仁史、太田出、林淑美、宫原佳昭、陈明华、李星毅
8月12日下午	建德市大洋镇西坞村	叶德茂先生	解放前后西坞村的土地所有以及朝鲜战争的从军经验	同上
8月13日上午	建德市康安路	建德市档案馆	阅览、拍摄、复印收藏档案	佐藤仁史、宫原佳昭、陈明华、李星毅
8月13日下午	同上	同上	同上	同上
8月14日上午	建德市下涯镇芳山村	徐东荣先生	解放后芳山村的土地所有	佐藤仁史、宫原佳昭、陈明华、李星毅、王丹萍
8月14日下午	建德市大洋镇西坞村	叶德茂先生	解放后西坞村的土地所有	同上
8月15日上午	建德市大洋镇西坞村	林发樟先生	解放后西坞村的土地所有	佐藤仁史、太田出、林淑美、宫原佳昭、陈明华、李星毅、王丹萍
8月15日下午	同上	同上	解放后西坞村的土地所有以及会计	同上
8月16日上午	建德市寿昌镇童家村	童福生先生	解放后童家乡的山林所有	佐藤仁史、太田出、林淑美、宫原佳昭、陈明华、李星毅、王丹萍
8月16日下午	建德市寿昌镇绿荷塘村	景观调查	参观绿荷塘古楠木森林公园以及解放后的山地所有	同上
	建德市寿昌镇养老院	王水发先生、袁永清先生	解放后的山地所有	同上

日　时	调查地点	调查对象	调查内容	参　与　者
8 月 17 日上午	建德市大洋镇西坞村	林发樟先生	解放后供销社和西坞村的山地所有	佐藤仁史、太田出、林淑美、宫原佳昭、陈明华、李星毅、王丹萍
8 月 17 日下午	建德市新安江街道	景观调查	参观新安江水库	同上
8 月 18 日上午	建德市下涯镇大洲村	吴小关先生	解放前后大洲村的山地所有	佐藤仁史、太田出、林淑美、宫原佳昭、陈明华、李星毅、王丹萍
8 月 18 日下午	建德市下涯镇芳山村	王来生先生	解放前后芳山村的山地所有和山地经营	同上
8 月 19 日上午	建德市大洋镇西坞村	林发樟先生	解放后建德县初级林业学校和西坞村的山地所有	林淑美、宫原佳昭、王丹萍
	建德市下涯镇芳山村	王来生先生	解放前后芳山村的山地所有和山地经营	佐藤仁史、太田出、陈明华、李星毅
8 月 19 日下午	建德市康安路	建德市档案馆	阅览、拍摄、复印收藏档案	佐藤仁史、太田出、林淑美、宫原佳昭、陈明华、李星毅、王丹萍

2014 年度夏季调查　2014 年 8 月 14 日～8 月 24 日　浙江山村调查

调查人　陈明华、杜正贞、宫原佳昭、林淑美、太田出、相原佳之、佐藤仁史

调查助理　李星毅（杭州师范大学研究生）、王丹萍（浙江大学本科生）

日　时	调查地点	调查对象	调查内容	参 与 者
8月16日上午	建德市大洋镇西坞村	林发樟先生	解放后西坞村的集体化和会计账簿	太田出、林淑美、相原佳之、杜正贞、王丹萍
8月16日下午	建德市大洋镇西坞村	林发樟先生	解放后西坞村的集体化和会计账簿	同上
	建德市下涯镇芳山村	顾福高先生	解放前后芳山村的土地所有和建德林业学校	佐藤仁史、宫原佳昭、陈明华、李星毅
8月17日上午	建德市普山路	沈淑琴女士	解放后的南京林学院和林业教育	佐藤仁史、宫原佳昭、陈明华、李星毅
	建德市普山路	吴天福先生	解放后的建德林业学校和林业教育	太田出、林淑美、相原佳之、杜正贞、王丹萍
	建德市普山路	沈淑琴女士	解放后的建德林业学校和林业教育	佐藤仁史、宫原佳昭、陈明华、李星毅
8月17日下午	建德市大洋镇西坞村	林发樟先生	解放后西坞村的集体化和会计账簿	太田出、林淑美、相原佳之、杜正贞、王丹萍
8月18日上午	建德市大洲村	吴小关先生	解放后大洲村的土地所有	佐藤仁史、宫原佳昭、陈明华、李星毅
	建德市大洋镇西坞村	林发樟先生	解放后西坞村的山林利用	太田出、林淑美、相原佳之、杜正贞、王丹萍
8月18日下午	建德市大洲村	吴小关先生	解放后大洲村的土地所有和集体化	佐藤仁史、宫原佳昭、陈明华、李星毅
	建德市大洋镇西坞村	林发樟先生	解放后西坞村的山林利用	太田出、林淑美、相原佳之、杜正贞、王丹萍
8月19日上午	桐庐县茆坪村	胡明君先生	解放后茆坪村的山林利用和烧炭	佐藤仁史、宫原佳昭、相原佳之、杜正贞、陈明华、李星毅
8月19日下午	桐庐县芦茨村	方承美女士	解放前后芦茨村的土地所有	宫原佳昭、相原佳之、杜正贞
	同上	陈三畏先生	解放前后芦茨村的土地所有和烧炭	佐藤仁史、陈明华、李星毅

日　　时	调查地点	调查对象	调查内容	参　与　者
8月20日上午	建德市康安路	建德市档案馆	阅览和拍摄收藏资料	佐藤仁史、太田出、林淑美、宫原佳昭、相原佳之、杜正贞、陈明华、李星毅、王丹萍
8月21日上午	建德市大洋镇西坞村	林发樟先生	参观解放后西坞村的承包地	佐藤仁史、太田出、林淑美、宫原佳昭、相原佳之、杜正贞、陈明华、李星毅、王丹萍
8月21日下午	建德市大洋镇西坞村	林发樟先生	解放后西坞村的土地利用	太田出、林淑美、相原佳之、杜正贞、王丹萍
	建德市大洲村	吴小关先生	解放后芳山村的集体化	佐藤仁史、宫原佳昭、陈明华、李星毅
8月22日上午	桐庐县富春山镇	俞庭璋先生	解放前富春江镇的地主和经营情况	佐藤仁史、太田出、林淑美、宫原佳昭、相原佳之、杜正贞、陈明华、李星毅、王丹萍
8月22日下午	桐庐县富春江镇	俞庭璋先生	参观解放后俞赵村的古迹	同上

2015年度夏季调查　　2015年8月18日～8月28日　　浙江山村调查
　　调查人　陈明华、杜正贞、宫原佳昭、相原佳之、佐藤仁史
　　调查助理　彭滢燕(浙江大学研究生)、王丹萍(浙江大学本科生)

日　　时	调查地点	调查对象	调查内容	参　与　者
8月19日上午	建德市康安路	建德市档案馆	阅览和拍摄收藏档案	佐藤仁史、宫原佳昭、相原佳之、杜正贞、陈明华、彭滢燕、王丹萍
8月19日下午	同上	同上	同上	同上

续表

日 时	调查地点	调查对象	调查内容	参 与 者
8月20日上午	建德市普山路	沈淑琴女士	选定与林业教育有关的受访人	佐藤仁史、宫原佳昭、相原佳之、杜正贞、陈明华、彭滢燕、王丹萍
8月20日下午	建德市大洋镇西坞村 建德市康安路	林发樟先生 建德市档案馆	同上 阅览和拍摄收藏档案	同上 同上
8月21日上午	建德市康安路	建德市档案馆	阅览和拍摄收藏档案	佐藤仁史、宫原佳昭、相原佳之、杜正贞、陈明华、彭滢燕、王丹萍
8月21日下午	同上	同上	同上	同上
8月22日上午	建德市乾潭镇庙前村	罗雪昌先生	解放后建德县初级林业技术学校的教育	佐藤仁史、宫原佳昭、相原佳之、杜正贞、彭滢燕、王丹萍
8月22日下午	同上	同上	同上	同上
8月23日上午	桐庐县茆坪村	胡明君先生	选定与解放后茆坪村的山林利用和烧炭有关的受访人	佐藤仁史、宫原佳昭、相原佳之、杜正贞、彭滢燕、王丹萍
8月23日下午	同上	胡光繁先生	解放后茆坪村的山林利用和烧炭	同上
8月24日上午	桐庐县春江东路	董珠莲女士	解放后建德县初级林业技术学校的教育	佐藤仁史、宫原佳昭、相原佳之、杜正贞、彭滢燕、王丹萍
8月24日下午	建德市乾潭镇庙前村	罗雪昌先生	解放后罗村、庙前村的集体化	佐藤仁史、宫原佳昭、相原佳之、杜正贞、彭滢燕、王丹萍
8月25日上午	建德市康安路	建德市档案馆	阅览和拍摄收藏档案	佐藤仁史、宫原佳昭、相原佳之、杜正贞、彭滢燕、王丹萍

日　　时	调查地点	调查对象	调查内容	参 与 者
8 月 26 日下午	杭州市西湖区	浙江图书馆古籍部	阅览和拍摄收藏文献	佐藤仁史、宫原佳昭、相原佳之
8 月 27 日上午	杭州市西湖区	浙江图书馆古籍部	阅览和拍摄收藏文献	佐藤仁史、宫原佳昭、相原佳之
8 月 27 日下午	同上	同上	同上	同上

2016 年度夏季调查　2016 年 8 月 7 日～8 月 14 日　浙江山村调查

调查人　陈明华、杜正贞、宫原佳昭、相原佳之、赵世瑜（北京大学教授）、佐藤仁史

调查助理　彭滢燕（浙江大学研究生）、菅野智博（一桥大学研究生）、施昱丞（台湾大学研究生）

日　　时	调查地点	调查对象	调查内容	参 与 者
8 月 8 日上午	建德市乾潭镇庙前村	罗雪昌先生	罗雪昌氏回忆录出版会议以及内容确认	佐藤仁史、宫原佳昭、相原佳之、杜正贞、陈明华、赵世瑜、彭滢燕、菅野智博、施昱丞
8 月 8 日下午	同上	同上	参观与罗雪昌氏回忆录相关的葛塘、罗村水库	同上
8 月 9 日上午	建德市乾潭镇庙前村	罗雪昌先生	罗雪昌氏回忆录内容确认	佐藤仁史、宫原佳昭、相原佳之、杜正贞、陈明华、赵世瑜、彭滢燕、菅野智博、施昱丞
8 月 10 日上午	龙泉市安仁镇季山头村	季山头村社坛	参观太平醮	佐藤仁史、宫原佳昭、相原佳之、杜正贞、陈明华、赵世瑜、彭滢燕、菅野智博、施昱丞
8 月 10 日下午	同上	同上	同上	同上

续表

日 时	调查地点	调查对象	调查内容	参 与 者
8月11日上午	龙泉市大舍村	连立舟先生	解放前后大舍村的祠堂、书院、学校	佐藤仁史、宫原佳昭、相原佳之、杜正贞、陈明华、赵世瑜、彭滢燕、菅野智博、施昱丞
8月11日下午	同上	仁源古社	参观越剧表演	同上
8月12日上午	建德市康安路	建德市档案馆	阅览和拍摄收藏档案	佐藤仁史、宫原佳昭、相原佳之、杜正贞、陈明华、彭滢燕、菅野智博、施昱丞
	建德市乾潭镇庙前村	罗雪昌先生	罗雪昌氏回忆录出版会议以及内容确认	同上
8月12日下午	建德市康安路	建德市档案馆	阅览和拍摄收藏档案	同上
8月13日下午	杭州市西湖区	浙江图书馆地方文献阅览室	阅览和拍摄收藏史料	佐藤仁史、宫原佳昭、相原佳之、菅野智博、施昱丞

(三)国际会议和专题演讲

本科研团队在进行田野调查的同时,也邀请了多位海外学者,在日本召开了两次国际学术研讨会,还邀请相关领域的专家召开了1次专题演讲。我们希望通过这些交流能将调查成果纳入更大的脉络中,并能与各个理论结合。具体的会议内容如下:

1.2014年夏季,"中国的山区社会与流域史"国际学术研讨会

通过2013年的夏季山村调查,我们于2014年7月5日在庆应义塾大学三田校区452教室召开了"中国的山区社会与流域史"学术研讨会。参会人的报告题目如下:

宗旨说明 佐藤仁史(一桥大学)

第一部 明清时期的山区社会

卜永坚(香港中文大学):《阴那山田产诉讼与十七世纪的广东程乡县》

吴滔(中山大学):《隘口与山区开发:以湖南永明为中心》

第二部 近代浙江的山区社会与林学知识

杜正贞(浙江大学):《龙泉档案的利用与近现代山区史研究》

宫原佳昭(南山大学):《近代林学与浙江林业教育研究的可能性》

评论:森正夫(名古屋大学名誉教授)

2.2014 年秋季,专题讨论会

本研究计划试图引进地方共同资源论的研究理论。因此,为了加深对该内容的了解,我们邀请了从环境经济学角度研究共同资源论(commons)的专家三俣学(兵库县立大学),就该领域的基本框架做了讲演。[①]

通过该讲演得到的一些新知识有反映在本书中的相原、山本真、佐藤的论文里面,然而要想把共同资源论的理论和手法引入中国近现代史研究之中,我们还需要更多的钻研。

3.2016 年夏季,第 2 届"中国的山区社会与流域史"国际学术研讨会

2016 年度是本科研计划的最后一年。我们在整理以往 3 年

――――――――――

① 三俣学有多数的著作,其中包括《エコロジーとコモンズ:环境ガバナンスと地域自立の思想》,京都:晃洋书房 2014 年版。

调查成果的同时,开始为发表研究成果做准备。2016 年 7 月 2 日在庆应义塾大学三田校区 471 教室召开了第 2 届"中国的山区社会与流域史"国际学术研讨会。参会人的报告题目如下:

宗旨说明　佐藤仁史(一桥大学)

第一部　明清时代的山区社会

唐立宗(暨南国际大学):《从防矿到防菁:晚明浙江山民活动与军兵因应》

相原佳之(东洋文库):《作为生存资源供给源的山野所起到的作用:以清代中国为事例》

第二部　近代浙江的山区社会

杜正贞(浙江大学):《晚清民国浙江山林所有权的获得与证明》

陈明华(上海大学):《山地移民与斋教传播》

评论:森正夫(名古屋大学名誉教授)、郭嘉辉(香港理工大学)

本书所收入的论文,就是上述多年来各位同仁田野考察、档案阅读和深入研讨的成果。

三、本书的结构与内容

本书分为学术论文和资料介绍两大部分。学术论文部分分为 3 部分,共收录了 8 篇论文;资料介绍部分收录了 2 篇论文。如上所述,我们的田野调查主要集中在钱塘江流域的山村。本书的 11 篇论文都直接或间接地引用了调查成果,在此基础上每个作者从不同的问题意识出发对东南山区山林、山民、山村的历史发展特征进行了探讨。然而,首先有必要在这里说明的是,本书并不是本研究计划的最后结论。我们的田野调查还会继续进行,也还需要更多的时间去阅读已经搜集的大量史料。因此,本书收录的学术论文是阶段性的成果。我们将现有的研究成果作为论文集出版,主要是希望本书提出的各个论点可以引起国内外同仁的讨论,以能促使调查团队开展下一步的研究。

本书的第一部分是关于历史上东南山区的开发和移民问题的。村松弘一实地考察了建德、桐庐、富阳的钱塘江流域地区,注意到大量带有"坞"字的地名。然后他在那波利贞、北田英人等研究的基础上,梳理"坞"字在不同时代和地域文献中的意义。在唐宋江南开发的过程中,"坞"被用来指称低谷地形或山谷中的人口聚落,他在现代考察中所见的情形依然如此。村松还发现,相对于现代地图中带"坞"字地名的数量,古代地方志史料中记载的"坞"并不多,因此如果能对"坞"的形成做一个时间序列性的历史考察,将对钱塘江地区的开发过程有更好的理解。

根据村松的研究,"坞"在钱塘江流域的出现和扩展,反映了北方人口南迁和山地开发之间的关系。唐宋以后,浙江山区的开发一直向更深、更高海拔的地区扩展。唐立宗的《晚明浙江山区的疍民起事与官府应变》和陈明华的《移民、信仰与叛乱:以清代闽、浙、赣山区的斋教为例》处理的都是闽浙赣皖四省毗连地区的武夷山、仙霞岭、洞宫山区。那些在深山老林中以采矿、种疍为生的山民,受益于也受制于明代的商品经济,但官方的山林政策、控制系统无法与之相适应,甚至造成更大的冲突。于是,这一地区在明代以各种所谓"变乱"进入了官府的视野。

相似的机制和事件在清代的所谓"斋匪"问题上重演。陈明华认为,晚清长期的军事冲突,特别是太平天国运动时期双方的拉锯，导致了大量过剩的武装力量。这些过剩的武装力量渗透到山林，用之前习得的军事组织方法动员移民，从而造成了同治时期浙、闽、赣三省山区连续的斋教起义。所谓的"斋匪"与土客矛盾激化有关，而非异端思想传播的结果。在当时就地正法章程的作用下，地方官员为了能迅速处置，将此类集体暴力贴上"斋匪"之类的标签。

唐立宗和陈明华的研究，在晚明和晚清两个时段构成了呼应。但他们各自的侧重点稍有不同：在地方社会经济和山区历史进程中的山民之乱，与在地方官府及封疆大吏视角下，作为军事事件的山民之乱，是对同一类事件的两种不同视角的观察。在山区社会经济层面，我们看到的是一个具有高度人口流动性、经济活跃的山区，因此山区动乱的周期性特点需要放在一个更大的市场和政治背景下考察。从国家和官府的视角来看，他们所处理的是，明清国家怎样控制山区，一种常规性的制度是否建立起来了等问题。

第二部分的3篇文章是围绕着山林资源的利用方式、权利归属和纠纷问题展开的。相原佳之利用收藏于第一历史档案馆和台北"中央研究院"历史语言研究所的刑科题本，系统梳理了其中因官山（无明确私人管业的山林山地）纠纷而起的案件。他分析了官山利用过程中的规则或习惯，人们赋予自己权利的根据，也即权利合法性的来源。同时他也考察了官方判决的思路。他发现官方处理"官山"纠纷的理念主要有两种，一种是防止发生更多纠纷，另一种是为居民确保采薪场所。有时为了达到这两个目的，官方也会判决分割官山或使官山民业化。

山本英史同样是以诉讼材料来考察山林资源的纠纷问题，

所不同的是,相原的档案是关涉到命案的中央审判记录;而山本所利用的是晚清地方官员的判例判牍。他仔细分析了倪望重《诸暨谕民纪要》中与山林资源有关的纠纷调查和判决资料,特别是其中大量与坟山、风水林木以及族山有关的山林纠纷。他不仅指出,人们习惯以"祖先"或者"风水"作为诉讼的策略和获得管业权的理由;而且还配合诸暨的宗族史料,讨论了宗族与官府在这类山林资源纠纷中扮演的角色。

相原佳之和山本英史的文章涉及中国法律史中几个重要的问题,比如官员是否根据法条判决,还是出于息讼的需要,更多考虑"人情"的调解;宗族、亲邻等非官方的力量在纠纷诉讼解决中的作用,等等。他们的研究也体现了日本学者的特色,例如,不论是"官山"还是"族山"的选题,都与社会经济中"公"与"私"的界限和含义有关,而这些一直是日本学界关心的课题。

佐藤仁史的研究,是以近年来钱塘江流域的口述调查为主要资料的。通过船户、山民、商人的回忆,佐藤将钱塘江流域林产品的生产和运销网络联系起来。他特别关注到由于林产品的产运销所构成的人群社会关系,以及行业垄断的问题。在"林产生产与山村社会"的部分,他同样也回应了"共同资源"的讨论。日本学者对这个问题的关切,应该与日本农山渔村等传统村落共同体的"社区型共同资源"有关。佐藤和相原的论文中都提及了日本民俗学者菅丰在这个问题上的研究。与日本古代社会相比,中国的传统社会进入高水准的个人化、市场经济化的阶段,"私"的影响力膨胀。在这个背景下,中国像官山、荒山、族山这样的共同资源,其来源、性质和其权属关系是怎样的?这个问题的讨论,对传统的村落共同体论争提出了挑战,因此,也引起本书3位日本学者的反思。

第三部分的 3 位作者重点考察了山林经济和山区社会在近代发生的变化。杜正贞在研读民国浙南瓯江流域上游山区和钱塘江流域山区的山林诉讼档案时，发现两地几乎同一时间、同一类型的山林确权案例，在处理方式上却存在巨大差异。她由此回溯了两地自南宋以来山林在国家赋税体系中的不同地位，这种不同一直延续下来，造成了无税山产的确认以契约为主要证据，而有税山林的鱼鳞山册、私册，构成了纠纷和诉讼中的主要证据。然而民国以后，山林国有化、契税和不动产登记等政策，使原来以契约为主要确权凭证的习惯以及由册书把持的、通过升科纳粮获得山林所有权的方式，都遭遇了挑战。

宫原佳昭的研究涉及近代山林历史中一个重要的课题，即近代外国的林学知识是如何传入中国的，现代林学教育对于传统林区又有怎样的影响。他研究了以陈嵘为代表的第一代林学家的教育背景、民国和共和国初期的林学教育机构，中国现代林业知识和教育的独特性等等。最为可贵的是，就像作者所说的，考察某种教育给受教育方以及社会带来的影响，一直是教育史研究中的难题，宫原通过对原建德林校的老师、学员的访谈，尝试实际考察留学国外的精英林学家的努力，究竟是否真的对林区传统的植树和山地利用方式产生了影响。尽管，令人沮丧的是，初步的迹象表明答案是否定的。但我们都相信，关于林业现代化与林区经济、社会的关系，还有更多的研究需要去做。

山本真以福建省为例，首先考察传统社会中山林的所有形态和管理方式，进而探讨民国时期的林业政策和法规对福建林业的影响。国民政府尝试动员民众荒山造林，并实施了初步的荒山调查。但就像杜正贞在浙江山区看到的一样，虽然广大的官山根据《森林法》被确定为国有,但除了极少部分地区之外山林都没能实施调查与所有权登记。基层社会的指导层理解国民党政府提出的山林保护政策的理念,那些口号也常常出现在地方档案中,但是林区大众遵守山林保护法令的状况并不乐观。

　　这三篇文章都注意到在国家近代化的过程中,政府由于控制和开发山林资源的需要,对山区和林业的管理方式开始发生明显的变化。这些变化最显著地表现在立法和各种运动上,但是这些自中央到地方,自精英到民众的改革,对于山区社会究竟意味着什么? 山区民众又是怎样应对这个政权、经济和知识近代化的过程的? 这些问题都有待进一步的研究。

　　本书附录所收入的两篇资料介绍,与上述研究论文有密切的关系。宫原佳昭、佐藤仁史、菅野智博所介绍的《农林新报》20世纪20年代的部分,是藏于京都大学人文科学研究所图书室的稀见史料。他们详细考察了这份报刊的文章篇目和作者信息,这些信息可以与本书宫原佳昭关于近代林学教育的研究相呼应,其中很多来自基层和地方的作者,正体现了近代农林学知识在各阶层中的传播和互动。王丹萍所介绍的建德西坞第一生产队20世纪60至80年代初期的账簿,是我们在2013年夏季调查的过程中得到允许后拍摄的,是这几年的暑期考察中的重要发现①。对这些账本提供的数据还在研究过程中,但对账本保管人林发璋先生的深度访谈,为本书佐藤仁史和宫原佳昭两位作者

---

① 我们发现的史料群还包括一位在2015年夏天认识的老农民的个人文书。这位老农民曾经在邻村担任过生产大队会计。史料包括10万多字的回忆录以及编写会议时利用的记事本(1972年—现在)。这些史料将在近期以罗雪昌著、杜正贞、佐藤仁史、陈明华、宫原佳昭、相原佳之编《见证:一位农民的新中国七十年》的形式出版。

的研究提供了帮助。

纵观全书，本书的特点之一，是阐明了包括浙江省以及与浙江省南部自然生态环境相似的福建省等中国东南山区社会的长期变动。中日两国的作者尽管来自不同的学术传统，但是表现出相当一致的学术兴趣和研究方法，这是数十年来历史学界顺畅友好的国际交流的成果。同时在这种一致性中，两国学者也保持了各有特色的研究视角，这让我们在面对同样的史料和问题时，可以从不同的视角进行观察和分析，这可以说是古代史、明清史、近现代史等各领域中日专家在一起共同研究的优点。

本书的另一个特点，是我们在田野调查过程中搜集了大量地方档案和文献以及个人文书，积累了丰富的口述记录。这些一手资料，让我们对于东南山地、山民生计、社会组织的认识，具有了在地的视角。我们不仅梳理了法典、档案中关于山林权属的规定，也考察民国以来当地人叙述中对权利、对"共同资源"的认识，以及他们的实际行动。

山林、山民与山村，当地人的视角，这些并不意味着我们和他们的视野被封闭在这些崇山峻岭之中，恰恰相反，我们在山民的历史、记忆和行动中，看到的是他们通过山林江河，通过市场，通过官府、军队，与外界紧密的联系。包括我们这些走入山村中，在他们的厅堂桌前坐下来倾谈的研究者，也成为他们的历史的一部分。

目　录

第一部　山区开发

第二部　山林资源

第三部　山区的近代

第一部 山区开发

第一章 钱塘江流域上游的"坞"与开发

村松弘一

（翻译：吴修喆）

一、引 论

　　钱塘江经杭州湾流向东海。在翻看该流域地图时，常会在河川沿岸见到诸如"××坞"的地名。坞之名起于汉代，后传至朝鲜半岛。随着时代和地点的不同，既有意为堡垒的，也有指称水利设施的，还有一部分是表示某种地形。本文将在对钱塘江中上游流域新安江、富春江进行实地考察的基础上，概述"坞"从汉代至明清的历史变迁，围绕其与钱塘江流域开发的关系，着手分析解读。

二、巡游钱塘江沿岸——建德市区、梅城镇、桐庐县、富阳市

　　笔者于 2015 年 3 月 14 日至 17 日期间，在建德至杭州的钱塘江沿岸进行了调查旅行。3 月 14 日，先从杭州乘坐长途大巴

来到建德市,15日从建德市区乘坐公交来到梅城镇。在完成对梅城镇的考察后,16日由建德乘坐巴士沿新安江、富春江、钱塘江移动,走访桐庐、富阳后回到杭州。17日回到日本。在此将围绕建德、梅城、桐庐、富阳地区近代以前人口聚落的形成及地区开发,在实地考察及文献资料的基础上进行探讨。

建德市区

从杭州汽车西站乘长途大巴至建德市区,约 2 小时车程。现在的建德市区,原本是名为白沙镇的聚落。1960 年,建德县政府从梅城镇移驻白沙镇。而历史文献中所记载的"建德",事实上是指梅城镇。现在的建德市区,在过去是名为"建德县"的行政区域的一部分,有一个名为白沙渡的渡口。如今,架在新安江上的三座大桥——建德大桥、白沙大桥、新安江大桥连接了建德市区与南面的乡镇。三座桥均位于河川狭窄处。或许就是在主要交通手段从水路转移到陆路的过程中,建德市的中心也一同转移到了河宽适合架桥的白沙镇。然而即便是市中心,街景仍略显萧瑟。从建德再往新安江上游去,便是千岛湖(新安江水库)。这个人工湖始建于 1959 年,是建设新安江水电站时建的。湖畔一带现正稳步开发旅游景观,建有度假酒店。千岛湖所在的区划中曾有过淳安与遂安两个县,这两个县城现已沉入水底。遂安县之名见于《水经注》,曾是一座古老的商业城市。由于新安江上游连接着徽州地区,此处便成了新安商人的聚居地。从此处流向杭州的富春江、钱塘江水道,曾经是新安商人的商业要道。

坐在从杭州去建德的大巴上,过了富春江镇,刚进入建德市内时,在右手边看到了许多小型山谷。其中有一些在出口处筑有堤坝，成了利用低谷地形的蓄水池。对照地图，会发现这块地区的山谷地带中，有不少带"坞"或"坑"的地名。到建德市区后，笔者考察了北部的坞，确认了邵坑坞（广兴北路）、程周坞（健康北路）和白头坞（政法路）三处。它们均位于山谷的出口部分，山谷内建有高层住宅。新安江与寿昌江汇流时，向北曲折的部分因泥沙堆积，形成一块小平原，建德市区（原白沙镇）正是建在这片平原上。据笔者推测，是随着城市开发和人口增加，坞内才逐渐开始建造住宅的。关于坞的问题，后文中将进一步探讨。

穿过建德市区南部的新安江

建德市区北部的谷地和蓄水池

山谷出口处的农地

邵坑坞

梅城镇

从建德市区（原白沙镇）向东南行30公里，乘公交车约40

分钟路程的地方便是梅城镇了。这里是历史文献中所记载的"建德"。新安江由西向东穿过梅城镇南部，与由南向北穿过镇东部的兰江汇入富春江，朝东北方向流去。

梅城镇（原建德县）是三国时期吴国孙权于黄武四年（225年）与富春县分置建立的。北魏《水经注》记载："浙江又东北经建德县南。县北有乌山，山下有庙，庙在县东七里。庙渚有大石，高十丈，五尺围，水濑睿激而能致云雨。浙江又东经寿昌县南，自建德至此八十里中，十二濑，濑皆峻嶮，行旅所难。"[1]镇北有乌山，现名乌龙山。从现在的河道和宽度来看，新安江与兰江汇合后，宽度变窄，水流变急。唐孟浩然在梅城镇望新安江景致，曾咏过一首《宿建德江》[2]。

梅城镇至今仍保留了不少明清时期的街巷结构。镇中心有一条南北向的正大街，南至新安江公园。新安江公园内复原了定川门和城墙，可以站在上面展望河岸风光。沿着河岸向西，有开元禅寺。梅城镇内，正大街的东西两侧各有东湖和西湖。西湖是唐咸通年间由刺史侯温开设的水利设施。宋靖康、景定年间遇暴雨，乌龙山上的洪水流入西湖，湖岸决堤，其后湖水干涸。明嘉靖年间修复，万历年间称来贤湖（见明《重修西湖坝记》等）。两座湖的水源均来自乌龙山。兰江与新安江在梅城镇东南部（现在的梅城污水处理厂）附近汇合，就位于东湖东南方。从此处开始，新安江改名为富春江，河对岸可望见南塔。实地调查的当天下着小雨，站在这两条河川的汇流地点看不清对岸，一眼望去，景色宛如一个巨大湖泊。汇流点南北两侧的山上，分别建有

---

① 《水经注疏》，卷四十《浙江水》，南京：江苏古籍出版社1989年版，第3279—3280页。

② "移舟泊烟渚，日暮客愁新。野旷天低树，江清月近人。"

南塔和北塔,对过往船舶曾起到过灯塔的作用。

定川门

新安江、兰江汇流点附近

西湖

东湖

桐庐县

在富春江从梅城镇流出的位置上,便是桐庐县,自西北方向流来的分水江在此处与富春江汇合。桐庐县的汽车站位于富春江东岸的新开发区,老县城则在富春江西岸。东岸虽然有略为开阔的平原地带,但作为水上交通咽喉,居民主要聚集在富春江与分水江汇合的西岸地区。桐庐县在三国吴黄武四年(225年)与富春县分置。据《水经注》记载:"浙江又北经新城县,桐溪水注之,水出吴兴郡于潜县北天目山。山极高峻,崖岭竦叠,西临峻涧。山上有霜木,皆是数百年树,谓之翔风林。东面有瀑布,下注数畮深沼，名曰蛟龙池。池水南流经县西，为县之西溪。溪水又东南与紫溪合，水出县西百丈山，即潜山也。山水东南流，名为紫溪……紫溪又东南流经白石山之阴。山甚峻极，北临紫溪……紫溪东南流、迳桐庐县东为桐溪……桐溪又东北经新城县入浙江。"[1]这里的浙江指的是富春江，桐溪指的便是现在的分水江。《水经注》中的新城县即现在的桐庐县，而桐庐县则为现在的分水镇。分水江古名桐溪，并有天目溪等别名。它从山间穿流而过，水势甚急。其水源来自临安境内的天目溪以及安徽省绩溪县的昌化溪等。进入桐庐县后，沿东南方向流经印渚镇、分水镇、华浦镇，在桐庐县东部桐君山脚下汇入富春江。因上游水害多发，新中国成立后，在此处建造了分水江水库。

现在的桐庐县建在富春江、分水江的汇流地点，成为水上交通咽喉。而位于分水江上游的分水镇（《水经注》中记载为桐庐县的聚落），则是连通淳安县的陆路要道。明徐弘祖《徐霞客游记》的西南游记中，有途经分水镇附近的记载。他从南直隶（今江苏省）江阴县的自己家出发，乘船经无锡、苏州，过佘山、杭州，徒步或搭轿，经陆路行至新城县洞山。在洞窟中探险后，乘船南下经桐庐县到达金华府城。据记载，徐弘祖途中本想从分水县走陆路去淳安，谁知轿夫逃亡，无奈只得搭船到桐庐。[2] 次日，从桐庐县由水路入建德，在东关的旅店住宿。此外，《徐霞客游记》

---

[1]　《水经注疏》，卷四十《浙江水》，南京：江苏古籍出版社 1989 年版，第 3280—3283 页。

[2]　"下舟东南行十里，为分水县。县在溪之西。分水原止一水东南去，其西虽山势蹇达，惟陆路八十里达于淳安。余初欲从之行，为王奴遁去，不便于陆，仍就水道，反向东南行矣。去分水东南二十里为头铺。又十里为焦山，居市颇盛。已暮，不能买米，借舟人余米而炊。舟子顺流夜桨，五十里，旧县，夜过半矣。"（徐弘祖：《徐霞客游记》，《浙游日记》，上海：上海古籍出版社，1980 年，第 115 页）

中还能见到楮村坞、外楮村坞等多个带"坞"字的地名。

流经桐庐县的富春江　　　　分水江与富春江的汇流地点

富阳市

出桐庐县再沿着富春江往下游走,便是富阳市(现富阳区)。富阳就是原来的富春县,是孙权之父孙坚的出生地。三国吴黄武四年,在此处设东安郡,以富春县为政府驻地,命太守全琮讨伐山越。东晋时改称富阳。据《水经注》记载:"浙江又东北入富阳县,故富春也。晋后名春,改曰富阳也。东分为湖浦。浙江又东北经富春县南……浙江又东北经亭山西,山上有孙权父冢。"[①]

富阳北有虎山,南有鹿山,新桥江、青云浦自西北向东南方向穿过,并设有名为北渠、南渠的两条灌溉水路,很明显是对两山之间的平原地区进行了农地开发。自汉代以来,富春就是钱塘江一带农业开发的中心。建德市区、梅城、桐庐均为河川汇流或曲折时泥土堆积而成的小平原,因此成为水上交通的重要位置,而富阳的情况则与它们不同。

在鹳山公园中能见到一个名为新沙的沙洲,富春江绕沙洲

---

① 《水经注疏》,卷四十《浙江水》,南京:江苏古籍出版社1989年版,第3284—3285页。

两侧分而又合。其后的河段改称钱塘江，流向杭州市内。

在富阳市鹳山公园眺望富春江　　　　　　新沙

北渠 1　　　　　　　　　　　北渠 2

以上总结了对钱塘江流域建德市区、梅城镇、桐庐县、富阳市诸地实地考察的结果。可知梅城、桐庐分别为新安江、富春江水上交通枢纽，而富阳在此基础之上，兼具两山之间平原农地开发的特征，在这点上与其他城市不同。

三、坞的历史与钱塘江流域的开发

查看沿途经过的钱塘江流域地图，笔者发现了许多带"坞"字的地名。以浙江省地图集(中国地图出版社，2008 年)为例，共抽取如下"坞"字地名列表。总体特征是位于山间地带,基本见不到分布在河川沿岸的。

［建德市－杭州主城区之间的坞］

建德市

新安江北岸

芹坑坞/邵坑坞/程周坞/白头坞/田坞/蒋车坞/寺坞/朱畈坞/佑岭坞/西坞/北坞/法洪坞口/日晒坞/周家坞/白皮坞/小坞头/乌丰坞/坑坞/清溪坞/余家坞/塔石坞/羊毛坞/松源坞/桑梅坞/洪坞/金竹坞/大石坞/碧溪坞/姚坞/小坞岗头/桃花坞/黄家坞/羊毛坞/桃树坞/韩家坞/大坞/横坑坞

新安江南岸

滩头坞/麒麟坞/高塘坞/黄岭坞/十里坞口/毛坞里/黄金坞/黄坞/水坞坑/大坞/蒋坞/航坞/下叶坞/杨坞/方坞里/樟宅坞/庙后坞/真坞/东坞/大刀坞/马目坞/马坞/骆坞/郑坞/西坞/上坑坞/刘坞/清塘坞/高塘坞/郎树坞/上塘坞/黄婆坞/大坞山/蔡坞/白岩坞/大畈坞/方坞/落坞/王皮坞/汤家坞/上徐坞/后坞/上七坞/横坞口/七星坞/江南坞

桐庐县

富春江西岸

皂金坞/童家坞/担石坞/河宅坞/张家坞/后生坞/和田坞/双坞口/汪家坞/葛师坞口/大坞头/杯坑坞/小岭坞/塘坞/双坞/仓包坞口/义坞口/智明坞/潘家坞/毛岭坞/梅树坞/上坞/高山坞/梓坞/干田坞/华樟坞/葛家坞/脉地坞/梓芳坞/下坞

富春江东岸

西坞里/彰坞/外蒋坞/金宝坞/荣家坞/中心坞/雷坞/天井

11

坞/西下坞/梅树坞/坞岩/严陵坞/桐树坞头/猪畈坞/石下坞/仁
义坞/陈坑坞/大板坞/小兰坞/大廾坞/客坞岭/杨桥坞/里蒋坞/
黄坪坞/塘坞岭/朝坞/鸭迹坞

富阳市

富春江西岸

东坞山/大坞口/高坞里/沈家坞/唐家坞/水坞/铜岭坞/颜
公坞/虎尾坞/西坞/塔坞/尖山坞/赔销坞/道士坞/大目坞/梨树
坞/铁坞口/坞口/西坞坑/顺坞里/水泡坞/干坞浦/余家坞/遥高
坞/陆家坞/株林坞

富春江东岸

鸡笼坞/观坞/大坞底/蔡家坞/船坞山/青山坞/应家坞/下
盘坞/双溪坞/秦坞/上坞/木坞/大岩坞/白石坞/北坞/野猫坞/
杨家坞/后潘坞/瑶坞/诸佳坞/下坞/马家坞/郑家坞/甑坞/烈
坞/东村坞/范家坞/老山坞/赵村坞/上南坞/下南坞

杭州市

钱塘江西岸

龙坞/梅家坞/姚家坞/桐坞/外桐坞/东穆坞

这个"坞"指代的是什么呢？东汉许慎在《说文解字》中，将
"坞"定义为"隖，小障也。一曰库城也"[1]。也就是说，坞指的是
屏障或者被包围在障壁内的堡垒。公元前一世纪，西汉居延新
简中可见"坞长"二字，可以认为其与"遂长（即烽燧长）"同义。
而烽燧的语义基本不出"被屏障围起的堡垒"。进入东汉以后，
传世资料中关于"坞"的记载渐渐增多。较有名的如，东汉末期

---

① 《说文解字注》，十四篇下，台北：天工书局 1992 年版，第 736 页。

手握实权的董卓曾筑的郿坞(万岁坞)[1]、传为三国时诸葛亮亡故之地的郭氏坞[2]、西晋时建在洛阳的石梁坞[3]等等。自汉代、三国再到西晋为止,"坞"多集中在西北至黄河中游地区,其中又以《后汉书》西羌传以及与羌族入侵内地相关的记载为多。[4] 羌族原本居住在今青海、甘肃一带,东汉中期以后发动叛乱,向内地迁徙。因此有"坞"源于藏语之说,并且有人指出其与羌族有关[5]。东汉初期的"坞"意指羌族等在西北地区设置的壁垒,可能是随着东汉中期羌族内迁,扩展到了黄河中下游流域。前面提到的董卓便是出身于陇西,自幼生活在羌族。可见,东汉的"坞"是从西域壁垒而来,随着羌族叛乱及其向内地移民的过程渐渐传至黄河下游流域。自东汉末进入三国时代之后,吴国境内的长江中游流域也渐渐能够见到"坞"的记载,如濡须坞[6]等。"坞主"一词在西晋永嘉之乱后变得常见。坞主即那些在战乱中率领自卫移动群体的人物,移动群体的基地(堡垒)便是坞。这种聚落形态也被称作"村坞",从汉代固定的行政区划到魏晋时期

[1]　"又筑坞于郿,高厚七丈,号曰'万岁坞'。"《后汉书》,卷七十二《董卓传》,北京:中华书局1965年版,第9册,第2329页。

[2]　"(诸葛)亮卒于郭氏坞。"《三国志》,卷三十五《蜀书·诸葛亮传》注引《汉晋春秋》,北京:中华书局1959年版,第4册,第926页。

[3]　"及洛阳陷,屯于洛北石梁坞,抚养遗众,渐修军器。"《晋书》,卷六十三《魏浚传》,北京:中华书局1974年版,第6册,第1713页。

[4]　据《后汉书》,卷八十七《西羌传》,北京:中华书局1965年版,第10册记载:"诏魏郡、赵国、常山、中山缮作坞候六百一十六所"(第2887页)、"元初元年春,遣兵屯河内,通谷冲要三十三所,皆作坞壁,设鸣鼓"、"(任尚)筑冯翊北界候坞五百所"(第2889页),可知魏郡、赵国、常山、中山、河内、冯翊等黄河中下游流域地区曾建有数百座"坞"。

[5]　那波利贞:《坞主考》,《人文学报》二一四,1942年。

[6]　"城石头,改秣陵为建业。闻曹公将来侵,作濡须坞。"《三国志》,卷四十七《吴书·孙权传》,北京:中华书局1959年版,第5册,第1118页。

的人口流动、社会流动,可以说"村坞"一词体现了这种历史特征。从西晋到东晋元帝时期为止,坞主的事例均集中在黄河下游流域。例如,有一人名为李矩,因在他所居住的乡内广受爱戴,被推为坞主。之后,他率乡人驻屯在东部的荥阳,随后移动至新郑。① 由此可见,坞主不仅意为"一坞(固定壁垒)之主",也包含移动性群体的首领之意。而后从五胡十六国到南北朝,在洛阳及黄河下游流域可以见到不少意为要塞的"坞"。这些"坞"几乎都是指壁障、堡垒,或与坞主有关。但其中也有如下 4 例,虽然数量稀少,指代的是水利设施。②

①《文选》卷三十,沈休文《三月三日率尔成篇一首》,李善注引《广雅》:

> 堰,潜堰也,谓潜筑土以壅水也,一作堨,音竭。坞,乌古切。堰,一建切。然三字义同而音则异也。③

据三国魏张揖编撰的《广雅》(《文选》卷三十注引)中记载,"坞"和通过堤防进行堰塞的水利设施"堰""堨"是同义词,由此可判断"坞"是与"堰"、"堨"有着相同功能的水利设施。

②《文选》卷三十,沈休文《三月三日率尔成篇一首》,李善注

---

① "(李)矩素为乡人所爱,乃推为坞主,东屯荥阳,后移新郑。"《晋书》,卷六十三《李矩传》,北京:中华书局 1974 年版,第 6 册,第 1706 页。

② 村松弘一:《坞から見る東アジア海文明と水利技術(从坞看东亚的海文明与水利技术)》,《東アジア海文明の歴史と環境(东亚海文明的历史与环境)》,东京:东方书店 2013 年版。后收录于《中国古代環境史の研究(中国古代环境史研究)》,东京:汲古书店 2016 年版。

③ 《文选》,卷三十《诗己杂诗下》,上海:上海古籍出版社 1986 年版,第 1425 页。

引《朱超石与兄书》：

千金堤旧堰谷水，魏时更脩，谓之千金坞。[①]

这是南朝宋朱超石寄给其兄朱龄石的书简中见到的部分记载。从中可知千金堤是魏时建造的水利设施，它对洛阳附近的谷水进行了堰塞，亦称千金坞。从这个例子中，可知"堤""堰"与"坞"同义。另外，《水经注》谷水注中作"千金碣"。

③《晋书》束晳传：

荆、扬、兖、豫，污泥之土，渠坞之宜，必多此类，最是不待天时而丰年可获者也。[②]

意思是长江中下游地区的荆州、扬州以及黄河中下游地区的兖州、豫州，由于土壤为"污泥之土"，可以利用"渠""坞"这样的水利设施，不必等待天时，便得享丰年收成。既与水利设施"渠"并列，可知此处的"坞"应当也是水利设施名称，可以认为是为了对应"渠（水路）"而列举的蓄水池。

④梁武帝《子夜四时歌》：

花坞蝶双飞，柳堤鸟百舌。[③]

---

① 《文选》，卷三十《诗己杂诗下》，上海古籍出版社 1986 年版，第 1425 页。
② 《晋书》，卷五十一《束晳传》，北京：中华书局 1974 年版，第 5 册，第 1432 页。
③ 《梁武帝萧衍集逐字索引》，《梁武帝萧衍集》卷一，香港：香港中文大学出版社 2001 年版，第 4 页。

一般将这里的"坞"字与唐代的"坞"一样，解释为"洼地"。但由于此处"坞"与"堤"并列，也可认为与"堤"字同义，即洼地周围高出的部分。笔者认为可能是指代包含堤防在内的整个水利设施。

根据以上事例，可以认为"坞"在魏晋至南朝时期，与"堰""堨""堤"等蓄水池形制的水利设施同义，并与"渠"一起作为一种水利设施广为人知。从年代分布上来看，是在3世纪的三国魏至6世纪上半叶的梁之间。从地区来看，①不明；②其中的千金堰位于洛阳，该史料为南朝宋朱超石所记，可视为南朝人对"坞"的解释；③既包含淮北平原的兖州、豫州，也包含长江中下游流域的荆州和扬州；④发生在南朝梁国。综上所述，水利设施"坞"与长江中下游流域以及南朝人的生活有着千丝万缕的关系。

这种水利设施"坞"其后传入朝鲜半岛。大邱发现的"戊戌坞作碑"（庆北大学博物馆藏，578年或638年）中，记载了"高□坞"的修建情况——这座蓄水池（水坝）宽二十步（41米）、高五步四尺（11米）、长五十步（104米），共有312人参与施工，花费13天完成。另外，庆尚北道永川的菁堤上刻有《丙辰筑堤铭》（536年），铭文中的"大坞"指的是堤坝或由堤坝堰塞而成的蓄水池整体。这些"坞"都存在于6世纪上半叶。据笔者推测，"坞"作为水利设施名称，与蓄水池建设技术一同在5世纪到6世纪间从中国大陆的长江流域传入朝鲜半岛。

那么此后水利设施"坞"在中国大陆是如何发展的呢？据北田英人的研究，到了唐宋时期，随着江南地区的开发，人们修建了大量的"坞"。此时"坞"已不再像过去一样意为壁垒，而是指一种小型山谷地貌，外高内低、一览无余，在它的四周有一部分是作为开口。宋元时期,江南太湖周边地区的水稻耕种盛行在低地筑塘路或挡水护田。与此相对的,西部和南部因为分布着山地,便将小型山谷作为"坞"。这种地形在当地,汉代以前叫作"阿"或"山阿",六朝以后"坞"取代"阿"成为日常用语,宋代以后,"湾"的叫法逐渐增多。可见,江南的"坞"既是人们在山地定居之处,也是山地开发的据点。人们在山谷底部的低地利用谷内及周边的水资源进行水稻耕作,同时山谷深处可采集竹木、果树等作物,两者一同成为当时地方经济的支柱。①

也就是说,单就太湖周边而言,"坞"的语义已经转变为低谷地形或山谷中的人口聚落。现在钱塘江流域的"坞"基本指的也是同一种地形。但太湖周边有广阔的平原,以"坞"为据点的山地开发与平原的开发是同步并行的。而新安江、富春江流域,由于基本不存在可开发的平原资源,建德市区、梅城、桐庐的丘陵又紧邻河岸,于是在河川沿途的小型山谷间形成了"坞"。相对的,夹在两座山间平原处的富阳,则修整灌溉水路,推了平原开发。平原四周又是山地,于是"坞"也存在于山地的低谷处。此外,桐庐县的分水镇距离富春江较远,也位于山间地带,流过该镇的分水江(旧称桐溪)的支流沿岸有一些小型山谷,也形成了"坞"。这就是为什么钱塘江流域虽与太湖周边地理条件不同,但仍存在"坞"。

那么,钱塘江流域的"坞"是否仅指地形呢?它作为水利设施的语义是否已经完全消失了呢?笔者试图在明清时代的地方志中寻找一些线索。相对于现代地图中带"坞"字地名的数量,

---

① 参见北田英人:《中国太湖周边の「坞」と定住(中国太湖周边的"坞"与定居)》(《史朋》17 号,1984 年)及北田英人《宋元江南デルタの灌溉農業と坞の産業(宋元江南三角洲的灌溉农业及坞的产业)》(《日中文化研究》14 号,1999 年)等。

地方志史料中记载的"坞"却不多，这点十分令人惊奇。

首先，淳祐《临安志》卷九"诸坞"条目中有"扫帚坞、杨梅坞、锦坞、葛坞、枫木坞、水竹坞、青枝坞、灵石坞、真珠坞、石人坞、龙驹坞、法华坞、木坞"，[①]它们多为西溪或玉泉后山等处山地地名。康熙《临安县志》卷一"舆地"中有"鄱溪堰 灌鄱坞田""上下堰 灌西墅坞田""庙塘堰 灌下塘坞田""青桐湾塘 灌苏坞田"，另有"孙家坞塘""虾蟇坞塘""化同坞塘"[②]的记载。"堰"指的是蓄水池的堰，"塘"即蓄水池。引鄱溪堰之水灌溉鄱坞田，可见某坞是山谷间的地名、某坞田即某坞山谷内的田地，该田地是由建在山谷出口处的堰与塘供水灌溉的。另外，在康熙《新修寿昌县志》卷一"水利"中的"塘"条目中，有"下坞塘、何坞塘、梭坞塘、邵慈坞塘"（以上在一都）、"叶坞塘"（在二都）、"叶坞塘、驮坞塘"（以上在三都）、"方坞塘"（以上在寿四都）、"王坞塘、牛岗坞塘"（以上在六都）、"金竹坞塘、东坞下塘"（以上在七都）、"坞塘、叶坞塘"（以上在八都）、"后坞塘、东坞下塘"（以上在九都）、"梅坞塘"（在十都）、"原坞塘"（在十二都）、"叶坞塘、张坞塘、大坞塘"（以上在十三都）。[③]均以"某坞＋塘"的形式来表示。某坞为山谷地形，塘即建设在某坞处的蓄水池。从以上例子都可以看出，作为山谷地名的"坞"与水利设施"塘"之间有着密切的联系。

在山谷底部耕作，自然要利用到山地间的泉水和河川，因此"某坞田""某坞塘"这样的词，主要用于表现在人口聚落"坞"中

---

① 〔淳祐〕《临安志》，卷九《山川·诸坞》，《宋元方志丛刊》第4册，第3313—3314页。

② 〔康熙〕《临安县志》，卷一《舆地》，《稀见中国地方志汇刊》第14册，第737—738页。

③ 〔康熙〕《新修寿昌县志》，卷一《水利》，《稀见中国地方志汇刊》第15册，第31—32页。

利用塘、堰之水灌溉的田地。然而找不到单独用"坞"字指代水利设施的例子。

　　以上是笔者对新安江、富春江流域各城市进行实地考察后，在对从古代至明清时期的史料进行概观的基础上，聚焦"坞"的事例，做出的总结。明清时期的"坞"基本都指代山谷地形以及人口聚落，而在山谷中进行农地开发时，必须用到堰、塘这样的水利设施。如果能对"坞"的形成做一个时间序列性的总结，或许能够找到一种新的视角，对钱塘江地区的开发过程进行进一步的讨论。

第二章　晚明浙江山区的靛民起事与官府应变

唐立宗

一、前言

浙江是明代中国的东南重地,无论是文教发展、农工生产乃至财赋税收,都有相当突出的表现。但在文风鼎盛、富裕繁华的外观下,特别是自明代中叶以降,也有许多暴力形态的经济活动,是以不断动用武力、强制压迫,或是掠夺方式进行财富积累,小民、豪绅竞相参与,难以遏止。其中,关于明代浙江沿海的倭乱问题,现今已有大量的相关文献与研究著述,相较之下,山区活动的研究则多集中于叶宗留(1404—1448)领导的矿工抗争,并被标示为"农民起义"的性质。[①]

到了晚明,浙江山区聚集一群来自闽汀的移民,他们主要是租山或受雇于从事蓝靛的种植与加工业,也有的是进行种麻、植

---

① 相关讨论可参见唐立宗:《明初浙江矿盗事件与善后措施》,收入中国明史学会等编:《第十四届明史国际学术研讨会论文集》,昆明:云南人民出版社 2013 年版,第 184—187 页。

杉、烧炭、造纸等山区开发产业,时而因市场需求改变经营生产方式,亦常因细故激起冲突纠纷,同样是值得关注研究的课题。①山区矿徒、靛民势力相继崛起于全国重要的经济、文化周遭地带,引起有关当局的高度重视,欲倾全力去围堵防范,是以本文将焦点集中在彼时浙江山区的种靛菁民活动,探究官方的因应作法。

二、异地而来的靛民

至明末,因海外白银大量流入、矿场开采殆尽与"防矿"体系的建立,入山开矿风险骤增,在浙江活动的矿徒人数已大为下降。② 可是另一个影响地方社会的问题,就是此时另有大批的移

---

① 参见傅衣凌:《明清之际的"奴变"和佃农解放运动》,收入《明清农村社会经济》,北京:生活·读书·新知三联书店 1961 年版,第 68—153 页;傅衣凌:《关于中国资本主义萌芽的若干问题的商榷——附论中国封建社会长期停滞的原因》(1961年),后收入《明清社会经济史论文集》,北京:中华书局 2008 年版,第 1—15 页。关于明清闽浙山区开发,还可参考森田明:《明末清代の「棚民」について》,《人文研究》28—29,1976 年,第 1—38 页。Stephen C. Averill, "The Shed People and the Opening of the Yangzi Highlands," *Modern China*, 9:1 (Jan., 1983), pp. 84-126; Sow-Theng Leong, *Migration and Ethnicity in Chinese History: Hakkas, Pengmin, and Their Neighbors*, Stanford, Calif.: Stanford University Press, 1997. 曹树基:《清代前期浙江山区的客家移民》,《客家学研究》1997 年第4 辑,第 1—13 页;刘秀生:《清代闽浙赣皖的棚民经济》,《中国社会经济史研究》1998 年第 1 期,第 53—60 页;徐晓望:《明清东南山区社会经济转型——以闽浙赣边为中心》,北京:中国文史出版社 2014 年版。

② 明代浙江曾为防御矿徒起事而增设专职的镇戍武官,建立都司或守备编制下的"防矿"军事体系。参见唐立宗:《明代浙江总捕都司与防矿兵力小考》,收入中国明史学会等编:《第十五届明史国际学术研讨会暨第五届戚继光国际学术研讨会论文集》,烟台:黄海数字出版社 2015 年版,第 86—93 页;《明代浙江西北山区防矿军兵的建置及其演变》,《南岭历史地理研究》2017 年第 2 辑,第 212—251 页。

民进入闽浙赣边山区发展，如衢州府常山县，随着矿徒事件落幕后，人口流失，田土荒芜，"闽中流民，群来开垦，得利旋去，岁赋多逋，中有奸民，萑苻为祟"。① 闽北寿宁县"山无旷土，近得种苎之利"，因而前往浙江南部，"走龙泉、庆元、云和之境如鹜"。② 以至处州府龙泉县已是"土著鲜少"，居住者多是来自福建、江西等地的客民。③

来到山区开发者，主要是从事种蓝、种杉、种麻、种蔗等农业经济作物的生产，亦有投入烧炭、造纸、冶铁等手工业生产者，他们搭棚暂居，远离原乡，即所谓的"棚民"。其中，蓝靛主要是以大菁植物提炼而成的，又称靛青，种植获利甚丰，"每年于二三月间，下子布种，疏削成林，取汁成靛，获其价值，数倍于谷麦"。④ 浙江本地生产的蓝靛不只能染蓝，还可加工成各类颜色。⑤ 受到棉纺、丝织业蓬勃发展的影响，明代染布业相当兴盛，制作染布原料的蓝靛物种更是炙手可热。

明清浙江有不少蓝靛品种与种植的记录，根据现有的史料，明代中期浙江台州已开始引进蓝靛作物，〔嘉靖〕《太平县志》即

---

① 〔天启〕《衢州府志》，《常山县治图六》，《中国方志丛书》本，第 102 页。

② 〔崇祯〕《寿宁待志》，卷上《风俗》，福州：福建人民出版社 1983 年版，第 47 页。

③ 〔顺治〕《龙泉县志》，《序》，《稀见中国地方志汇刊》第 19 册，第 1159 页。

④ 〔乾隆〕《海盐县续图经》，卷一《方域篇·风土记》，台北故宫博物院图书文献馆藏乾隆十三年刊本，第 5 页上。

⑤ 如〔康熙〕《义乌县志》有云："菘蓝可为淀，蓼蓝可染碧，红蓝即款冬花，可染红。"〔康熙〕《新修东阳县志》则称："尖叶名蓼儿青，不甚佳；圆叶者马蹄靛，每家皆种，至冬间发之，以染丝布，色可深碧。或不自用，则以贸钱，无弃者。"以上参见〔康熙〕《义乌县志》，卷八《利病志·土物·草之属》，《复旦大学图书馆藏稀见方志丛刊》第 15 册，第 527 页；〔康熙〕《新修东阳县志》，卷三《职方志·物产·草之属·靛青》，台北故宫博物院图书文献馆藏清康熙二十年刊本，第 19 页上。

称"近自汀得种，然终不似汀之宜染"，①反映当地的新靛种是来
自福建汀州，品种尚待改良。浙江处州旧称括州，明清时期福建
人常来垦山种靛，因此"闽之辟山而靛者，于括最多"。②但是，并
非所有地方志都会详尽记录当地的农产品，例如〔康熙〕《遂昌县
志》在《食货志·物产》中就开宗明义表示是"志珍异者"，故蓝靛
物产并未列名。③

　　蓝靛产业获利虽高，可是种植经营与产销仍须投入相当的
资金，高成本已非一般小民、地主所能负担。在明末浙江山区经
济农作物的生产关系上，主要的劳动力是来自福建汀州府上杭
等地的贫民，其中有一大部分还跟畲族群体有关，"盖浙东多山，
惟汀之畲民，能力耕火耨"。④"畲民"每年数百为群，"艺蓝为生，
遍至各邑结寮而居"，这些种蓝种菁者又被称为"菁民"，由于身
无分文，"赤手至各邑"，只能受雇劳动。出资租山的富商"披寮
蓬以待菁民之至"，则称作"寮主"，提供种子农具，使之耕锄，进
而征租。至于当地的地主，是"土著有山之人"，号称"山主"，将
山区土地租给"寮主"去经营。⑤

　　这和闽北山地种苎麻的生产关系颇类似，即"富者买山，贫

---

① 〔嘉靖〕《太平县志》，卷三《食货志·货之类·蓝靛》，《天一阁藏明代方志选刊》第
　17册，第13页下。
② 〔清〕侯昊：《胜莲庵碑》，收入〔顺治〕《宜平县志》，卷八《禋祀志·庵》，《稀见中国
　地方志汇刊》第19册，第384页。
③ 〔康熙〕《遂昌县志》，卷二《食货志·物产》，《中国地方志集成》浙江府县志辑第
　68册，第71页。
④ 〔明〕熊人霖：《南荣集·文选》，卷十一《苣田草序》，日本国立公文书馆藏明崇祯
　十六年刊本，第24页下。
⑤ 〔明〕熊人霖：《南荣集·文选》，卷十二《防菁议上》，第37页下；卷十二《防菁议
　下》，第39页下。

者为佣，中人则自力其地"。[1] 买山者又是具有相当财力的闽商，我们再透过一则案例来梳理种靛菁民与出资闽商的关系：

> 据衢营守备潘起龙、把总葛邦熙报称：奉令剿捕，贼即闻（风），复遁松（阳）、龙（泉）山源。职奉方略商确……四路捕缉，生擒窝犯陈大谦，向与靛贼华重吾、华光宇父子交厚，将赃物寄顿大谦之家，复付杨一冲挑回贼巢，交还重吾，留在一冲铺内，为应捕捉。获起竹笼二只，内有绅十八疋、鞋十四双，又搜获所致贼首李辉宇、耀宇、之宇［宇？］等因。又获（遂昌县）门阵靛贼吴冲宇、华廷升、公同亭，九保正、虞邦仁等，至陈大谦家起出靛青七十五篓，床头藏有利斧一把，闽竹笼内藏有牙梳一副、花斑布一疋、红幅须头一副、绫包头二个，相应一并解夺等因。[2]

受雇靛民所采收制作的靛青，即存放于窝主陈大谦家中，有其依附关系，双方自然往来密切，而杨一冲的店铺很可能为经办米谷麻靛等商品买卖，或是相关借贷业务，甚至经手所谓"赃物"的交易处理。窝主陈大谦家中拥有的"闽竹笼"器具，似乎也能反映其身份背景。

福建靛商在福建、浙江、江西各地都相当活跃，亦有史料记

---

① 〔崇祯〕《寿宁待志》，卷上《风俗》，第48页。

② 《内有"又据金衢兵巡道夏尚絅呈"残件》（崇祯十四年），收入《明清史料》辛编第7本，"中研院"史语所1962年版，第653页上。

录明末一名福建靛商岳鸿，为了"业价，往来于群靛之山家"。①这是因为闽商的地缘与业缘双重身份，较易掌握靛种、技术和人力资源，故能在经营上大放异彩。清初杭州人王晫（1636—1715）曾提到一位福建靛商轶事：

> 闽中邱则飞以卖靛为业，游于山水之间，喜吟咏。集成，求云间张洮侯作序。过虔州关，以诗谒。榷使者见张序，云："诗能张洮侯作序，岂寻常商贾耶！"辄免其税。②

显示了这位靛商经营有术，积累充足的资金，方能赋闲时优游山水，进而以诗文结交名士张彦之（字洮侯，1611？—？），让人为之侧目，运销商货更加畅行无阻。福建客商在各地获利，收益比地主还高，以致时人批评："至于一切百工之业，俱为异郡寄民所专，尤见钝绌，靛、苎诸利，归之闽人。"③当时也有人开始担心说："浙之山海，闽人居十之二三，食于浙而蠹浙，尚未知彼终耳。"④

三、土客冲突的加剧

崇祯元年（1628），"闽人来浙东诸郡，种靛、麻、蔗者，布满山谷，久之与土人为仇"。⑤ 仇恨的产生，部分是出自"山主取息太

---

① 〔清〕侯杲：《胜莲庵碑》，收入〔顺治〕《宜平县志》，卷八《禋祀志·庵》，第384页。
② 〔清〕王晫、陈大康校点：《今世说》，卷六《企羡》，上海：上海古籍出版社2012年版，第198页。
③ 〔顺治〕《宜平县志》，卷一《舆地志·风俗》，第279页。
④ 〔明〕蒋鸣玉：《政余笔录》，卷三，《续修四库全书》子部1134，第247页。
⑤ 〔康熙〕《遂昌县志》，卷六《兵戎志·武功》，第145页。

刻，每激菁民走险"。① 土著居民亦常将外来移民视作眼中钉，像是当时在汤溪县境，"闽漳人植青靛其中，尽多富饶，愿婚巨族"，但邑人不齿，回绝亲事。② 所以当"闽人种靛种麻，侨居有年"，一被煽动，就容易激发事变。③

在当地的种植蓝靛者，有些是"春来冬去，或留过冬"，是属于季节性的移民。④〔康熙〕《新修东阳县志》称明末时："每当冬春之交，来者熙熙，往者攘攘，不啻数千余人，其迁居著籍者，又不胜数也。"⑤当地人口流移增多复杂，上客摩擦冲突实难避免。况且山区地形险峻，官方统治管理困难，处州界于衢州、金华，及邻省的闽北建宁、江西广信等山地，"恒为逋逃渊薮"，因此"闽之流人种蓝艺麦于中者，日以益众，主客不相安，则聚而为盗，四方亡命附丽之至数千人"。⑥ 此时地方志书的编者还呼吁地方官员应该要审明主客之分，防患未然，提出了警告。⑦

至崇祯十一年（1638），汀州人丘凌霄父子因与金华人陈海九有隙，"勾海贼，称兵作乱"，他们自金华起事，乱事蔓延到处州

---

① 〔明〕熊人霖：《南荣集·文选》，卷十二《防菁议下》，第40页上。
② 〔道光〕《元和唯亭志》，卷十三《人物·盛王赞》，《中国地方志集成》乡镇志专辑第7册，第180页。
③ 《兵科抄出浙江巡抚熊奋渭残题本》，"崇祯十二年正月初一日"，收入《明清史料》癸编第2本，中研院史语所1975年版，第152页下—153页上。
④ 〔明〕熊人霖：《南荣集·文选》，卷十二《防菁议下》，第39页下。
⑤ 〔康熙〕《新修东阳县志》，卷四《职方志·风俗》，第20页。
⑥ 〔明〕陈子龙著，王英志辑校：《陈忠裕公全集》，卷三一《陈子龙年谱卷中》，收入《陈子龙全集》，北京：人民文学出版社2011年版，第953页。
⑦ 如〔崇祯〕《处州府志》提到："惟地土硗陋，舟车商贾罕通，土著渐稀，流徒蹒入，结寮侵种，布满山谷，始称一夫当关，兹是遍植内地，莫可穷诘矣！"参见〔崇祯〕《处州府志》，卷一《舆地志·形胜》，中国国家图书馆藏崇祯八年序刊本，第17页下—18页上。

府遂昌县等地。① 特别是浦江县的"靛贼震隣，溪谷尘起"。② 汤溪县"靛寇窃发，众号万人，焚掠山泽"。③ "号万人"或有夸张之嫌，但当时所谓"勾海贼"的说法并非毫无根据，因为官员的奏疏就指出"海贼入之，乘机煽动"，并于该年七月间"纠集劫掠金华汤溪地方"。④ 这或也突显地方产销体系实已结合山运与海贩，客商网络互动密切，进而相约起事。

土客关系的紧张，其所衍生出的动乱问题，大致上受到以下几项因素相互牵动而加剧。首先，是地方荒歉造成的影响。崇祯九年(1636)，浙江全境出现严重的旱灾，粮食作物颗粒无收，遑论赋税纳粮。浙东地区，"剡、台大旱，草根木皮食尽，而屑土以继"。⑤ 义乌、东阳、浦江等地的百姓先是入山掘蕨粉为食，掘尽继而"以土之腻白者，和米食之"，赖以活者甚众，因得以疗饥

---

① 〔康熙〕《遂昌县志》，卷六《兵戎志·武功》，第 145—146 页。根据该志，靛民从金华流移到处州遂昌称兵作乱的原因在于"巡抚罗公新莅任，亲至剿寇，寇惧，以义乌、汤溪皆有备，陡至遂昌县，杀伤相当，走石练屯驻"。关于这位"巡抚罗公"，谷口规矩雄的考证是崇祯五年至六年担任浙江巡抚的罗汝元。参见谷口规矩雄：《东阳民变—所谓许都の乱について一》，《东方学报》第 58 册，1986 年，第 629、645 页。但罗汝元任期甚短，且任职事迹与崇祯十一年靛民称兵作乱的时间不符，很可能是志书将当年甫上任的巡抚熊奋渭误记为罗公。
② 〔明〕王德溥：《修城诵并序》，收入〔康熙〕《浦江县志》，卷十《艺文志》，《复旦大学图书馆藏稀见方志丛刊》第 13 册，第 376 页。
③ 〔乾隆〕《吴江县志》，卷二九《人物六·名臣四·盛王赞》，《中国方志丛书》华中江苏第 163 号，第 886 页。
④ 《兵科抄出浙江巡抚熊奋渭残题本》，"崇祯十二年正月初一日"，第 153 页上。
⑤ 〔明〕蒋鸣玉：《乱民抄杀事》，收入〔清〕李渔著，张道勤点校：《资治新书·初集》，卷十四《判语部》，杭州：浙江古籍出版社 1992 年版，第 537 页。

被称为"观音粉"。① 浙江灾荒连连,最能反映粮食的短缺就是粮价高涨。如遂昌县,崇祯九年(1636),"大饥,谷价腾贵,每觔至银壹分贰厘"。崇祯十四年(1641)的大饥荒,谷价也一路攀升至五年前的高价位,更不幸的是到了来年,"水灾异常,东北乡田园、庐舍,漂流殆尽"。② 同样在浙西地区,平时"米价至贵,每石不过七八钱,两年踵荒,遂增至三两"。③ 以至于造成"三百年所未有之灾"。④ 对此,金衢兵巡道的夏尚绹(1593—1645?)指出靛民起事,"总为米贵枵腹所致"。⑤ 浙江巡抚熊奋渭(1580—1674)也强调:"兼以连年荒歉,米价三两,民不聊生,沿海贫民,遂有勾贼入犯之势。"⑥

其次,是蓝靛市场的消长效应。其实江南的棉布、丝织品需求一直很大,原物料价格相应攀升,还有浙江也生产大量的丝织品,杭州、衢州等地都须将部分织造缎匹上供,于是需要大批染色原料。当时江西、福建、浙江均为蓝靛的主要产地,江南更是

---

① 〔崇祯〕《义乌县志》,卷十八《杂述考·灾祥》,第 606 页;〔崇祯〕《处州府志》,卷十八《杂事志·灾眚》,第 58 页下;〔康熙〕《新修东阳县志》,卷四《职方志·灾祥》,第 2 页;〔康熙〕《浦江县志》,卷六《杂事志·灾祥》,《复旦大学图书馆藏稀见方志丛刊》第 12 册,第 616 页。

② 〔康熙〕《遂昌县志》,卷十《杂事志·灾眚》,第 264 页。

③ 〔明〕左光先:《左侍御公集》,《报水灾并申漕困疏》,台湾大学图书馆藏清乾隆四年刊本,第 20 页上。

④ 〔明〕倪元璐:《倪文贞集》,卷十九《与浙中丞暨盐使者(辛巳)》,《景印文渊阁四库全书》1297 册,第 222 页。

⑤ 《内有"又据金衢兵巡道夏尚绹呈"残件》(崇祯十四年),第 655 页下。

⑥ 《兵部题行"兵科抄出浙江巡抚熊奋渭题"稿》,"崇祯十五年九月",收入《明清史料》乙编第 8 本,"中研院"史语所 1999 年景印二版,第 793 页下—794 页上。

多从福建等地进口。[①]然而先是浙江经历大旱，蓝靛采收已受到严重的打击。不巧的是，受北方战乱波及，商货阻滞，蓝靛价格下滑。根据时任义乌知县熊人霖（1604—1667）的观察："近江北兵荒，青布不行，靛贱谷贵，此辈无以自存，遂出掠山旁村落。"[②]这正足以说明，山区开发的高成本、高风险，以及山区流民的经济在遭遇市场的压力时相当脆弱，其聚居地在面对自然灾害和歉收时又具有高度的敏感性，都使得武装冲突难以避免。[③]

同时在诸暨山区已封禁的矿场，"山旁奸民往往窟穴其中"，岁饥时，"聚众至数千人"。[④]灾荒、市场效应引发的结果，矿徒、种靛菁民最终均与失业饥民合流。熊人霖就说："其艺菁者终不肯尽去，相聚为剽掠，而睦、歙之群盗不轨者，复入而雄长其间，锋甚锐。"[⑤]睦、歙分别是指来自严州、徽州有势之徒，显示移民群体、客商内部的地域复杂性。

另外，无论客商投资失利与否，都会寻求有利可图的管道，有时武力能降低成本、扩展商业形态、增加竞争优势，采取暴力更像是一本万利的投资事业，积累财富的欲望容易促使抢夺事件的发生。[⑥]崇祯十三年（1640），浙江景宁县出现一桩劫掠事

---

① 傅衣凌：《关于中国资本主义萌芽的若干问题的商榷》，第11—12页。清初上海人叶梦珠就说蓝靛出自福建，本地所无，直到清顺治初年方引进种植。〔清〕叶梦珠撰，来新夏点校：《阅世编》，卷七《种植》，北京：中华书局2007年版，第189页。

② 〔明〕熊人霖：《南荣集·文选》，卷十二《防菁议上》，第37页下。

③ Sow-Theng Leong, *Migration and Ethnicity in Chinese History*, p. 130.

④ 〔明〕陈子龙著，王英志辑校：《陈忠裕公全集》，卷三一《陈子龙年谱卷中》，第947页。

⑤ 〔明〕熊人霖：《南荣集·文选》，卷十一《芑田草序》，第24页下。

⑥ 参见彭慕兰（Kenneth Pomeranz）、史蒂夫·托皮克（Steven Topik）著，黄中宪译：《贸易打造的世界——社会、文化、世界经济，从1400年到现在》，台北：如果出版社2007年版，第223—232页。

件，"寇八十三人"，俱是福建寿宁县李长坑的居民，他们在夜间行动，次日遭到围堵"拒其归路"，见状遂胁迫县官随行，乃得以逃脱出境。[①] 无独有偶，来年，龙泉县爆发劫案，领导者是福建政和县的一名张姓世家子弟，被"不肖所诱，遂散家千金，募麻贼，编字得千余人"，肆行劫掠，甚至分两路突入龙泉县，途中绑缚县令，"俱挟重资"。[②] 地方官员逐一确察，分析出山民多来自闽北的政和、建安、寿宁等县，政和县是"衣食之地，兼各有亲知在焉"，所以政和县反倒是"自始至终，一无抢掠"。[③] 这突显了即使是书香门第、殷实世家，也会受利驱使，从事非法活动，以及闽浙山区交界特殊地缘的暴力流动性。

四、"防菁"军兵的布置

浙江种靛菁民崛起的地区，与原先矿徒起事地点有重叠之处，但并非完全一致。我们可从清人所描述的情况："闻之父老，明时南有靛贼，北有矿盗，生民皆大被其害。"其指涉的就是衢州府西安县境山民起事地点不同。[④] 总体上来说，新移民是分布在金衢盆地的两侧山地，主要活动于明清浙江衢州、金华、处州等

---

① 〔雍正〕《景宁县志》，卷八《武备志·纪事》，《南京大学图书馆藏稀见方志丛刊》第28册，第473页。

② 〔顺治〕《龙泉县志》，卷九《兵戎志·大事》，第1367页。比对《庆元县志》的纪录，可知这位世家子弟姓名是张其卿，他先是领众大掠龙泉，崇祯十四年十一月再突至庆元，知县杨芝瑞曾率乡兵御之。参见〔康熙〕《庆元县志》，卷十《杂事志·灾异》，《中国方志丛书》华中浙江521号，第408页。

③ 《内有"福建兵备道吴之屏"残稿》，"崇祯十四年"，收入《明清史料》癸编第三本，第283页下。

④ 〔康熙〕《西安县志》，卷一《舆地志·形胜》，《复旦大学图书馆稀见方志丛刊》第18册，第119页。

府县境内的山区,扩及邻省交界地带。如何防范靛民的滋扰生事,即时调兵遣将,成为官方刻不容缓的课题,甫任浙江巡按的左光先(1580—1659)就说:"自去年二月初六入境,尔时漕事正急,寇氛复猖,湖寇、海寇外,深虑靛贼盘踞三省,逋逃数岁,不剿不可,非身经相度,必不能剿。"①

(一)调兵与筑城

浙江的靛民倡乱是始于崇祯十一年(1638)。〔康熙〕《武义县志》曾记录该年:"山寇窃发,邑令袁公会同兵道协剿,擒贼首张华。"仅凭这段记载,我们很难将其与靛民联想在一起。但是透过《明清史料》档案,我们可以从浙江巡抚关于"安抚种靛山民"的题本中,看到崇祯十一年(1638)七月,"首获巨盗张华,已供各贼情形"等记载,进而能了解到这是一桩靛民倡乱事件。②

针对靛民于金华地区起事,浙江抚按官员立刻调动在衢州的"防矿"驻军,任命总捕守备成绍誉前往遂昌县阻截,"蹑其后,追至石练,大战于溪滩",可是"众寡不敌,绍誉死之,寇遁浦城界而去"。③ 官员在奏疏中则称大兵未集时,成绍誉"带兵不满百人,追至石练,分兵对敌,炮打死贼伙十数人,后又杀死十五六人,得胜而回,不意昏夜迷路,坠足溪田,山凹草丛,伏党枪刺,坠伏而死"。数日后官兵反击,"共剿贼党不下五十余人矣","贼势衰落","窜闽中浦城,而星散无踪"。④ 其说法有讳饰与避重就轻

---

① 〔明〕左光先:《左侍御公集》,《复命宽限疏》,第48页上。
② 《兵科抄出浙江巡抚熊奋渭残题本》,"崇祯十二年正月初一日",第153页下。
③ 〔康熙〕《遂昌县志》,卷六《兵戎志·武功》,第145—146页。
④ 《兵科抄出浙江巡抚熊奋渭残题本》,"崇祯十二年正月初一日",第152页上—154页下。

之嫌，这次的结局，反映此时"防矿"军兵因大量裁减，实力不复往时，加上远离驻防，才会"众寡不敌"，甚至也凸显了闽浙两省未能同心协防的症结。而官府急忙调遣衢州兵力南下，原因是浙江军兵布防失衡，当时就有人指出："浙东困于防海，上游数千里，环叠万山，无城无兵，一夫啸而民难妇子保矣。"①

　　地方动乱是影响明代后期中国南方出现筑城运动的重要因素，更使内靠山区的府县有筑城之议。② 晚明浙江亦然，当"金华山菁民弗靖"时，抚按官员呼吁地方赶紧戒备，浦江知县吴应台（1614—？）顾虑"斗城倾圮难恃"，遂锐意缮治，动员当地士民重建城垛、门楼，不到两个月的时间就落成。③ 义乌县原以恃山滨湖为屏障，只有门楼四座，"颇如城门之制，便于守望"，实际上还是无城的。崇祯十一年（1638），靛民事件爆发不久，知县熊人霖到任，为呼应上级的筑城指示，故"肇造七门敌楼"，赶在年底完工。④ 可见山民倡乱的冲击，让地方不得不急促因应。可是正因"筑垣伊急"，到了崇祯十二年（1639），当浦江县城遭逢大雨时，"堞倾者十而一，裂者十而三，外城倾者三十而一"，结果还是得要再次修缮。⑤ 汤溪县则为确保城墙巩固，即"改造城楼，城用砖石封砌，垛高四尺"，使"城虽小而坚"。⑥

① 〔明〕蒋鸣玉：《政余笔录》，卷三，第247页。
② 徐泓：《明代福建的筑城运动》，《暨南大学学报》1999年3卷1期，第25—76页。
③ 〔康熙〕《浦江县志》，卷二《规制志·城池》，《复旦大学图书馆藏稀见方志丛刊》第12册，第274页；〔明〕王德溥：《修城涌并序》，收入〔康熙〕《浦江县志》，卷十《艺文志》，《复旦大学图书馆藏稀见方志丛刊》第13册，第373—374页。
④ 〔崇祯〕《义乌县志》，卷二《方舆考·城池》，第358页。
⑤ 〔明〕熊人霖：《南荣集·文选》，卷一《浦江县修城导河碑记》，第7页下—8页上。
⑥ 〔康熙〕《汤溪县志》，《舆地志》，《中国地方志集成》浙江府县志辑第52册，第6页。

崇祯十三年(1640)四月,朝廷明令:"浙省无城处所,著该抚按通察奏明,仍多方鼓舞,设法创建。"严州府寿昌县即响应建城。① 武义县"向无城郭",因"明崇祯十三年严修练储事",县令倡建,"筑砌周围十里八步,门九"。② 衢州府修城浚濠,竖谯楼,建窝铺,造女墙,"卑者崇之,缺者补之"。③ 处州府的景宁知县徐日隆(1598—1649)同样担忧"盗贼丛生,出没无定,苦难防守",于是召集百姓商议,捐款输助,"用财五千金","累石为城,周二余里,作六门",是该县首次建城。④ 至崇祯十五年(1642),庆元县则是重修城垣,"增砖垛三尺,建城楼五","窝铺一十二,东南敌楼各一"。⑤ 这次庆元县筑城完善,因此当"寿宁山寇"来犯时,"不敢窥城,邑人咸欢呼"。⑥

(二)置兵与练兵

明末浙江种蓝靛民起事波及十余县,事发突然,临时筑城常缓不济急。时值"蓝寇充斥",浦江知县随即"团练乡勇,威震境外,贼不敢窥"。⑦ 正由于"无城,不得不以兵为卫",崇祯十三年

①　《兵部题行"兵科抄出浙江巡抚熊奋渭题"残稿》,"崇祯十四年三月二十九日",收入《明清史料》辛编第 5 本,第 481 页下—482 页下。

②　〔康熙〕《新修武义县志》,卷一《建置志》,台北故宫博物院图书文献馆藏清康熙三十七年刊本,第 4 页上。

③　〔康熙〕《西安县志》,卷二《建置志·城池》,《复旦大学图书馆藏稀见方志丛刊》第 18 册,第 148 页。

④　〔雍正〕《景宁县志》,卷八《武备志·城池》,第 461 页;〔明〕陈子龙著,王英志辑校:《安雅堂稿》,卷七《景宁县建城记》,收入《陈子龙全集》,第 1168—1169 页。

⑤　〔康熙〕《庆元县志》,卷一《舆地志·城池》,第 68 页。

⑥　〔嘉庆〕《庆元县志》,卷二《建置志·城池》,《中国方志丛书》华中浙江第 522 号,第 53 页。

⑦　〔康熙〕《长沙县志》,卷十一《人物上·吴应台》,《稀见中国地方志汇刊》第 37 册,第 664 页。

(1640)，金华府义乌知县熊人霖奉命倡议募兵，设置"总练所"，委巡检移驻训练乡勇。投石超距者可作为营兵，共选出壮士一百二十人，月俸六钱，再从中挑出武艺精良三十人为武职干部，随级别调增俸禄，考核武艺，赏罚必行，每月赴教场习阵法，约束部伍，检阅装备。兵器方面，派员赴福建采购质量精良的"建铁"①，"取铁官之利于闽中，设处工费，购铳三十六"。又访得已故名将刘显(1515—1581)家旧匠，"造刀鎗五百"，并就近从山中取得竹木，打造"筅竹之矛、坚木之挺，约千竿"，其火药则给引采办。集训三月后，为防兵民杂处，还在邑治东西创建金城、讲武两兵营，营各有总，总各辖三哨，每月更番轮班。②

受饥荒与季节因素影响，崇祯十三年(1640)冬，金华府武义县"靛寇拥众，焚劫下村"。③ 来年正月，金华山区"菁民弗恭"，金衢兵巡道夏尚絅亲自率兵弹压，乱事暂弭，至该年秋季，地方丰收，却又引发山区"菁民复取民家之禾，蹦及村落"。④ 生活困顿的靛农以打家劫舍的方式展开倡乱行动，诸如处州府遂昌县"靛贼结巢廿一都磜下"，不久又移至江山、浦城界，"劫杀村落，出没无常"。⑤ 是岁，绍兴府推官陈子龙(1608—1647)从处州来到金华，正好历经这些变乱，见识到"菁民震于邻"，为此请教知县熊

<hr>

① 福建生产的熟铁经过多次冶炼锤锻，常制作成刀铳器皿，号称"建铁"，在明代相当炙手可热，铁冶业的蓬勃发展也冲击到地方社会的常态秩序。参见唐立宗：《坑冶竞利——明代矿政、矿盗与地方社会》，台北政治大学历史学系 2011 年，第 407—488 页。
② 〔明〕熊人霖：《南荣集·文选》，卷七《两营志》，第 1 页上—3 页下；〔崇祯〕《义乌县志》，卷四《经制考·属署》，第 390—391 页。
③ 〔嘉庆〕《武义县志》，卷八《人物·义行》，《中国地方志集成》浙江府县志辑第 51 册，第 881 页。
④ 〔明〕熊人霖：《南荣集·文选》，卷十《平菁寇凯歌叙》，第 14 页。
⑤ 〔康熙〕《遂昌县志》，卷六《兵戎》，第 146 页。

人霖的"防靛"看法,熊人霖认为应该开屯编户、多设侦间、缚其渠魁、渐蹴以兵、使之审归、火其窝蓬、扼要置丁、置栅为卫、严禁接济。①

从官府的文书记录来看,针对靛民再度起事,"防矿"兵力仍是最主要的防御力量,下令"发兵于金衢严处,扼要协防"。因此"衢兵道复统官兵",除了命令金衢兵巡道来统筹外,还要求衢营守备、把总率领营兵分路搜捕;金华、处州各府是派同知、推官担任监纪,"监督金衢官兵";各县则由县官、典史任捕官,负责调遣乡总、乡兵、哨总、民壮、地保等兵丁沿山堵御起事靛民。值得一提的是,前一年熊人霖创建的两营乡兵,也投入这次缉捕行列,所以衢营守备潘起龙在公文中报称其功劳"加阃外两营文武将士,不惮艰难,鼓勇穷追,且能擒渠散党"。另一方面,靛民起事让官方了解到,"与其时切戒严,莫若专官防御",官员建议应在金华、衢州、处州三府之中,择一要地,在处州宣平县境的畲坑等地专设守备一员,长期屯驻军兵,建署添俸,各府拨兵一百名,"再酌标兵百余名,共为一总之数",其粮饷、营兵署宇、各兵茅寮修建费用,均统由三府二十三县分担,并推派衢州右营把总葛邦熙升任当地守备,换言之,此时官员试图架构新的"防靛"军事体系。②

---

① 〔明〕熊人霖:《南荣集·文选》,卷十二《防靛议上》,第37页上—38页下。曾任义乌知县的熊人霖在《防靛议》这篇文章中,以"兰亭子"隐喻绍兴府推官陈子龙,因兰亭在绍兴府辖境之故。而以"稽亭子"作为自称,正因稽亭里位于义乌县境云黄山麓下。两人曾同登云黄山,赠诗唱和,熊子霖也留有一封书信赠陈子龙,时间与《防靛议上》同时,并非巧合。参见〔明〕熊人霖:《南荣集·诗选》,卷六《陪陈卧子登黄云山》,第4页;卷六《附陈卧子诗》,第4页;卷八《柬陈卧子(辛巳)》,第14页下—15页上。

② 《内有"又据金衢兵巡道夏尚絅呈"残件》(崇祯十四年),第653页上—655页下。

五、三省会剿与善后措施

调遣"防矿"兵力南下，即是为了抵御种靛菁民倡乱，但从地方志书等相关记录，我们却找不到明末官府在宣平县置兵设官常驻的证据，似乎仍以防剿驱离为务，军兵事平即返。到了崇祯十五年（1642）春季，"处州山寇大作，聚众数千，蹂躏遂昌、松阳、龙泉、江山、武义等数县，而江、闽之境咸受其害"。[①] 至夏季，"山寇益剧"，此时"寇往来之地"，已扩及江山、常山、武义、汤溪、宣平、遂昌、松阳、浦城、永丰、开化、玉山、铅山等闽、浙、赣诸省交界地区。[②] 诸如江山县的廿七都，"闽人种靛者揭竿而起，屠戮张村、石门、清湖等处"；[③] 开化县的"山寇纵横焚劫，乡民流窜，五六十里内田地，尽成荆棘"，[④] 均造成地方极大的伤亡与损失。巡按左光先就说："靛贼之横纵于闽、浙间已两年，于兹始路截，继村劫矣；始遮头盖面，遇兵即逃；顷树旗列阵，与官兵对垒，且胜负相当，杀伤各半矣！"[⑤]

为何崇祯十五年（1642）种靛菁民的势力会再起？〔康熙〕《遂昌县志》的解释是："闽寇在浙者将归，而福建浦城县防守戒

---

① 〔明〕陈子龙著，王英志辑校：《兵垣奏议》，《补叙浙功疏》，"崇祯十七年八月十七日奉旨"，收入《陈子龙全集》，第 1534 页。

② 〔明〕熊人霖：《南荣集·文选》，卷十二《防菁议下》，第 39 页。

③ 〔康熙〕《江山县志》，卷九《杂记志·灾祥》，《中国地方志集成》浙江府县志辑 59，第 143 页。

④ 〔康熙〕《开化县志》，卷六《杂志》，日本国立公文书馆藏清康熙二十二年序钞本，第 5 页上。

⑤ 《浙江巡按左光先残题本》，"崇祯十五年八月十五日科抄"，收入《明清史料》乙编第 8 本，第 796 页上。

严其,不得过。由是积累多人,啸聚于遂之西乡茶园,而江西之永丰县、衢州之江山县并震邻。"①但这也可能是一面之词,靛民在官府的追捕中屡屡逃逸,福建浦城常是突破口,他们势力集结重返后,使得金华、处州等地再度陷入动乱的威胁。再者,福建官兵"见贼远去,浦城境内毫无失事,恐兵压境烦扰",不再进兵,或径自撤兵,均造成"贼仍屯江山地方"。②

这年靛民起事震邻,突显前次征剿的轻忽草率,常困于险恶环境,株守一地。更大的问题是,福建官兵以邻为壑,即"兵一步不肯入浙境,贼皆闽人,而所扰多属浙地,各郡县痛痒绝不相关,不谓寇祸金处衢三府,而以为此三府大家公共之寇也",在多一事不如少一事的消极心态下,演变成各方推卸责任、掩耳盗铃的弊端,因此左光先在《题本》中提到:"旧岁今春,若衢之江山,处之龙(泉)、遂(昌)等县,屡有斩获,难掩微劳,总之是防局,非剿局也。"③

当地方官员陆续奏报后,崇祯帝朱由检(1611—1644)闻知震怒,"夺闽中诸司职,而责浙以合剿",特召新任浙江巡抚董象恒(1596—?)赐宴会见,面谕时警告:"山寇不亟扑灭,其势将复为流寇,而东南大事去矣!"责令限期五月平定。④ 董象恒甫到任,与巡按左光先共商旨意:"此贼不剿,终成流寇之续,若不择人端委,使功罪独肩、脱卸无地,则此贼断难刻剿。"⑤于是董象恒立即向绍兴府推官陈子龙咨询。陈子龙是松江府华亭县人,与董象恒同乡,且是同榜登科故人之子,所以当陈子龙建议"今欲

① 〔康熙〕《遂昌县志》,卷六《兵戎志·武功》,第146页。
② 《内有"福建兵备道吴之屏"残稿》,"崇祯十四年",第283页上。
③ 《浙江巡按左光先残题本》,"崇祯十五年八月十五日科抄",第796页上。
④ 〔明〕陈子龙著,王英志辑校:《陈忠裕公全集》,卷三一《陈子龙年谱卷中》,第953页。
⑤ 《浙江巡按左光先残题本》,"崇祯十五年八月十五日科抄",第796页上。

一举荡平,必大发兵,约闽中合攻之",表示愿意协助时,董象恒大喜,檄令陈子龙担任监军。①

朝廷下令三省征讨合剿,主力是浙江与福建两省,故熊人霖曰:"有旨督三省两台速靖,于是闽中推黄石公,浙中推陈卧子为监纪。"黄石公是福建建宁知县黄国琦(1594—1672),陈卧子就是绍兴府推官陈子龙,两人各自担任两省的监军工作。崇祯十五年(1642)五月,义乌知县熊人霖因升任工部都水司主事,前向浙江巡按左光先辞行,左光先正"恐疆场之事,一彼一此",央请熊人霖暂留,六月初,熊人霖即以新升部衔任护军之职。② 接着巡按左光先就向朝廷题报特委监军,以及调派浙江"军兵分地进剿,总听两监军节制"等事宜。③

陈子龙和熊人霖是旧交,根据陈子龙自撰的《年谱》,熊人霖的新职还是陈子龙大力推荐的,"予知其娴于兵事,说左公疏留之,与共事"。陈子龙一面调遣督抚标兵千人沿水路西进,另一面招纳东阳、义乌等地"壮士百余人以为卫",各路人马于遂昌县会师。熊人霖则是在衢州选调军兵,"往督三衢之兵,遣使闽中、江右会师"。④ 陈子龙相当欣赏熊人霖的"防菁"主张,对其去年的看法未能落实感到怅惜,两人会面时曾曰:"惜也!子之议未之有能行也,以及此。"其实熊人霖并不主张"遽合三省之兵"贸

① 〔明〕陈子龙著,王英志辑校:《陈忠裕公全集》,卷三一《陈子龙年谱卷中》,第953—954页。
② 〔明〕熊人霖:《鹤台先生熊山文选》,卷十四《跋濲江天合图记》,日本国立公文书馆藏清顺治间刊本。
③ 《浙江巡按左光先残题本》,"崇祯十五年八月十五日科抄",第796页。
④ 〔明〕陈子龙著,王英志辑校:《陈忠裕公全集》,卷三一《陈子龙年谱卷中》,第954页。关于熊人霖监军的纪录,可见〔明〕熊人霖:《鹤台先生熊山文选》,卷十四《跋濲江天合图记》。

然出征,他认为万一"寇转徙不与兵值,徒旷日耳"。熊人霖认为长久解决之道仍在选能官、行保甲,督责寨主、山主约束菁民,同时也不必新设山区营哨军兵,恐此举徒增民扰,该当速撤,其兵应各归县官训练、调遣,原设营兵或可在三省中增设一护军来联络规措,总之应该尽量避免力战劳师。①

熊人霖不主力战的"防菁"看法其来有自。他和陈子龙"偕履行间"②,"屡发兵深入死斗,终以厄于地险,杀伤相当",官兵与靛民均困于拉锯战中,给予两人很深刻的印象。到了崇祯十五年(1642)六月底,官兵好不容易才"夺其一寨,斩数百级","贼始失据,遁入茶园老巢"。熊、陈两人发现"贼西走,所栖益峻,不可攻",相度形势,"见万无进攻之理",所以改采包围方式,"凡近贼巢五十里内,民家牛羊、米粟,皆远徙",官兵"伐木塞道,伏兵要径",分据要害,让起事者更加乏食益困。③ 此时倡乱阵营内部也出现分裂,熊人霖在《会剿纪成揭》中透露,他施反间计,派人入"贼中,构徽贼与闽广贼,携使自相图",让内部矛盾加剧,使其力量消解,经历数日激战,倡乱者"思窜闽中矣"。④

至崇祯十五年(1642)七月十日,"锐师四路来攻,贼遂奔遁

---

① 〔明〕熊人霖:《南荣集·文选》,卷十二《防菁议下》,第39页上—40页下。
② 〔明〕熊人霖:《南荣集·文选》,卷十一《芑田草序》,第24页下。两人均有留诗纪行,参见〔明〕熊人霖:《南荣集·诗选》,卷十一《六日直指以菁寇急疏留余同卧子护诸将会剿遂以次日同发》,第55页下;卷十一《附卧子诗》,第55页下—56页下。
③ 〔明〕陈子龙著,王英志辑校:《陈忠裕公全集》,卷三一《陈子龙年谱卷中》,第954页;〔明〕陈子龙著,王英志辑校:《兵垣奏议》,《补叙浙功疏》,"崇祯十七年八月十七日奉旨",第1534页。
④ 〔明〕熊人霖:《南荣集·文选》,卷十一《附录会剿纪成揭》,"崇祯十五年七月二十日具揭",第27页下—28页上。

于狮子峰"。① 狮子峰在福建浦城县境内,福建监军黄国琦也采剿抚兼施,"购得贼主藏,持其事,纵之入巢,说以利害。适浙兵深入,贼内悔,遂于七月降闽"。② 根据熊人霖《会剿纪成揭》记录:"降闽者闽中安插,降浙者除解散六百卅七人外,渠魁汪敬松、章今胜、劳志等二百五十四人愿军前报效,谨差官押至辕门听用。"熊人霖又遣员入山散票,"安揖良民严继完等五百二十五人,招抚难民黄邦道等五百五十三人",长达五年的战事总算结束。③ 对此兵部官员称道:"三省同心,数年之逋寇,廓清于一朝。"④

乱事平定后,招抚难民、安插流寓,成为官府最重要的工作,如何将山中的篷寮纳入管理,也是当务之急。参与过会剿的台州府推官蒋鸣玉(1600—1654)提出:"岁荒民散,无空土空居,若使不占客籍、不编里甲,其后患有不可言者,山居茅厂,所在为难。"⑤所以最初靛民起事平定,"投状者千有余人",官方随即"安抚种靛山民,编入牌甲,各安生理"。⑥ 而开屯编户,以及菁民、寮主与山主的约束保结,更是熊人霖撰述《防菁议》中一再强调的重点。⑦ 因此与熊人霖互动关系甚深的陈子龙及时呼应熊人霖

---

① 〔明〕熊人霖:《南荣集・文选》,卷十一《附录会剿纪成揭》,"崇祯十五年七月二十日具揭",第 28 页上。

② 〔明〕陈子龙著,王英志辑校:《陈忠裕公全集》,卷三一《陈子龙年谱卷中》,第 955 页。

③ 〔明〕熊人霖:《南荣集・文选》,卷十一《附录会剿纪成揭》,"崇祯十五年七月二十日具揭",第 28 页。

④ 《兵部覆疏》,"崇祯十六年六月具题",收入〔明〕熊人霖:《南荣集・文选》,卷十一,第 30 页上。

⑤ 〔明〕蒋鸣玉:《政余笔录》,卷三,第 241 页。

⑥ 《兵科抄出浙江巡抚熊奋渭残题本》,"崇祯十二年正月初一日",第 153 页上。

⑦ 〔明〕熊人霖:《南荣集・文选》,卷十二《防菁议上》,第 37 页上—38 页下;卷十二《防菁议下》,第 39 页上—40 页下。

的主张,"复上善后数事,凡编流民于主户,互相保结,及被兵各邑,宜缓征"。①

至于地方防御的补强,督抚官员以处州府遂昌县"地界辽远"为由,议析石练为练溪县,升遂昌为平昌州,以县承驻王村口,并龙泉县统由州辖,但可能是调整地方行政区划建置牵涉层面其广,最终未被采纳。② 因此浙江巡抚董象恒另议"设一府佐于王村口,兼制三省各邑",陈子龙也认为王村口是要害之地,"必得设一道臣兼制三省,以便弹压"。只是陈子龙的"王村口设官事宜"建议,直到崇祯十七年(1644)八月,才被南明朝廷再度重视。③ 在此期间,浙江的"防靛"工作由温州府通判暂代,"春冬防御,夏秋仍回温州",再调回派在温州蒲岐千户所二百名员额的兵力,常驻于处州府遂昌县,"永为防守"。④ 也就是说,至此"防靛"主力改由处州、温州军兵来调防承担。

六、余论

明代浙江山区迸发采矿与种靛的热潮,各自代表手工业与种植农业的商品经济相当活络,也反映市场上的需求在推波助澜,使之方兴未艾。但是对官府而言,山区开发的加速往往连带激发社会治安恶化的隐忧,官方的山林政策、管理法规以及控制

---

① 〔明〕陈子龙著,王英志辑校:《陈忠裕公全集》,卷三一《陈子龙年谱卷中》,第955页。
② 〔康熙〕《遂昌县志》,卷六《兵戎》,第146页。
③ 〔明〕陈子龙著,王英志辑校:《兵垣奏议》,《补叙浙功疏》,"崇祯十七年八月十七日奉旨",页1537。曹树基推论王村口镇的兴起,正是与靛业有关,之后更确立其商业中心的地位。参见曹树基:《移民与古民居——浙江省遂昌县田野考察之一》,《历史学家茶座》2007年第7辑,第75—87页。
④ 〔康熙〕《遂昌县志》,卷六《兵戎》,第146页。

系统均远远落后于社会经济发展的变化，有时要强制禁令，却又造成更大的冲突。为求禁令落实，官方试图寻求军事力量的增强防御，进而出现专为"防矿"与"防菁"的军兵建置。

崇祯十一年（1638），浙江山区首次爆发稍具规模的靛民倡乱，官府立即调遣衢州总捕守备领兵，并配合各县地方团练乡兵共同追捕，此后这些"防矿"军兵屡屡承担起"防菁"的剿捕任务。除了调拨衢州"防矿"军兵外，浙江地方同时采取筑城、募兵、保甲等防备措施，来因应山民活动的失序。崇祯十四年（1641），地方官员开始筹划建置"防菁"军事体系，打算在处州府宣平县的畲坑设置营兵四百余人，合为一总，并督委守备一员长期驻镇。崇祯十五年（1642），为避免乱事延宕，朝廷下令浙江、福建、江西三省会剿，事平后，大致是朝向熊人霖《防菁议》的主张进行善后工作，而"防菁"军事体系则是改于处州府遂昌县的王村口等地重新布防，增设专官地方治理。也就是说，针对山民的移垦活动，浙江衢州与处州地方各自拥有独立的驻防军兵，作好及早应变，以防不测。

但是数年后，随着明朝政局的土崩瓦解，地方自顾不暇，原先浙江山区防御的军事体系也迅速解体，浙江、福建、江西三省交界山民的活动，再度成为地方关注与顾虑的焦点。例如当南明朝廷决议在江西广信、浙江处州安置藩王时，江西巡按周灿（1603—1655）不无担心地表示："昨岁靛贼窃发，负嵎走险，深山穷谷，缉捕为艰，此孰非广信疆域以内事乎？"①缙云人郑赓唐（1607—1678）也反对明室宗藩置于处州，理由是："近靛贼、麻盗

---

① 〔明〕周灿：《西巡政略》，卷二《陈广信风土难建两藩疏》，"崇祯十七年九月十四日具题"，上海图书馆藏明崇祯十七年刻本，第40页下—41页上。

游食窟山,且屡见告矣,兼之白莲邪教在处簧鼓,闻有藩服,激变生心,猝然有警,无兵无食之孤城,何以御之?"[①]这正说明处州的"防菁"军力已然解散。而清军入浙时,隶属南明隆武政权下的金衢巡抚刘中藻(1605—1649)赶紧奏请选取当地山民练兵,得到隆武帝朱聿键(1602—1646)的同意:"选练精兵,可取于苎蓉、菁蓉、畲蓉三项,此议诚是。取用之后,即当给示,免其差徭;仍勉令与百姓相安。兵数准一千名,衣甲银两准于该州动支二千两正项,务期兵精而饷不縻。"[②]其做法与当初招募矿徒作为"防矿"主力极为类似。

南明政权吸收地方种靛菁民举兵抗清,确实让清军吃尽苦头。清顺治四年(1647)十月,清军已攻占浙江大半土地,然而领地统治力量有限,敌军不时来犯,甚至连地方官都先行躲避。当时官员即报称:"景宁之贼,都是本地种麻闽人起衅,县官、百姓皆是知情,不然才报贼到,职等带兵遇敌大钧地方,而县中百姓即于是日一夜尽行逃去,只留空城以待贼来。"[③]顺治八年(1651),辽东人徐治国出任遂昌知县,到任后发现"靛寇"才是滋扰当地社会最大的问题,他说:"明之末,靛寇即已滋种,延及于今已十余载,日夕靡宁。余莅兹土三碁,介马而驰,躬阅险阻,以

---

① 〔明〕郑鄤唐:《谏止处州分藩疏》,收入〔清〕汤成烈辑:《缙云文征》,卷十八,北京中国社会科学院近代史研究所图书馆藏清道光三十年五云书院本,第2页上。

② 〔明〕佚名编:《思文大纪》,《台湾文献丛刊》第111种,第118页。又,根据《鲁之春秋》记载,刘中藻则是擢任温处巡抚,"处州多山,其地多苎蓉、菁蓉、茶蓉诸种,皆称精悍善斗,中藻练为一旅"。史料记录尚待厘清,但无论是金衢或是温处山区,都是种靛菁民最常往来活动之地。参见〔清〕李聿求撰,凌毅标点:《鲁之春秋》,卷七《传第二·阁臣·刘中藻》,杭州:浙江古籍出版社1984年版,第73页。

③ 〔清〕秦世祯:《处州府景宁县麻农暴动》,"顺治四年十月二十二日",引自中国人民大学历史系、中国第一历史档案馆合编:《清代农民战争史资料选编》第1册下,北京:中国人民大学出版社1983年版,第316页。

与周旋橐鞬。"①这反映出他任职三年间,就像橐包着鞬一样,朝夕都在忙于处理靛民的起事。

清初靛民倡乱不仅仅是处州遂昌一地的问题,而是浙江山区普遍的现象。所以顺治十三至十七年(1656—1660),担任浙江提学副使的谷应泰(1620—1690)才会针对衢州江山县形势论曰:"今矿害虽无,而继靛以射利者,其弊已伏于麻篷。大约流移杂处,闽人居其三,而江右之人居其七。日引月长岌岌乎,有反客为主之势,绸缪阴雨,当先事而大为之防己。"②清初地方官为了"防菁"事件疲于奔命,旷日废时却又徒劳无功,可谓受到深刻的教训。即使过了半个世纪,康熙五十一年(1712),已来到处州任官长达十五年之久的知府刘起龙,还会在为《遂昌县志》所写序文中感叹:"遂固岩邑也,界接闽豫,居多异籍,所业者艺麻靛、采铁,故多聚徒众,而不能无争斗,地皆崇山邃谷,尤奸宄之所易匿,防维必严,淘宜急讲,若如议者之说,一改易州县间,遂足以尽防维之善欤!"③像是发出今夕何夕之言,倘若清初能有机会延续明末"防菁"政策的议论主张,或许浙江的山林开发与地方治理将有不同的局面。

① 〔清〕徐治国:《遂昌县志旧序》,收入〔康熙〕《遂昌县志》,第17页。
② 〔清〕谷应泰:《形势论》,收入〔康熙〕《江山县志》,卷一《舆地志·形势》,东京大学东洋文化研究所藏,据清康熙五十二年重修序刊本数字化影像,第12页下—13页上。
③ 〔清〕刘起龙:《遂昌县志序》,收入〔康熙〕《遂昌县志》,第11页。

第二部　山林资源

第三章　山野如何为人们提供生存资源

——以《刑科题本》为中心的研究

相原佳之

一、绪言

　　本论文的目的,是以清代中国为例,探讨地域社会里的山野①如何发挥为民众提供生存资源的功能,并且讨论该功能是在什么形式和逻辑上进行的。本文以清代裁判行政文书"刑科题本"中的案例为例,对其中有关山野产权、山野利用、山野管理的记述进行分析。尤其着眼于"官山""官荒"内进行的樵采等民众日常的营生。正如之后详细说明的,这些"官山""官荒"属于无人拥有产权的山野。

　　笔者将着眼于民众利用山野的日常行为,例如采集薪炭、制作燃料、小规模的树木栽培等。这些日常活动一般在开垦农地、经营森林等主要活动的背后进行,所以少见于史料,也较少被讨论。

---

① 史料中多称为"山"或者"荒"。该土地的状态不一样,有的是只产生杂草的荒地,而有的是树木茂密的森林。本文采用包含两者的"山野"一词。

二、多层的共享资源论、"管业"论与"官山"

首先,笔者要说明本论文为何关注"官山"和"官荒"。

今天在探讨人类与自然资源的关系时,研究者常常用"共享资源/公地(commons)"的概念进行分析。"公地"概念的盛行始于哈丁(Garret Hardin)的"公地悲剧"论,之后论者的研究方向涉及许多方面,有旨在促进告发资源分配的不公正的社会运动的,也有着眼于过去某地域、某时期的资源利用秩序的。[①]

本文主要参照的是日本社会学家宫内泰介的"权属多层的共享资源"的讨论。宫内用"资源利用的合法性"的概念分析人类与自然资源的关系。"资源利用的合法性"是指"围绕基于什么价值或什么构造,并由谁参与或管理某一环境,社会上得到认知和承认的状态"。[②] 这种理论的特点之一,是其理论基于一个前提,就是某一块土地上的自然环境是多层利用或参与的体系。某些人与自然资源有密切的关系,而另外的某些人则拥有淡薄的关系,但所有的关系都是被社会认知的。无论关系密切还是淡薄,该理论的目的是,分析所有关系的权属来源和合法性。这种分析办法有利于分析在山野或广域的水面上的人们与自然资源的关系,因为与农地或宅基地相较,在森林和水面的权属关系常常更为多层。

---

① 关于"公地(commons)"的内容与有关议论的展开,参照井上真:《コモンズの思想を求めて——カリマンタンの森で考える》,东京:岩波书店 2004 年版,第49—94 页;三俣学编著:《エコロジーとコモンズ——环境ガバナンスと地域自立の思想》,东京:晃洋书房 2014 年版,第 1—24 页。

② 宫内泰介编:《コモンズをささえるしくみ——レジティマシーの环境社会学》,东京:新曜社 2006 年版,第 20 页。

另外,关于清代民众的自然领域概念,日本法制史家寺田浩明的研究最为人知。按照寺田的说法,根据清代乡村的土地买卖契约和典当契约,当时契约的交易对象不是对自然领域的综合性和排他性的控制,而是以收益为目的的自然领域。当时人们将收益行为的对象范围称作"业",而"业"还包含特定的收益方法。"业"作为交易对象,可以买卖、继承、转让。关于以"业"为主的土地拥有方式,寺田的阐述为:"围绕特定的(有领域性的)收益经营形态,每个'主'(参与或经营的主体)各自拥有合法性,而独立的合法性在社会上得到确认并得到承认,而且其合法性依次移交给下一'主',这里存在着赋予合法性的连锁结构。"①他称之为"管业的来历体系"。

如上,宫内的多层的共享资源论与寺田的管业论有明确的共同点。两者都认同对某个自然领域有复数的参与主体,两者都重视合法性的赋予与社会认知。

但需要说明的是,寺田的"业"不包含宫内提出的所有的密切关系和淡薄关系。"业"所包含的只是相对稳定的收益形态,管业的对象必须依据契约文书进行买卖和转让。换言之,在人们对自然资源的各种参与中,商品化的部分才成为"业",非商品化的部分不成为"业"。至于山野,获取利益的活动,例如经营林业、开采矿山等活动很容易被视为"业",但不以获取利益为目的的活动,例如日常的薪炭采集活动一般不被视为"业"。

当然,这不意味着在有"业"的土地里没有进行日常的采集薪炭等活动。当然民众在这种土地里也进行小规模的日常山野

---

① 寺田浩明:《中国近世における自然の領有》,《シリーズ世界史への問い第1巻歴史における自然》,东京:岩波书店1989年版,第219页。

活动。但在有人管业的土地里,为生活进行的山野活动常常被遮蔽在山林经营的背后,所以史料上比较少见。与此相反,在没有"业"的土地上,民众的樵采等活动容易出现于史料中。在无私人拥有"业"的土地观念下,法规也规定其还在王朝的管理下,所以史料上一般加"官"字来表示,按照地形有官地、官山、官荒、官湖、官水等说法。[①] 本论文关注"官山""官荒"的理由就在于此。如上所述,在这种无私人拥有"业"的土地上,小规模但必不可少的采集薪炭等活动更容易显露出来。

虽然官山、官荒是无私人管业的山野,但官山的利用一般不是单独的个人进行的,在地域内有很多人参与这种土地的利用,所以当然不属于完全无秩序的状态,一定有人与人之间调整行使权利的某种规则或习惯。利用这种土地的各个人通过某种形式赋予自己权利的根据,以参与官山的利用。本论文的主题是揭示其赋予权利的合法性有哪些根据,并考察人与山野之间的关系是如何实现的。

开始本论文之前,我应该预先说明史料上"官山"一词的用法。根据国家行政机构(官方)如何控制、影响其土地的经营、利用、管理,清代史料上的"官山"大致分为三类。第一类是官方经营管理,并且由官方利用的山。为皇族贵族提供狩猎场所的围场、盛京郊外的采木采参山场、皇帝陵墓附近的山等即属此类。第二类是基于过去成为过叛乱的渊薮或者将来会发生骚扰等理由,官方明文禁止开发的山林。对于这类山地,无论官方民间,谁都不能利用该山内的资源。全国各地的封禁山和封闭后的矿

---

① 关于"王土王民论",参照岸本美绪:《土地を卖ること、人を卖ること——"所有"をめぐる比较の试み》,三浦彻等编:《比较史のアジア　所有・契约・市场・公正》,东京:东京大学出版会 2004 年版,第 26 页。

山属于这类。对于第一类和第二类的官山,官方政策的主要目标在于限制民众的利用,具体的办法是禁止盗伐盗采、施行封禁。

第三类官山是本论文主要关心的。官方不直接经营管理这类官山,并且谁都不持有"业"的山。这类官山相当于"未升科地""无主之地",史料上有时写作"无税官山"。①

既存研究也指出,任何人都可以进入这种第三类官山,且其是一种生存资源的供应地。仁井田陞从法制史观点早已说明,官山是无主的山,而且原则上谁都可以利用该山内的资源。② 森田明用福建省《福宁府志》的记述论述,官山的利用对广泛民众开放,但官山同时面临私有化压力。但森田也说明,在开发逐渐进行的过程中确实有私有化的现象,不过私占者从有利于经营的场所入手,所以未私有化而对外开放的官山还普遍存在。③ 孟泽思(Nicholas K. Menzies)说明,当时的官山是谁可以自由利用的,但当时的王朝政府也将其视作将来的课税地。④ 这种任何私人都没有持有权属的"官产",不仅限于土地,水面也有时有这种"官产"。太田出论述用于渔业和交通的内水面也有"官湖"。而且太田根据太湖流域渔民的事例指出,没有人有这种"官湖"

---

①　关于官山的分类,参照相原佳之:《清朝中期的森林政策——以乾隆二十年代的植树讨论为中心》,王利华主编:《中国历史上环境与社会》,北京:生活·读书·新知三联书店2007年版,第506—507页。

②　仁井田陞:《中国法制史研究　奴隶农奴法·家族村落法》,东京:东京大学出版会1962年版,第419、698—699页。

③　森田明:《明末清代的"棚民"について》,《人文研究》28卷9号,1976年,第15—16页。

④　Menzies, Nicholas K., *Forest and Land Management in Imperial China*, London: St. Martin's Press, 1994,第103页。

的所有权属,据推测这些水面已经成为对弱者的生活资源供应地。① 著名环境史家伊懋可(Mark Elvin)虽然不用"官山"一词,但指出野生植物和树坚果生长在谁都可以进入的土地上,人们可以使用这些天然产品来帮助维持健康和提高延长寿命的可能性。②

　　上述研究强调官山的对外开放性(open access),但不讨论其开放性的详细内容。本文旨在用清代裁判史料来进一步详细分析官山利用形态。本文的主要资料是刑科题本。刑科题本是清代裁判文书的一种类型,是刑案中需要皇帝裁量的重要案件,督抚或三法司为决定量刑向皇帝提交这种题本。清代刑案中重要的证据是有关人的口供,所以刑科题本中包含嫌疑犯和有关人的供述。供述中有可以用于社会史的丰富内容,例如嫌疑犯、关系人的年龄籍贯、生活情况、案场情况、案件发生的原委等。现在有抽出其中多种多样的内容应用社会经济史的研究潮流。③如上所述,刑科题本案件大多是有关杀人事件等的重要案件,审理的要点就在于决定案犯的量刑程度。本文利用的案件不是以山野利用权为内容而起诉的,不过,因为引起事件的冲突大多是

---

① 太田出:《中国太湖流域渔民と内水面渔业——权利关系のあり方をめぐる试论》,室田武编著:《グローバル时代のローカル・コモンズ》,京都:ミネルヴァ书房 2009 年版,第 208—212 页。

② Elvin, Mark, *The Retreat of the Elephants: An Environmental History of China*, New Haven: Yale University Press, 2004,第 314 页。

③ 关于刑科题本的概要与相关文献,参照堀地明:《清代刑科题本と乾隆十年(一七四五)山西大同府天镇县闹赈案》,吉尾宽编:《民众反乱と中华世界——新しい中国史像の构筑に向けて》,东京:汲古书院 2012 年版,第 541—544 页。Buoye, Thomas M., Manslaughter, *Markets, and Moral Economy: Violent Disputes Over Property Rights in Eighteenth-century China*, Cambridge: Cambridge University Press, 2000,第 230—263 页。

围绕边界或山野利用习惯的见解不同而发生的,所以史料上有较多相关的供述,而且官方的判决有时对山野利用的权属也有所涉及。

本论文利用的刑科题本收藏在北京的中国第一历史档案馆和台北的"中央研究院"历史语言研究所。引用史料时用略称表示,"一档"表示中国第一历史档案馆所藏刑科题本,"内大"表示"中央研究院"历史语言研究所所藏内阁大库档案。引用史料时,用"收藏机关,档号,作者,年月日,地域"方式注明典据。如该档案在《明清档案》①中收录,并记该书的整理号。

三、刑科题本中的事例

(一)多样的山野经济活动

首先,史料中多样的民众经济活动事例,表现出山野中活动的多层性与多样性。史料内可以看出下列山野活动:采集竹笋、放牧②、采集"断肠毒草"③、采集供炊爨用的竹叶④、采集用来肥

---

① 张伟仁主编:《明清档案》,台北:"中央研究院"历史语言研究所 1986—1995 年版。

② 内大 044535-001(《明清档案》A161-069),湖南巡抚开泰,乾隆十四年十二月初八日,[湖南,芷江县]。"其妻田氏赴山摘笋,忠富亦在山牧牛唱歌。"

③ 内大 059406-001(《明清档案》A358-001),广东巡抚成格,道光七年五月二十六日,[广东,长乐县]。"缘由朱亚二恋奸情密,起意商同朱邓氏,用药将朱丙秀毒死……寻取瓦罐一个,带赴山上采摘断肠毒草,并取水放入罐内,用树枝然火煎浓,将药罐交给朱邓氏携回,嘱令乘便下毒,朱邓氏随将毒罐收藏厨房水缸脚下。"断肠毒草学名为 Gelsemium elegans,含有剧毒,在杂木林自生。

④ 内大 066706-001,刑部尚书兼内务府总管来保,乾隆十年二月初二日,[福建,安溪县]。"蚁妻吴氏……本月初六日往山采取竹叶供炊。"

田的杂草①、采集松叶②、捕获小鸟（麻雀等）③、采集墨石④、采石以及贩卖石材⑤等。另外有为保护风水或为灌溉田地的树木栽植。⑥ 这些活动都是乡民的日常生活中必不可少的，但活动的规模较小而不成为"业"。

（二）在官山里的樵采

如上所述，民众日常利用山野的方式丰富多彩，其中史料上最多见的是日常燃料的采集（"樵采""樵牧"）与死者的埋葬（"安葬"）。下面以燃料采集为中心进行考察。

官山基本上被视为谁都可以进入利用的土地。从某人认为是官山而在无意之中进入他人山地的事例可以看出，官山与税业（民业）有明确的区别，而民众在某种程度上享有共识。⑦

---

① 内大 001306-001（《明清档案》A294-080），护理湖南巡抚布政使通恩，嘉庆五年正月二十二日，[湖南，茶陵州]。"小的见山上有草可以肥田，携带铁锄并挑草柴棍，同曾从陇曾新妹赴山乞草。"内大 062797-001，刑部尚书来保，乾隆八年十二月十六日，[浙江，诸暨县]。"五福赴郭姓山上割草肥田，侵入庵界。"

② 内大 062797-001，刑部尚书来保，乾隆八年十二月十六日，[浙江，诸暨县]。"小的在冠珠庵后山采摘松花。"

③ 一档 02-01-07-12092-020，江西巡抚陆应谷，咸丰元年三月初二日，[江西，乐平县]。"鲁盛佶同邵鬼仔邵郡年麻子，分擎禾枪竹铳，在野鸡窝山脚砍柴打雀。"

④ 一档 02-01-07-08694-017，大学士管理刑部事务庆桂，嘉庆四年六月二十一日，[江西，信丰县]。"该处产石官山应仍听村民照旧乞取，曾姓不得混阻滋事。"

⑤ 一档 02-01-07-05574-007，刑部尚书鄂弥达，乾隆二十三年五月二十一日，[贵州，绥阳县]。"据原任贵州巡抚周瑸疏称，符之节与刘章富素识无嫌。缘刘章富籍隶楚省，在绥邑皮家山打石售卖。"

⑥ 一档 02-01-07-05036-008，广东巡抚苏昌，乾隆十六年十一月十一日，[广东，河源县]。"缘士端屋后有土名平石官山种植树木，护卫风水，并蓄水灌荫田亩。"

⑦ 内大 012901-001（《明清档案》A111-061），广东巡抚王安国，乾隆七年四月二十一日，[广东，英德县]。"小的们同族叔谢上贵一共四人往山割草，经过白水际山，不晓得是邓伯祥的税业，因见茅草多，只道是官山，就在那里采割。"

　　那么,在官山采集燃料的具体是什么人? 史料中最普遍的是"附近居民"和"附近乡民",就是住在官山附近的民众。^① 有的史料表示为"众姓"。^② 部分案件中明示特定的姓氏或村落,例如一个族姓^③,两个村^④,附近的三个保。^⑤ 虽然如此提到特定族姓或村落,我们不能简单地判断该族姓或该村落有山野利用的优先权。史料本身大多没有说到优先权。我们需要考虑下列的可能性,就是官山实际上对所有人开放,但由于地理位置和距离的关系,实际上只有特定的族姓或村落可以利用。一些史料表示民间有某种利用习惯,例如,江西乐安县十一都与三十九都之间的三角峰官山并无界址,但山上茅草向来都是十一都人从东边

① 一档 02-01-07-05483-014,署理广东巡抚周人骥,乾隆二十二年十二月二十日,[广东,潮阳县]。"土名鸡笼山系属官山,应听附近居民樵采,毋许争占滋事。"一档 02-01-07-06720-002,广东巡抚德保,乾隆三十七年三月二十六日,[广东,陆丰县]。"官山树木应听附近居民樵采,毋许争阻,以杜事端。"一档 02-01-07-06765-002,广东巡抚德保,乾隆三十七年五月初四日,[广东]。"该处官山树木,应听附近乡民樵采,不许廖姓占管,以杜衅端。"内大 027180-001(《明清档案》A164-067)署刑部尚书阿克敦,乾隆十五年六月初七日,[广东,揭阳县]。"至石母官山,应听附近居民樵采,毋许争阻,以杜衅端。"
② 内大 050512-001,大学士内务府总管兼管刑部事务来保,乾隆十四年五月二十八日,[江西,乐安县]。"邱流民与吴文二各村居住,缘该地有官山一嶂,山内柴薪向系众姓樵采。"
③ 一档 02-01-07-09498-018,江西巡抚先福,嘉庆十六年六月二十九日,[江西,新淦县]。"土名打古坪官山一嶂,山上茅柴向系该族公砍。……该处打古坪山系属官荒,应听该族照旧樵砍,严惩毋许争兢,以杜后衅。"
④ 一档 02-01-07-09733-001,大学士管理刑部事务董诰,嘉庆十九年三月十五日,[广东,南雄州]。"村外有土名黄茅坪官山,所产茅草向系邓谢两村男妇采割发卖。"
⑤ 一档 02-01-07-05512-011,刑部尚书鄂弥达,乾隆二十二年十一月初六日,[福建,建宁县]。"该处官山土名桃林岭,所生柴草向系隆安,癸洋,静安三保居民樵采。"

割取,三十九都人从西边割取①。

关于官山的资源利用,通常禁止一个人或一个族姓垄断山内资源,并且允许其他人进入或收集柴草。人们阻止他人利用的理由是多样的,比如自己的村靠近官山②、官山柴草不多③、官山内有祖辈的坟墓④等,不过大多判决不认可因此种理由独占官山上的资源,而许可其他人的樵采。预见到有秋叶和冬季柴草稀少的时期而预先标记固定草地的行为也被禁止⑤。再有,连日

---

① 一档 02-01-07-09466-024,刑部尚书勒保,嘉庆十五年八月三十日,[江西,乐安县]。"该处山场止生茅草,不堪垦种,应仍听都民公共割取,毋许强分界址,以杜衅端。……小的十一都与黄三保住的三十九都有三角峰官山一嶂,并无界址。山上茅草向来十一都人在附近东首割取,三十九都人在附近西首。"

② 一档 02-01-07-07699-006,暂署广东巡抚巴延山,乾隆四十七年五月初九日,[广东]。"陈先裔往土名心头岭官山割草,适曾宗昌先在山上裁割,曾宗昌声言,该山在伊村前,不许陈先裔樵采。……土名心头岭官山,饬令听人樵采,毋许曾姓踞占滋事。"

③ 一档 02-01-07-10932-016,大学士管理刑部事务托津,道光十年七月十八日,[广东,从化县]。"谢亚文携带柴刀,在小的们住居银溪村后土名山涯凹官山樵采。适小的同族人骆亚九骆辐隆各拿铁邦木扁挑往田工作,走到看见,骆辐隆因那山柴草无多,喝令谢亚文往别处采取。……该处官山柴草,应听附近居民照旧樵采,毋许争占,以杜衅端。"

④ 一档 02-01-07-05512-011,刑部尚书鄂弥达,乾隆二十二年十一月初六日,[福建,建宁县]。"该处官山土名桃林岭,所生柴草向系隆安,癸洋,静安三保居民樵采,汪龙山住居隆安保,与汪学藉有祖坟在山下,议禁不许静安,癸洋二保之人采取。……桃林岭一带官山,仍听三保居民樵采,不许汪姓藉坟阻占。"

⑤ 内大 043620-001(《明清档案》A146-113),广东巡抚准泰,乾隆十二年四月初四日,[广东,连平州]。"亚隆在黎峒凹山场草地预先号记,秋冬收割。迨捌月拾伍日,亚隆将刈割之草堆积在山,拾捌日师宗亦往该山割草,亚隆以伊号记在先,向前拦阻,互相争论。……黎峒凹官山柴草,饬令听民樵采,毋许预行号记,致滋衅端。"

多次去砍伐柴枝的行为也被谴责。①

　　此外有一个有趣的例子，就是判决为无地的居民可以优先利用官山内资源。乾隆三十四年(1769)江西余干县万姓与朱姓围绕官山内薪材的采集发生争议的事例，其判决为"所争官山业经勘明均系砂石不能开垦，应听无业居民樵采。朱万两姓于官山附近各有山场，自蓄柴薪可以供爨，嗣后均不许赴山采草，以杜争端。"②造成死伤案件的是万姓，但判决决定不单万姓而且受害者的朱姓也被禁止利用官山上的资源，并且表明只有"无业居民"(没有土地的居民)保有利用官山的优先权。

　　总的来讲，在官山的燃料采集是一般由近邻居民进行，而且某姓某人企图独占或者因此发生争议会被看作不太妥当的事情。再有一些人认为没有土地的人(可能主要是贫困者)应该优先利用官山资源。

(三)樵采与其他经济活动的关系

　　下面研究在官山附近的民众樵采活动与特定个人或族姓经

---

① 一档 02-01-07-09498-018，江西巡抚先福，嘉庆十六年六月二十九日，[江西，新淦县]。"尸弟邹照四供，……近村有土名打古坪山官山，山上茅柴由听族众公砍。嘉庆拾伍年捌月贰拾陆日下午，哥子同族人邹仟九往官山砍柴，路过南山地方，撞过邹沈二也在官山砍柴回家，哥子因邹沈二连日往砍多次，斥责邹沈二不是，沈二不服，致相争闹。……该处打古坪山系属官荒，应听该族照旧樵砍，严伤毋许争兢，以杜后衅。"

② 一档 02-01-07-06475-001，大学士管理刑部事务刘统勋，乾隆三十四年七月二十八日，[江西，余干县]。"万良先同族人万层俚万公和万钦然万会吉万妹俚万丈俚万思俚等先后往官山砍柴，适朱文献看见，以万姓原籍东乡，不应砍取余干官山柴草。……所争官山业经勘明，均系砂石，不能开垦，应听无业居民樵采，朱万两姓于官山附近各有山场，自蓄柴薪可以供爨，嗣后均不许赴山采草，以杜争端"。

济活动的多层性。

除燃料木材采集之外最常见的经济活动是栽植树木。种植树木的个人和族姓只对自己种植的树木拥有权利，但一般情况下，会开放山林并允许附近居民收集燃料。

乾隆十年(1745)，广东省海丰县的谢法科砍取在官山内赖俊祥种植的松柏林旁边的杂木，烧烤为炭，赖俊祥以为谢法科盗伐自己的松柏向前阻挠。此行为引起争执，结果谢法科殴死赖俊祥。调查发现谢法科砍取的杂木不是赖姓栽植的，该判决表明"官山柴木，饬令赖俊英照现栽松柏为界经管，其余听民樵采，毋许越占"①，只肯定赖姓对自己种植树木的经营权，在其他官山内山林仍听任村民樵采。同样的事例众多。对于为保护风水和灌溉田亩的树木，有相同的判决，只允许栽植人对栽植树木的权利②。

虽然习惯上尊重栽植人对栽植树木的权利，但对此习惯其他人常常提出异议。道光七年(1827)，广西宣化县韦李氏祖先李学贤在官山种植松树以来，附近村民只在该山放牛，但向来不樵采。后来另外族姓以韦李氏家没有管业契据，向县提出异议，

---

① 内大 013518-001(《明清档案》A139-053)，两广总督暂署广东巡抚印务策楞，乾隆十年八月十八日，[广东，海丰县]。"缘赖俊祥在官山栽有松柏，乾隆十年三月初五日谢法科往山砍取杂木烧炭，适俊祥遇见，疑系偷砍伊树，向前争阻喷角。……小的在赖俊祥栽种松柏林边，砍取杂木烧炭，才砍了三条，俊祥走来骂小的偷砍他的松柏，小的说砍的是山上杂木。……官山柴木，饬令赖俊英照现栽松柏为界经管，其余听民樵采，毋许越占。"

② 一档 02-01-07-05036-008，广东巡抚苏昌，乾隆十六年十一月十一日，[广东，河源县]。"缘[田]士端屋后有土名平石官山种植树木，护卫风水，并蓄水灌荫田亩。乾隆十六年五月二十九日，陈继瑞往山樵采砍伐树木，士端见而拦阻，维瑞不依，致相争论。……至平石官山，既经田士端种植树木，应听士端亲属管理，陈姓不许砍伐，以杜讼端。"

要求该山归村众公共樵采。双方的见解不同,引起争论,纠纷中失掉人命。案件的判决为"那垄岭官山断令村众照旧公共牧牛,山内松树系韦书胜之祖费用工本种植,仍禁村众樵采,以杜争端。"①

乾隆十三年(1748)广东阳春县的案例更清楚地显示在官山栽植树木与砍伐其树木的逻辑。栽植树木人的亲戚韩亚寒说:"这是我叔子韩振举种的,你们不要砍伐",而砍取树木的谢誉圣说"这是官山官树,人人砍得的"。判决内命令谢姓对韩姓赔偿相当于砍伐树木的价格,但又说"该山虽属官业,但树木系韩振举所种,应禁溷砍,以杜争端"。②

上述案例中,一方主张对花工夫和成本栽植树木的管辖权,另一方以栽植人没有土地契据或官山上的东西不专属于任何人等理由反对该管辖权。判决一般认定官山利用的多层性而承认栽植树木人的权利和其他人仍旧持有的权利。

从部分案例中可以看出地域内通行的山野利用规则。嘉庆十七年(1812)广东陆丰县的事例,刘日开在官山持有保护风水的树木,树木上的树枝被吴亚汪等砍伐时,刘姓"照乡规"要求吴

---

① 一档 02-01-07-11316-018,广西巡抚梁章钜,道光十七年三月二十日,[广西,宣化县]。"据何建棕供,……村外有土名那垄岭官山一座,于乾隆年间,经韦李氏公公韦学贤种植松树,遗传管业,附近村民只在山牧牛,向未樵采。道光拾陆年伍月内,小的见那垄山树木丛茂,韦李氏家并无管业契据,不应独占,要议归村众公共樵采。……那垄岭官山断令村众照旧公共牧牛,山内松树系韦书胜之祖费用工本种植,仍禁村众樵采,以杜争端。"

② 内大 049759-001,广东巡抚岳浚,乾隆十三年七月十一日,[广东,阳春县]。"问据谢誉圣供,……小的与侄子同到王氏屋后官山砍柴,侄子见有壹株小树用刀砍伐,小的也帮砍树枝。韩亚寒走来说,这是我叔子韩振举种的,你们不要砍伐。小的们说,这是官山官树,人人砍得的。……谢昌富等所砍韩振举树木,照估追赔,该山虽属官业,但树木系韩振举所种,应禁溷砍,以杜争端。"

亚汪买送槟榔赔偿。围绕"乡规"的履行双方争执，致有命案。官方以酿成命案为理由，禁止砍伐。① 在另外的案例中，虽然官山上栽植的树木不许砍伐，但有人认为预先向"乡众"交银后可以为自己砍伐该树木。② 虽然此案例中看不出"乡"的范围，但可以确认这是一定范围内的人共识的规定。

如果某人多年来对树木的管理已被该地域内人们所认识，这可作为他们在审判时主张的强力支持。乾隆八年（1743）贵州贵阳府开州发生的围绕官山树木的纷争，砍伐遭阻而被杀者的伯父赵君之关于官山上的树木就说"虽是官山，实系小苗家护蓄多年，才得成林，那一块地方通知道的。因此，才叫外甥去砍柴，并不是冒认"，强调自家的树木管理被地方人认识的情况。判决肯定该主张，"所争阿利田山林，既已查系官山，并非赵阿十之业，已经赵君之蓄养多年，应仍听赵君之护蓄樵采"。③

---

① 一档 02-01-07-09562-021，广东巡抚韩崶，嘉庆十七年三月二十八日，[广东、陆丰县]。"查吴亚汪等所砍树枝，系产自官山，并非刘日开用工本栽种，刘日开欲图护卫住屋风水，因而肇取刀桃令其照乡规买送槟榔赔礼，以致索讨争殴毙命。……该处树木系在官山，既酿人命，应请禁止砍伐，以杜衅端。"

② 一档 02-01-07-05052-006，署理刑部尚书阿克敦，乾隆十六年闰五月十八日，[广东、丰顺县]。"缘学古乡中有土名三岐嶂官山一所，种植树木不许砍伐。乾隆十五年四月二十三日，黄学成见树木茂盛，商同蔡景祥卖与蔡宰臣砍做屡坯，宰臣虑及乡众不允，学成答以先交银分给乡众，宰臣信以为实，议定每担屡坯价钱二百六十文，并出定银二十两交与学成接收。五月初九日，学成雇蔡景祥及景祥之弟蔡阿邬，蔡阿完进山砍伐，许给景祥每担酬谢钱十五文。十六日，甲长叶用梅、乡老彭玉、林日新，刘端才查知。"

③ 内大 011911-001（《明清档案》A125-071），贵州总督管巡抚事张广泗，乾隆八年九月初六日，[贵州、开州]。"这山小地名叫做阿利田，总地名猪场坡，虽是官山，实系小苗家护蓄多年，才得成林，那一块地方通知道的。因此，才叫外甥去砍柴，并不是冒认。……所争阿利田山林，既已查系官山，并非赵阿十之业，已经赵君之蓄养多年，应仍听赵君之护蓄樵采。"

栽植的植物不限于树木。乾隆十五年(1750),广东高州府石城县的事例,钟姓和李姓在村后的"无税官山"种纸竹,分界管理。围绕此纸竹的砍伐,两姓发生纠纷而丢掉了人命。县政府命令划定边界,不过纸竹栽培与砍伐没有被禁止。①

总的来说,禁止在官山经济活动的事例很少,对于某个人或族姓耗费工夫和成本栽种的树木和竹子,如其栽种行为不妨碍别人的燃料采集等活动,官府有认可栽种的个人或族姓的优先权的倾向。

(四)分割官山/不分割官山的判断

以官山上的资源纠纷为契机,官方有时会判断分割官山。乾隆十六年(1751)广西全州事例,唐姓与胡姓按照各姓坟墓的所在分管"金盆形官山",关于燃料的采集场所发生纠纷后,县府饬令乡地会同两姓分界绘图,嗣后各照界址管业。② 嘉庆五年(1800)江西吉水县,官山东西居住的两族间围绕官山上茅草的采集发生纠纷,县府调查该山砂石间杂,仅生茅草,不能垦种,命

① 内大 052697-001,广东巡抚苏昌,乾隆十五年九月初十日,[广东,石城县]。"缘钟玑与永国村后有官山嶂无税官山,向系钟李贰姓种植纸竹,分界砍伐。……官山嶂纸竹,经县饬令立界,以杜争端。"
② 一档 02-01-07-05102-005,署理刑部尚书阿克敦,乾隆十六年闰五月十八日,[广西,全州]。"缘该州恩乡金盆形官山上下,唐胡两姓各葬有祖坟,上下毗连,俱倚坟管山,未分界址。……金盆形山场,已饬令分界绘图,胡唐二姓各照界址管业,应毋庸议等语。"

令钉立界限而令两姓毋许越界，以杜争端。①

不过，也有相反的事例，就是虽然在官山内发生边界纠纷，但县府决定不分割该山。嘉庆十五年(1810)江西乐安县的案件即属于此类。该县十一都与三十九都之间的三角峰官山并无界址，但山上茅草向来十一都人从东边割取，三十九都人从西边割取。嘉庆十四年八月十六日，十一都的陈言仔等因东边柴草较少到西边山上割取，被三十九都黄三保等看见而受到阻止。陈言仔以"都是官山"为理由回嘴，由此引发了一场冲突，在斗争中黄三保落失去性命。此案的判决虽与上例案件一样确认该处山地不堪垦种，但判决结论是"应仍听都民公共割取，毋许强分界址，以杜衅端"，结论为禁止分割。②

上述两个案件的结论不同，一案判决分界管山，一案判决不分界。但有其共同点，县府调查该山而确认不堪种植后，并不禁止燃料木材的采集，支持原来的樵采。

有的案件发生在处于县界的官山。关于福建长乐县与福清

① 一档02-01-07-08749-016，大学士管理刑部事务董诰，嘉庆五年十一月十九日，[江西，吉水县]。"据尸兄郭铭四供，已死郭镜八是小的胞弟，小的村外有官山一嶂，土名塔坑。小的家住在那山西边，族叔郭润堂住在那山东边，山上茅草向听附近居民樵采，不分界限。乾隆四年八月十二日，小的兄弟郭镜八同族人郭向荣往东边山上割草，郭九苟郭星照郭润堂向阻争殴。……郭九苟说，小的们西边人不该往他东边山上割草，向前阻止。……该处山场山业据该县勘明砂石间杂，仅生茅草，不能垦种，应饬于山之中间钉立界限，听其两造各分东西就近樵牧，毋许越界，以杜争端。"

② 一档02-01-07-09466-024，刑部尚书勒保，嘉庆十五年八月三十日，[江西，乐安县]。"据陈言仔供，……附近东首割取，三十九都人在附近东首割取。……小的因东首山上茅草无多，顺到西首山上割取。适黄三保与曾礼九各携刀担走来看见，黄三保斥责小的们不应越割，上前阻止。小的因都是官山，不依詈骂，致相争闹。……该处山场止生茅草，不堪垦种，应仍听都民公共割取，毋许强分界址，以杜衅端。"

县界的官山,以嘉庆二十三年发生的案件为契机,官方决定划分两县民樵采的范围。[①] 在江西乐平县和弋阳县的野鸡窝山场,禁止民众的燃料采集。[②] 在浙江永康县与东阳县的交界地域,两县知县以"因荒山无界,偶尔误砍"为理由,实行山界的调查而决定山界和樵采的范围[③]。从这些例子可以推测,由于地域内人口与森林、荒地情况的变化,民众的樵采范围逐渐扩大到县界地域的山间,最后因此确定县界。

(五)判断为禁止砍伐的事例

下面来看以纠纷为契机禁止官山上民众活动的事例。

最严格的是,封禁山林而不允许民众进山采集的事例。嘉庆二十五年(1820),县府将江西乐平县与弋阳县边界的野鸡窝山场断为官山,勒石封禁,并且不允许樵采。咸丰元年(1851)在

---

① 一档 02-01-07-10063-001,兵部尚书管理刑部尚书章煦,嘉庆二十三年三月初四日,[福建,长乐县]。"陈学桂供,……福清县人,与长乐县人陈嫩嫩隔山居住,同姓不宗,素无嫌隙。小的村内有土名南阳官山一仑,与长乐县界址毗连,以山顶倒水分界,南属福清,北属长乐,山上柴草向听乡人樵采。……该处山场,系属长福两县分界官山,饬令嗣后各分界址樵采,毋许越界,以杜争端。"

② 一档 02-01-07-12092-020,江西巡抚陆应谷,咸丰元年三月初二日,[江西,乐平县]。后揭 96 页注②。

③ 内大 043351-001(《明清档案》A192-060)署刑部尚书阿里衮,乾隆二十一年二月三十日,[浙江,永康县]。"该地有柏岩山一座,系东永二邑交界荒山,向系听人樵采。卢起耕有管业山场,土名岩树凹,与柏岩荒山相连。……实因荒山无界,偶尔误砍,一时争角,失手致伤,并非偷砍,亦非有心致死。……山界已经勘明,卑职会同东邑晓谕居民照界管业,毋许越砍滋事。"

此山再次发生纠纷时，当时的知县也支持原来的判断。① 此外有由于采草纠纷，知县命令提交该山的绘图，禁止樵采。②

广西富川县的事例，因为大坝寨官山有关全村风水，村众合议禁止砍伐该山树木，嘉庆二十五年（1820）有人违法砍采该山树木后，县府支持该村合议而仍旧封禁。③ 道光二年（1822）广西灌阳县的事例，发生封禁官山树木被采伐的案件后，县府决定"仍行封禁，不许樵采，以杜争端"。此山原来是"不许砍伐"的山地，不过发生案件后，禁止的内容不仅是树木的砍伐，还扩大到全面禁止樵采。④ 同样，乾隆五十二年（1787）广东英德县的事例，通知远近的居民禁止采伐。⑤ 嘉庆十七年（1812）广东陆丰县，发生误砍保护风水的树枝时，围绕误砍人向该树的权利人履

---

① 一档02-01-07-12092-020，江西巡抚陆应谷，咸丰元年三月初二日，[江西，乐平县]。"卷查野鸡窝山场坐落乐平弋阳二县交界处所，嘉庆二十五年，乐平县民马修竹京控弋阳县民邵周文等占山案内，断作官山，勒石封禁，不准樵采，详奉咨准部覆饬遵在案。……该处野鸡窝山场，饬令照旧封禁，不准樵采，以杜衅端等情。"

② 一档02-01-07-08073-006，大学士管理刑部事务阿桂，乾隆五十七年三月二十七日，[广东，平和县]。"官山禁止樵采，以杜争端。"

③ 一档02-01-07-10287-015，大学士管理刑部事务戴均元，道光元年四月二十日，[广西，富川县]。"缘甘曹养籍隶富川，于于玉才邻村无隙，甘曹养村内有土名大坝寨官山树木，因关合村风水，经众议明禁止砍伐，嘉庆贰拾肆年拾贰月，……于玉才携带柴斧前赴该山砍取树木，经甘曹养族人甘扬hendaron遇见不依，将柴斧夺去。……大坝寨官山树木，既有碍合村风水，应仍听该村议禁砍伐。"

④ 一档02-01-07-10322-006，护理广西巡抚嵩溥，道光二年三月初二日，[广西，灌阳县]。"据赵大和赵云材同供，小的们村处有土名吕福庵官山一座，长有树木，历来封禁，不许砍伐。道光元年陆月贰拾日，史道良与史道七因村内修理社庙需用木料，在山砍树，经陈思梅查知，邀同小的们前往向阻。……该处官山仍行封禁，不许樵采，以杜争端。"

⑤ 一档02-01-07-07868-003，大学士管理刑部事务阿桂，乾隆五十二年三月初六日，[广东，英德县]。"村后官山树木饬行封禁，毋许远近居民砍伐，以杜衅端。"

行买送槟榔予以赔偿的"乡规",致有命案,此后官方禁止砍伐。①

　　观察官方禁止樵采的主要理由,多为"以杜争端""以杜衅端"等,可以看出是为了防止更多的纠纷和避免更多的暴力。不过禁止樵采的案例并不多,可以推测官方也某种程度考虑到山内樵采对民众生存十分重要。

(六)官山与契据、税粮

　　官山是无税的土地,但如果有人交纳税粮后就成了该人的民业。那么,在官山发生纠纷后,该官山是成为民业,还是仍为官山?下面举例探讨官山的管辖权与税粮的关系。

　　首先看乾隆五十六年(1791)江西峡江县的案例。② 关于案件发生的契机,张鼎妹供,"这禾担脑山是小的家与颜晚妹、习冬妹三姓祖传公管,各无契据,都未承粮。公议只许樵采,不许栽种。小的家葬有祖坟二冢在内。五十五年二月里,颜晚妹私在山内栽种松秧,小的们先不知道"。调查后县府确认土名禾担脑山场,颜、张、习三姓都没有契据,亦未承粮。但官方考虑该三姓从祖先承继该山场,而并非三姓意图占管的情况,也考虑若将该

---

① 一档 02-01-07-09562-021,广东巡抚韩崶,嘉庆十七年三月二十八日,[广东、陆丰县]。"查吴亚汪等所砍树枝,系产自官山,并非刘日开用工本栽种,刘日开欲图护卫住屋风水,因而拿取刀桃令其照乡规买送槟榔赔礼,以致索讨争殴毙命。……该处树木系在官山,既酿人命,应请禁止砍伐,以杜衅端。"

② 一档 02-01-07-07988-016,大学士管理刑部事务阿桂,乾隆五十六年四月十五日,[江西、峡江县]。"问据张鼎妹供,这禾担脑山是小的家与颜晚妹、习冬妹三姓祖传公管,各无契据,都未承粮。公议只许樵采,不许栽种。小的家葬有祖坟二冢在内。五十五年二月里,颜晚妹私在山内栽种松秧,小的们先不知道。……禾担脑山场,颜张习三姓虽无契据,亦未承粮,但究系三姓祖手流传,并非伊等占管,若断令归官,恐山无专业,转致纷争。现据各愿认垦升科,据勘丈分作三股,立定界限,各给星照,俟扣满试垦年限,按则升科。"

山判为官山，此山会因为没有权属人而更容易发生纠纷，与官山有关的三个族姓也都希望认垦升科，所以允许他们升科的请求。

江西泰和县的事例，关于土名油潭岭荒山，长年以来东南归凤岗村，西北归仁城村管理。道光十七年(1837)，凤岗村的萧命胜越界进入仁城村界内砍取松秧，发生纠纷后，斗争中萧命胜身死。在该山出现死伤案件后，县府确认，原告被告都没有有关该山的管业契据，但是"惟该二村分管已久，若断作官荒，两造无处樵牧，势必复起争端"，因此分界确定樵采地方①。官府从保留民众樵采场所的角度来判断，认可没有税粮交纳的土地共享。

另外的案件是在江西武宁县长年持续的冷姓与聂姓的围绕山地的争论中发生的。此案审判时判明双方提交的契约簿与实际情况不符。因此官方想将该山全部断作官荒，但考虑到"惟冷姓自前明管业，至今历于该山下截葬有祖坟，未便全行入官"，只将上截断为官荒，下截留与冷姓管业。在新断为官山的上截，禁止冷、聂两姓的开垦、埋葬。十年后再有围绕此山的审判，从该案审理中聂象志供"前往茅岭南面上截官山割草"，我们得知此

---

① 一档 02-01-07-11475-009，大学士管理刑部事务王鼎，道光二十年四月二十四日，[江西，泰和县]。"据萧继青投称，伊家住居仁城村，同姓不宗之萧首沽及曾衍拱等住居凤岗村，两村中间有土名油潭岭，即下岭荒山一嶂，向系两村居民分界樵牧，东南归凤岗村，西北归仁城村，历年已久，均无管业契据。本月初九日，凤岗村萧首沽萧命胜等赴山樵采，萧命胜因误认界址越砍伊界松秧。……该处油潭岭山场，虽两造均无管业契据，惟该二村分管已久，若断作官荒，两造无处樵牧，势必复起争端。查该山共有五坑，中坑土名白禾，断令以白禾坑直下立石为界，东南二坑归凤岗村，西北二坑归仁城村，白禾坑各管半坑，毋许越界樵牧，以杜衅端"。

官山里有采草活动。[①]

　　江西新昌县土名院前坑荒地本来是官山，住在近邻的梅姓世代管理该山而且樵牧，不过没有契据。徐定喜在该山埋葬伊母，引起斗殴，结果梅安能杀害徐定喜。审判结果是"院前坑山场，虽系梅姓世管，但本属官山，与己业不同。徐定喜帮徐雨赴山葬母，梅安能向阻争殴，致伤徐定喜身死，应照斗杀"。由于该案在官山上发生，与他人业山上发生的案件处理不同。关于案件后的山地管理，考虑梅姓长年管理该山的情况，并且按照"若断作官荒，不特梅姓一旦失业，樵牧无所，且山无专业之户，恐转起争端"的判断，仍旧允许梅姓管理而开垦升科。[②] 此案的判决既是关照民众的生计，也是为了防止纠纷。

---

① 一档 02-01-07-10268-012，大学士管理刑部事务戴均元，道光元年五月二十五日，[江西，武宁县]。"该处茅岭山南面并相连之石壁坳山场，现经委员勘丈界止亩数，核与两造所呈契册不符，本应概断官荒，惟冷姓自前明管业，至今历于该山下截葬有祖坟，未便全行入官。应请将该山分为上下两截，中以冷姓祖坟九弓之外断作官山，聂冷二姓俱不得垦葬，以杜争端。下截山场仍断结冷拔崇等管业，饬令明立界址，内除一亩三分有粮外，余仍报业升科。所有北面山场向无争竞，仍听聂焕冬等照管，茅脑尖山仍归冷陈邓黄等姓照契各管各业。"一档 02-01-07-10944-004，大学士管理刑部事务卢荫溥，道光十一年三月初四日，[江西，武宁县]。"据聂象志供，……前往茅岭南面上截官山割草。"

② 一档 02-01-07-08386-011，江西巡抚陈淮，乾隆六十年十月十一日，[江西，新昌县]。"缘该处有荒山壹嶂，土名院前坑，本系官山，因梅姓住居附近，世管樵牧，并无契据。乾隆伍拾玖年陆月贰拾肆日，徐定喜之族人徐雨，因母故未葬，知院前坑系官荒可以安埋，邀同徐定喜，将母棺抬往院前坑葬毕。正在培土，梅安能走至瞥见斥阻，徐定喜不服，致相争骂。……查院前坑山场，虽系梅姓世管，但本属官山，与已业不同。徐定喜帮徐雨赴山葬母，梅安能向阻争殴致伤徐定喜身死，应照斗杀，定拟梅安能依律拟绞监候，请题请旨。……徐雨母棺并免起迁。再院前坑虽系官山，但梅姓住居附近世管有年。若断作官荒，不特梅姓一旦失业，樵牧无所，且山无专业之户，恐转起争端，应饬县照旧勘丈立界，给梅姓管业，如可开垦，报明升科。嗣后徐姓不得续葬，以杜后衅。"

另外举几个例子。乾隆五十七年（1792）江西安福县的例子,官方因诉讼两造都没有契据而确认该山是官山（官荒）,允许他们在官山内已做成的祖坟前祭祀,但不允许新的埋葬,并拆毁建造中的灰屋①。另外的事例中,虽然官方认定该山地是一个族姓"祖遗"的土地,但由于该族没有契据,判仍旧与附近乡民一起樵采。② 还有将两姓管业地中间没有人管业的土地入官,官方招致开垦人的事例。③

上举案件中,审理中官方都确认双方都没有管理山场的契据,但是案件后官方处理该山的方式各有不同,有的案件判断该山仍旧是官山,有的案件判决是将官山改成某姓的税业。判断的分歧点可能就在于:如该官山的土质充分肥沃,值得开垦,而且在官山周围有开垦能力的族姓,官方就促使开垦升科;如该官山不堪垦种或近邻族姓没有开垦能力的话,判决为仍旧维持"官山"的状态而保护民众樵采的权利。官方可能会考虑该族开垦后土地是否还开放给民众樵采,然后决定是否让该族开垦。

上述案件中的"官山",法理上确实是没有人占有管理权的

----

① 一档02-01-07-08152-002,署江西巡抚约棻,乾隆五十七年四月十五日,[江西,安福县]。"该处杨陂山,两造既无契据,亦未承粮,其为官荒无疑,所有周姓祖茔仍许醮祭,毋许添葬,彭雅ersha所竖房屋尚未完工,应令拆毁,以杜后衅。"

② 一档02-01-07-11312-010,协办大学士管理刑部事务王鼎,道光十七年三月十一日,[湖南,晃州]。"据马老二供,年二十二岁,晃州人,……杨倡玥有祖遗地名鬼讲坳各处山场,并无契据,向来听人樵采,并不禁止。……该处虽系杨姓祖遗,第杨姓既无契据,即不得踞为私业,自应断作官荒,照旧听人樵采,毋许混争,以杜后衅"。

③ 一档02-01-07-09935-003,刑部尚书崇禄,嘉庆二十一年五月初八日,[江西,会昌县]。"据胡吉沾供,……小的家与王姓各有祖遗山一嶂,地名猪子狭。王姓的山在左,小的家山在右,中有荒山一块,历久无人管业,所长茅草两姓向禁樵采。……该处无主荒山照例入官,召人认垦,以杜觊觎争端,两姓祖遗山场,仍令各管各业。"

官山,不过实际上已成为"某姓之山",就是一族管理的山地。虽然该族没有契据,但地域社会中附近的居民也承认该族的管辖权,就是一种得到社会认知的状态。这类山地属于税粮山(民山)与官山之间的中间状态。

(七)樵采与女性、外来者、贫困者,山野经济的外扩

综观史料,可以知道各种立场的民众为维持生计参与樵采。首先,女性和小孩日常在山内樵采。有三家女性一起去山樵采的事例,[①]也有明确指出"男妇采割发卖"的资料。[②] 有的案例发生的原因是村童去山上樵采引发的小冲突。[③]

此外,靠"樵采度日"被看作贫穷者的生活。梁振奇和他的妻子冯氏住在潘尚志房子里,潘是梁的二姐夫。乾隆十九年(1754年)九月,梁振奇和冯氏去谢天爵家,谢是梁的大姐的丈夫。梁恳求他说:"家里贫穷,要来砍柴度活。"谢天爵考虑自己与他们的亲属关系,允许他们和自己一起生活。然而,出乎意料的是,山上没有柴可以砍伐。在那年十月十三日,梁和冯氏要返回潘尚志的家,在途中冯氏说了责备的话,他们发生了争执,冯

① 一档02-01-07-06148-011,大学士管理刑部事务刘统勋,乾隆三十一年四月二十一日,[广东,归善县]。"据杨民供,本年三月三十日,小妇人媳妇林氏卢氏往山割草,午候卢氏回家告诉我,同林氏在何岗官山割草,林氏随手砍了小松五枝,邓茂樟同刘氏走来说,山上松树不许砍伐,林氏与他争辩。"

② 一档02-01-07-09733-001,大学士管理刑部事务董诰,嘉庆十九年三月十五日,[广东,南雄州]。"村外有土名黄茅坪官山,所产茅草向系邓谢两村男妇采割发卖。……茅坪官山茅草,饬令附近居民公同采割,毋许恃强争占,以杜衅端。"

③ 内大047448-001(《明清档案》A158-021)安徽巡抚纳敏,乾隆十四年二月初四日,[安徽,安庆府]。"缘殷九保年仅拾肆,与李胜保比邻而居,均属童稚,素无嫌怨,乾隆拾参年闰柒月初陆日,李胜保与幼童胡双保方怀保在殷九保公山爬取山草。"

氏在现场受伤。① 上面的例子说明贫困的人们是如何在山区生活的。贫困者生活困难时依靠亲戚，可以通过在亲戚山上捡拾柴火来谋生。另外在江西新喻县的案例中，杀人犯周受二供"小的家贫，砍柴为生"，说明自己家的经济情况。② 广东从化县的案例中，因在官山内砍伐竹子发生纠纷而殴杀对方父亲的谢东华，官方由于他系"采樵贫民，委系无力"减轻一等刑罚。③ 我们不能简单判断所有的山野都可当作穷人的保护伞。然而，"樵采度日"不仅记载在这些法律案件中，而且记载在许多其他时期的史料中。因此，穷人在山里拾柴似乎比预期的更为普遍。

另一方面，从山野樵采的柴火并非自家用而是被供销售的例子也有很多。从乾隆七年(1742)河南省宝丰县案件的例子中可以看到，一对夫妻每天砍柴并靠在集市贩卖其柴维持生活④。乾隆十三年(1748)福建瓯宁县的案件中，被杀的朱章生日常靠

① 内大 041692-001(《明清档案》A164-074)，广东巡抚苏昌，乾隆十五年六月初九日，[广东，阳江县]。"问据谢天爵供，梁振奇是小的妻弟，一向在潘尚志家居住，乾隆拾肆年玖月内，振奇同妻冯氏搬到小的家来说，家里贫穷，要来砍柴度活，小的见是至亲，就留地住下，因山上没得柴砍，他又想搬回潘尚志家耕种。"

② 内大 071529-001，刑部尚书兼内务府总管来保，乾隆八年二月三十日，[江西，新喻县]。"问周受二，……孙氏是小的结发的妻子，平日和好，生了两个儿子，……因小的家贫，砍柴为生，乾隆七年五月二十六日清早，小的叫妻子起床煮饭，吃了乘天凉好去砍柴。"

③ 内大 012471-001(《明清档案》A107-081)，广东巡抚王安国，乾隆六年十一月十二日，[广东，从化县]。"再谢东华因被李伯宗拾石掷打，致用竹棍打伤伯宗右胳膊偏右二处，并非金刃，尚属情轻，且采樵贫民，委系无力。"

④ 内大 013783-001(《明清档案》A113-077)河南巡抚兼提督衔雅尔图，乾隆七年七月十四日，[河南，宝丰县]。"乾隆六年十月初六日，孔二丢自集卖柴归家，令赵氏造饭，赵氏不理，旋即出外，孔二丢待氏不回，携带锄头赴山砍柴。……孔二丢供，小的是本县人，二十九岁，娶了女人赵氏有十三年了，平日是和好的，小的每日在山里打柴度日。"

"砍柴度日",而当天与运柴船的船主相约他将运卖"火柴五百担"。① 嘉庆二年(1797),四川西昌县,同省名山县籍的罗正举到那里的官荒山地砍柴贩卖。当地夷人哟铁说外来人不该砍柴加以阻止,但官府判断为"至荒山柴草,原是无主官荒,随人砍取是实",未禁止外来人在官山内的经济活动。②

从这些案例看出,山野不仅为附近的居民提供生活资源,还可以成为外来人进入并赚钱的地方,更是穷人靠"樵采度日"等方式生活的地方。站在外来人和穷人的立场来说,山野具有一种提供保护伞的功能。

(八)族山、公山内的樵采

以上看到的是在官山采集燃料等对山野的日常利用。官山的确具有提供生存基本资源的功能。此外,刑科题本里族姓共有的"族山""公山"也有为附近居民提供樵采等生存基本资源的功能。下面看几个例子。

江西省铅山县的刘姓有土名北源岭的山场,山上柴草向来谁都可以樵采。嘉庆四年(1799)九月,费继矮和侄子携带刀子和担子到山上砍柴。路过的刘大丑见而拦阻说"时值寒冬、山内

---

① 内大 026972-001(《明清档案》A156-018),署刑部尚书兼掌翰林院事镶白旗汉军都统阿克敦,乾隆十三年十月十七日,[福建,瓯宁县]。"小妇人丈夫砍柴度日,与吴公琳并无仇隙。问据温天赐供,小的在本县城外河边搭运贩柴生理,上年十二月初五日,朱章生来对小的说,他有五百担火柴搭邱广琳的船载来发卖十二月初六日就到,我先来等候,小的留他吃饭,在小的厂里歇宿。"

② 一档 02-01-07-08530-007,大学士管理刑部事务和珅,嘉庆二年十一月十七日,[四川,西昌县]。"缘罗正举,籍隶名山,来到该县,在官荒山地砍卖柴薪度日,与哟铁素不认识,并无仇隙。嘉庆二年二月二十六日,罗正举赴山砍柴,哟铁以罗正举系外来之人,不许砍取。罗正举分辩,哟铁混骂。……至荒山柴草,原是无主官荒,随人砍取是实。"

柴草不多,要留他自己取用"。费继矮不依,在引发的争斗中刘大丑丧命。此案审理中,官方判断该山柴草照旧听人砍取,确保在刘姓族山内的其他乡民的樵采权利。①

下面是湖南省绥宁县的事例。罗姓人们在曾姓人的山上采草播豆,曾姓人见而拦阻,在之后发生纠纷的过程中,播豆的罗伯贤被殴身死。审案中,官方向傅伯侯问"那曾家山既不是你们的产业,你们为什么往那里去割草",傅伯侯说明该山上的树木是不许外人乱砍,但山上生长的青草是任凭人割取的。判决是"曾家山场应听罗姓照旧管业"。② 嘉庆十年(1805)在浙江省建德县的案例,山主章姓保有的丁家坞的茅草就对"附近乡民"开放。③

从这些情况看出,即使是某个宗族所拥有的山地,可以将"以便民用"作为理由而开放给族外居民樵采,而诉讼审理过程中官府也承认此事。

在以下事例中,官方不但承认现况,而且更积极干预民间山地所有与居民樵采问题。乾隆三十四年(1769),广东省新宁县

---

① 一档 02-01-07-08720-012,江西巡抚张诚基,嘉庆四年九月初二日,[江西,铅山县]。"据费继矮即费继供,……刘姓有公地北源岭山场一嶂,山上柴草向来听人樵采,并不禁止。嘉庆三年拾二月初拾日,小的与族侄费宗矮携带刀担,赴刘姓山上砍柴,适刘大丑路遇看见,说时值寒冬,山内柴草不多,要留他自己取用,向小的拦阻。……该山柴草仍饬照旧听人砍取,以便民用。"

② 内大 071100-001,刑部尚书来保,乾隆六年十二月十五日,[湖南,绥宁县]。"问傅伯侯,……诘问那曾家山既不是你们的产业,你们为什么往那里去割草,这不是你蛮妥去强占山场,有心把他打死的吗。供,小的们那山上的树木是不许外人乱砍,至青草历来不论,彼此听凭人割的,并不是小的们图占他的山场。……曾家山场应听罗姓照旧管业"。

③ 一档 02-01-07-09114-016,浙江巡抚清安泰,嘉庆十年九月二十一日,[浙江,建德县]。"据山主章世经供,贡生家有土名丁家坞山场,向托族人章年开看管,山上茅草向听附近乡民樵采。"

的事例。乾隆二十九年(1764)黄姓呈请交税升科而承领土名大坑陂的五十五亩山地,官方也承认其升科。不过,在该山发生围绕砍柴的纠纷后,官方调查后说"(该山)民藉樵采,不便给与黄姓管业,应仍请归官,以利居民"而判断该山为官山。关于黄姓已缴的相当五十五亩的税,"另查官荒拨抵,以杜争端"。①此案是确保附近居民樵采场所优先于一个族姓请求升科的事例。

某个地域内对公山有一定的利用规则。湖南省长沙府安化县,李族在颜家塘有公山,该山草向供李族内樵采,李茂奇怕自己在该山种蓄的树木被樵采人砍取,立碑明确禁止。李茂求发现该碑后,以不应私立禁碑为理由责难。该案判决为"该处坟山饬令公共禁采。"②

在浙江遂昌县,方元进在自己管业的山场栽种松木,因树枝屡被村人砍斫、公议罚规。罚规规定再有犯村规,要发钱买肉给大家分食。再有违反村规的案件发生后,方元进按照村规处理,但该犯不依,因此发生争论。对此,知县判断"至民间被窃例应告官缉究,另擅自议规实属滋事,并出示严禁,以杜衅端",明确

---

① 一档 02-01-07-06481-009,大学士管理刑部事务刘统勋,乾隆三十四年五月十三日,[广东,新宁县]。"复往勘该山系在甄黄二姓村后,原属无税官山,民藉樵采。山之东北黄姓住村,西南系甄黄姓住村。据黄达盘等指称,此山土名大坑陂,狗头嘴、虎山腌各处,经伊族众于乾隆二十九年十月十一日,以黄轩祖出名,共承斥税五十五亩,蓄长树木,乾隆三十年报升有案等情。……大坑陂官山虽据黄姓呈请升科,但经前县方显勘明,民藉樵采,不便给与黄姓管业,应仍请归官,以利居民。其黄轩祖原升斥税五十五亩,另查官荒拨抵,以杜争端。"

② 内大 000148-001(《明清档案》A294-081),护理湖南巡抚印务布政使通恩,嘉庆五年正月二十二日,[湖南,安化县]。"李茂求等有颜家塘公山向供族内樵采,李茂奇因蓄有树木,惟恐砍去,竖碑禁止。嘉庆肆年陆月初玖日,李茂求知觉遇见李茂奇,斥其不应私立禁碑,李茂奇不服,彼此吵闹。……该处坟山饬令公共禁采"。

表明禁止私立法规。[1]

下一个案例是探讨山地共享与有关规定所涉及范围方面的。胡姓在江西乐平县与万年县交界附近有荒地，生长的茅柴向来听人樵采。乾隆十年（1745），胡张在此荒山种松苗，后来因怕采集茅柴的人们误伤自己的松苗，"就设酒请邻村的长辈公饮议禁。当议砍伐茅柴仍不禁阻，只不许砍伐松秧，众人都依允了"。[2]从此案例可以推测，假如某人在自己族姓所有的山地进行造林，有时需要事前表明自己的造林并不阻碍别人采集茅柴。更值得注目的是，进入该山樵采的居民不仅是在一个村，还涉及邻村，并且数村的居民之间有"长辈"管理的樵采规则。

四、结语

上面看到的刑科题本中有关民众山野利用的案例，虽然大部分是南方地区的，但从史料中可以看出乡民为谋生利用山野的多样方式和其中的一些秩序。

---

[1] 内大 015540-001（《明清档案》A355-030），浙江巡抚帅承瀛，道光元年五月二十四日，[浙江，遂昌县]。"儿子（刘云学）赴山砍柴，顺砍方元进山上松枝一束，被他工人李应鏊见，报知方元进的妻子，方何氏把松枝夺回。贰拾玖日早，方元进走来，就儿子犯了村规要罚钱买肉，挨家分食，儿子认出钱八百文，约拾日内交付，方元进不依，必要见钱二千四百文，儿子拿不出钱，不肯应允。……至民间被窃例应告官缉究，另擅自议规，实属滋事，并出示严禁，以杜衅端。"

[2] 一档 02-01-07-04773-008，刑部尚书阿克敦，乾隆十一年十一月十八日，[江西，乐平县]。"讯据孙广居供，小的是乐平县人，因小的住的地方与这万年县连界，界上原有胡姓山场，长有茅柴，向来荒芜，听人樵采，向沿已久，从未禁阻。到乾隆十年，胡张在那山上栽了松秧，恐怕那砍茅柴的人混将松秧损坏，就设酒请邻村的长辈公饮议禁。当议砍伐茅柴仍不禁阻，只不许砍伐松秧，众人都依允了。以后小的们村邻仍照常在山内砍柴供爨，并无说话。……查胡姓茶园等处山场本属荒芜，向听村邻樵采。"

官山基本上是所谓的开放空间（open access），就是谁都可以进入并谋生的场所。但官山也不是完全自由进入的，其中有一定的调整乡民共同利用的规则。例如官山内生长的树木如果是有人费工夫或花经费种植的，则出钱出劳动力的人对该树木拥有权利。但一般情况下，乡民的樵采权利是被尊重或至少会被考虑的。

以地域内发生的纠纷事件为开端，官方通常介入其规则的制定。官方判断的思路往往各有不同，所以很难得到明确的结论，但如果笼统进行归纳的话，官方重视的理念有两种，一种是防止发生更多纠纷，另一种是为居民确保燃料的采集场所。很多纠纷是围绕燃料的采集而发生的，所以两者有着密不可分的关系。官方衡量两者的得失而做出决定，如后者优先于前者，大部分的判断是维持现状而依旧认可居民在官山中采集燃料的权利；如前者优先于后者，则官方实行封禁山场或禁止樵采等措施。有时为了达到两种目的，官方判断分割官山的空间或使官山民业化。

有一种说法，就是为居民确保樵采场所和为防止纠纷都是一种法庭上的言辞，只是为了体现王朝的统治理念。但由于较多的纠纷是在查看现场后得到判决的，所以笔者认为这些言辞也在一定程度反映了当地的实际情况。

需要特别指出，例如前述一档 02-01-07-06475-001 的例子，在官方判断的背后有救济社会上弱者的理念，例如没有土地的无业居民有利用官山的优先权。而且，按照前文"（八）族山、公山内的樵采"中的事例来研讨，官方基于上述两个理念干预的山野不仅限于官山，有时也涉及族山、公山。典型的是一档 02-01-07-06481-009 的例子，该事例中，一个族姓不可只以缴税为依据将官山变为自己的民业，而应在确认官山的民业化没有妨碍他人的樵采后，才能得到民业。日本民俗学家菅丰论述，传统中国式"公地（commons）"的成立有着消极的契机，就是说某人停止利用本来自己可以利用的资源后，"公地"才能成立。某人消极的压抑自己的"私"，大家可以共用的"公地"才能出现。[①] 上述的事例说明，私人的"业"成立的时候，为了不妨碍其他居民的樵采，私人的权利被压抑。如某人不让步自己的"私"，他的"业"也不能在世间被承认。这可以说是一个消极成立的公地的事例。

山野确实有扶助生活弱者的功能，但我们不确定此功能是否有持续性。试看其他的事例，穆盛博（Micah S. Muscolino）在探讨近世近代舟山列岛的渔业资源中论述，近世渔民对自然资源决定的协议和习惯有脆弱性。他论述，清代末期建立的碑文是为了避免矛盾升级和血腥的武装冲突，但随着近代渔业技术的普及，该碑文上的协议丧失了效果，从而造成利用近代技术的过度捕捞一直持续。[②]

与此相同，近代以后，对山野和森林执行了新的资源管理办法，比如林业管理方面引入了科学的办法，并且建立了以排他性所有权为特征的产权制度。我们今后需要考虑，这些新的资源管理办法到底在多大程度上能进入地方社会，并且还要探讨在变化中官方或者地方社会是如何保障山野樵采等乡民的谋生活动的。

---

① 菅丰：《中国の传统的コモンズの现代的含意》，载室田武编：《グローバル时代のローカル・コモンズ》，京都：ミネルヴァ书房2009年版，第230页。

② Muscolino, Micah S., *Fishing Wars and Environmental Change in Late Imperial and Modern China*, Cambridge: Harvard University Asia Center, 2009，第40-63页。

第四章 清代浙江的山林资源纠纷

——以 19 世纪末的诸暨县为例

山本英史

（翻译：魏郁欣）

一、前言

在即将迎接 20 世纪的中国地域社会里，人们是如何理解砍伐山林资源这种行为的呢？至少在近代社会，未经许可将他人独自所有的山林资源擅自砍伐，这种行为被称为"盗砍"，将其视为不法行为（犯罪）乃是一般常识。但是，在中国的传统社会，盗砍不单是侵害他人所有权的不法行为而已，其中还被赋予了各式各样的价值观，共有这些价值观的人们往往会通过特有的方式来解决问题。本文将以 19 世纪末的浙江省诸暨县为例，检讨其具体情形。

首先介绍本文所使用的主要史料《诸暨谕民纪要》3 卷（清光绪二十三年自序刻本）。著者倪望重，出身自安徽省祁门县，为同治十三年（1874）的进士，曾于光绪年间在绍兴府诸暨县有过 3 次任官经验。分别为：(1) 光绪九年（1883）—光绪十一年（1885）七月、(2) 光绪二十一年（1895）—光绪二十三年（1897）十月、(3)

光绪二十六年(1900)二月—同年七月[①]。第一次乃是知县，其后两次则是代理知县。他将第二次任职期间，也就是自光绪二十一年(1895)以来的三年内所作成的判牍集结成册，即为《诸暨谕民纪要》，其中收录了218件判牍，大多为"户婚田土斗殴相争细事"。自序称"余莅暨者再，年且久，不忍邑之民之忿争辨讼，而思所以杜其弊，牖其衷。及今瓜期将代，进值堂吏，使汇钞各案断语，自乙未以迄于今，手自删定，都为三卷，名曰《谕民纪要》，以付手民。倘僻处山陬，家置一编，因而猛省焉，儆戒焉，不特无控告反覆之事，而且化争为让，渐至亲睦成风也"，[②]由此可知倪望重编写此书的目的，乃是为了促进诸暨县民众的反省、自戒，减少诉讼，并且养成亲睦的风气。

该书原刊本藏于中国社会科学院法学研究所图书馆，其后铅印本收于杨一凡、徐立志主编《历代判例判牍》第10册(北京：中国社会科学出版社2005年版)。虽然铅印本有些许错字，称不上是最佳版本，不过，在目前原刊本不对外公开的状况下，本文只能暂且使用铅印本。

一、关于诸暨

(一)概况

诸暨县，即现在诸暨市，位于浙江省中北部，东北边为绍兴

---

① (宣统)《诸暨县志》，卷二十一《人物志，职官表，国朝知县》。朱保炯、谢沛霖编：《明清进士题名碑录索引》，上海：上海古籍出版社1980年版。亦参照三木聪、山本英史、高桥芳郎编：《传统中国判牍资料目录》，东京：汲古书院2010年版，第179页。另外，《传统中国判牍资料目录》误将倪望重的官职名记为"台州府诸暨县"，实为"绍兴府诸暨县"。
② 《诸暨谕民纪要》序。

市,东邻嵊州市,南邻东阳、义乌,西邻浦江、桐庐、富阳,北邻萧山。包含周围山脉在内的话,东西约 63 公里,南北约 70 公里,面积为 2311 平方公里[①],现在坐拥 3 街道 24 乡镇,人口达到 108 万[②]。此地为盆地,四周为海拔 200～1000 米的丘陵,贯穿南北的浦阳江中流与其支流的五泄溪、大陈江、枫桥江皆流经其间。环绕于诸暨盆地周围的山丘虽然并不高耸,但是每逢大雨暴雨,溪水就会纷纷流进盆地,造成洪水[③]。年降雨量为 1346.7 毫米,平均气温 16.2℃,低山丘陵占总面积的 66.57%,河谷平原则占 33.43%[④]。

诸暨市历史悠久,春秋时代越国的古都即位于此地,更是倾国倾城的美女西施之故乡。秦王政二十五年(公元前 222),于浙江设置 3 郡 15 县,诸暨正是其中 1 县;明代,乃是隶属于绍兴府的 8 县之一;清代,同为绍兴府属的 8 县之一;1981 年,颁布市制后,成为绍兴市属的 5 县之一,自始至终保持着诸暨这个地名以及行政区[⑤];1989 年,废县,升格为县级市[⑥]。

(二)作为资源的竹木

浙江省的森林资源较为丰富,盛产杉[⑦]竹。杉的产地主要为

---

① 诸暨县志编纂委员会编:《诸暨县志》,杭州:浙江人民出版社 1993 年版,第 1 页。为了和其他的诸暨志互作区分,以下将记为"新编《诸暨县志》"。

② 诸暨市政府门户网站(http://www.zhuji.gov.cn/)。

③ 陈桥驿:《浙江地理简志》,杭州:浙江人民出版社 1985 年版,第 65 页。

④ 新编《诸暨县志》,第 1 页。

⑤ 《浙江地理简志》,第 275-326 页。

⑥ 诸暨市政府门户网站(http://www.zhuji.gov.cn/)。

⑦ 这里所谓的"杉"指的是原产于中国中南部的常绿乔木"广叶杉"(学名:*Cunninghamialanceolata*)。广泛用于建筑、家具、船舶等。

浙东,自早期进行开发利用,多数供当地自家使用。竹的产地则是以天目山为中心,其砍伐目的同样是供当地自家使用,由于交通不便,仅供当地居民制作竹器与纸而已[1]。

然而,明末,当地人大量种植来自海外的甘薯与玉米,对生态系统造成了严重的影响[2]。清代中期以来的人口激增引发中国南方丘陵与低山地区的大规模山地开垦,大量的森林资源成为牺牲品[3]。另外,清末,海外列强对中国森林资源的掠夺以及山区农民为了糊口所进行的砍伐开垦,更是加速了其破坏速度[4]。

在这种状况下,宣统《诸暨县志》针对作为物产的树木(包含果实在内),总共列举了73个种类[5]。关于竹的部分,乃是沿袭隆庆《诸暨县志》的记载,列举了以茅竹(孟宗竹)为首的4个种类[6]。中华人民共和国成立后,尽管经历过一个滥砍滥伐的阶段,不过,1973年以后,林业生产总算有了恢复、发展[7]。

根据1985年的调查,诸暨县的森林覆盖率为44%,植被类型属于东亚植物区华东地区,以针叶树林和常绿落叶阔叶树林的混合林为主。植被种类有松科(*Pinus*)、杉科(*Taxodiaceae*)、

---

① 南京林业大学林业遗产研究室主编:《中国近代林业史》,北京:中国林业出版社1989年版。

② 《浙江地理简志》,第348,351页。

③ 梁明武:《明清时期木材商品经济研究》,北京:中国林业出版社2012年版,第14页。

④ 梁明武:《明清时期木材商品经济研究》,第17页;新编《诸暨县志》,第248页。

⑤ (宣统)《诸暨县志》,卷十九《物产,志木》。

⑥ (宣统)《诸暨县志》,卷十九《物产,志木》。其中,关于"茅竹"有如下记录:"一名猫竹,又名毛竹。干大而厚。邑人取以为筏。邑山多有之,以产东乡者为佳。可煮以为纸。"相当于 *Phyllostachyspubescens*,也就是日文所称的孟宗竹。

⑦ 新编《诸暨县志》,第248页。

壳斗科(*Fagacesae*)、樟科(*Lauraceae*)、山茶科(*Theaceae*)、蔷薇
科(*Rosaceae*)、豆科(*Leguminosae*)等。竹林分为孟宗林和杂
竹。孟宗竹集中于乐山东的特定几个乡,杂竹则是遍布于全县
各地的丘陵与平原[1]。

(三)宗族社会

　　所谓的宗族,指的是拥有共同祖先的中国父系同族集团,其
渊源可以回溯至汉代,不过,一般多指宋代以后,以华南为中心,
是在新兴地主阶层的主导下所发展出来的全新形态聚居组织[2]。
大部分的宗族会建造作为宗族统合象征的祠庙。每年春秋,在
祠庙定期举行由族长所主持的祖先祭祀,一族的代表多集合于
该地。约间隔1个世代就会编纂作为一族记录的族谱(宗谱),
显示了族内男性成员之世代与长幼排行的世系图,以及主要人
物的传记等皆收录于其中。宗族也有作为共有资产的族田,所
得的收益会用于祖先祭祀或是编纂族谱所需的公共支出。族人
之间的纠纷乃是由族中的年长者在会议上按照族规来评断是
非,对违反族规的族人进行处分,或是进行两造双方的调停。

　　浙江和安徽、福建、广东等地一样,乃是宗族组织极为强大
的地域。《浙江风俗简志》收录了许多和诸暨县同为浙江省山区
的宗族之相关文章,例如,关于温州府的部分,有以下记述:"在
永嘉、平阳、泰顺等山区,多聚而居,宗法极重。各族设一祠堂,
族大者多至四五处。旧时祠堂有田、房,每岁由族中年高德望者

----

① 　新编《诸暨县志》,第48—49页。
② 　最具代表性的宗族研究有:M. Freedman, *Lineage Organization Southeastern China*, New York & London,1965.

管理,其所得之利息,用于宗族活动。"①

　　关于诸暨县当地的宗族,上田信的研究已有详细的介绍②。据此可知:诸暨县的同族集团源自明代后期,由于难以单靠在地力量去解决水利纠纷等社会问题,因此出现了统合县内各个地域的同姓集团的动向,到了明末,终于形成了以一个县为范围的"同族联合"(即跨地域的联宗现象)③。

　　改朝换代为清代以后,诸暨县的这种宗族情形仍然持续进行着。然而,18世纪以后急速的人口增加与随着清末经济混乱而来的生活贫困化现象,反而导致地域社会的人们为资源展开的竞争越来越激烈,可想而知的是,不同宗族之间的纠纷或是同一个宗族内部的纠纷也跟着大量发生了。

　　下一节,我们将具体介绍清末诸暨县山林资源纠纷的种种情形。

二、诸暨县山林资源纠纷的种种情形

　　如前所述,《诸暨谕民纪要》乃是倪望重为了促进县民的反省、自戒所编写的判牍集,当然不会收录任内的所有判牍。因此,几乎未见"命盗重案",而是以倪望重本人所处理的自理案居

---

① 浙江民俗学会编:《浙江风俗简志》,杭州:浙江人民出版社1986年版,第213—214页。

② 上田信:《地域と宗族——浙江省山间部》,东京大学《东洋文化研究所纪要》第94册,1984年;上田信:《中国の地域社会と宗族—14—19世纪の中国东南部の事例—》《シリーズ世界史への问い4《社会の结合》,东京:山川出版社1989年版;上田信:《传统中国—〈盆地〉〈宗族〉に见る明清时代》,东京:讲谈社1995年版。

③ 上田信:《地域と宗族——浙江省山间部》,第146—147页。

多。不过，收录于该书的判牍当中，与诸暨县的山林资源相关的纠纷（尤其是竹木的砍伐）亦不在少数。全部有 37 件，大约占判牍整体的 17％，可知山林资源纠纷成了该地纠纷的一大要素。因此，本文将针对诸暨县的山林资源纠纷是在何种背景下发生的，又是如何解决的，进行具体检讨。

这里，本文将焦点放在引发纠纷的主因为砍伐行为的案件上面，从中选出具备诸暨县这个地域社会特色的 23 个案件，为求方便，将这些案件分为 3 个种类：涉及祖坟的案件、涉及墓地风水的案件、涉及同族的案件，逐一介绍其内容概要。另外，倪望重对于判牍的叙述手法大多依循既定模式，也就是在代表判牍标题的文字之后，先是描写造成诉讼发端的来龙去脉，接着是针对两造双方所提出的证据或是证言进行检讨后的调查结果，最后则是向原告、被告分别出示自身的裁断。因此，本稿亦将判牍的内容分为"发端""查讯""断案"这 3 个部分，来介绍内容。

另外，在介绍史料摘要的时候，本稿会将频繁出现的史料用语原封不动地保留下来，至于这些用语的含义，以下稍做说明。"管业"指的是保有作为不动产的土地或是房屋，从中经营、获得收益的权利。有的时候也会与"所有"一词同义。不过，在中国的传统社会里，往往认为私人对于不动产所拥有的权利不限于单一所有者而已，因此，才会出现"管业"一词。"执管""承管"基本而言也是同样的含义。"买禁"指的是买卖不动产之际，卖方出钱给买方，借此禁止买方在该不动产进行可能会侵害风水等的行为。"出挤"指的是管业者在砍伐竹木之际，委托业者让其砍伐、搬运下山的行为。"挤价"指的是管业者在出挤竹木之际，所收到的报酬。"赎回"乃是退还金钱，赎回已抵押的不动产物件之意思，一般来说会写成"回赎"。"绝卖"指的是出售不动产物件之际,并未设立日后可以赎回的条件。"影射"一般来说指的是土地的不法登记,但是,这里乃是篡改土地的名义,为了让审判结果有利于自身,而伪造文书的意思。"洋银"乃是自清末开始流通的中国银币,也叫作"银元""银洋""大洋"。"混争"指的是以不合理的方式提告,借此争夺利权的行为。"来脉"指的是风水师在看地相的时候,若是山的气势或地形如龙一般相连起伏的话,即认为该景观具备保护墓地风水的效果。也叫作"龙脉""来龙"。

1 涉及祖坟的案件

(1)宣光圆即广圆等与蒋秀法等互争山场由(卷一)

【发端】宣旺寅企图在蒋秀法等人的祖遗山场①砍柴,被蒋秀法等人阻止。因此,宣光圆等人以此为借口争山,最后双方互相呈控。【查讯】互争处属于蒋秀法等人。【断案】蒋秀法等人照旧管业,禁止宣光圆等人混争。蒋姓的山内有许多坟墓,此外,亦有宣姓的孤坟,宣姓祭扫该坟已久。此次宣光圆以祖坟为借口,企图占据该山。本应责惩,但是,由于宣光圆已有悔意,因此免究。不过,宣旺寅怂众砍柴,甚至兴讼,态度极为恶劣,因此,处以笞责为戒。

这个案件乃是宣旺寅在蒋秀法的管业山企图砍柴,被阻止后,宣光圆为了得到该山的管业权因而提告。宣光圆与宣旺寅的关系不详,但应为同族。倪望重虽然认为宣光圆"藉坟占山"的行为实为混争,本应一律责惩,但是,考虑到他祭扫祖坟已久,且有悔改之意,于是免除追究。不过,另一方面,纵然宣旺寅犯

---

① 特别记为"山场"的时候,一般来说乃是指"为了进行木材砍伐等,其相关设施多已整备齐全的山"。

行未遂,倪望重仍然对他处以答责,以为其他人的警戒。

（2）郦锦瑞控王金田等越砍图占由（卷二）

【发端】郦锦瑞的管业地内有许多祖坟,王金田的管业地内亦有祖坟3基。最初,郦锦瑞在王金田等人的管业地内砍了小树3株,王金田怀恨在心,也在郦锦瑞的管业地内砍了桑树10余株。双方不服仲裁结果,导致互控。【查讯】根据居中调解的中人所言,王金田等人越界在郦锦瑞的管业地砍伐桑树,企图争地,虽已和解答应赔偿,但又故态复萌。又,两姓的界址一清二楚。【断案】两姓的管业地照旧,各自进行管业。关于王金田等人所砍的桑树,在扣除郦锦瑞所砍的小树3株之费用后,王金田还要付洋银6元,其中的4元乃是赔偿给郦锦瑞的树价,2元则是付给中人的代办酒资。

这个案件乃是单纯的树木砍伐纠纷,不过我们可以发现双方都将祖坟作为砍伐对方管业地树木的借口。对于双方互相砍伐的行为,倪望重要求他们赔偿,借此尝试解决两姓的纠纷,另外,对于中人居中调停之劳心劳力,亦有回报。

（3）周贤东等控周松林等盗砍松树由（卷二）

【发端】周贤东等人拥有祖遗山,其中设有高祖的坟墓。周松林以己山靠近周贤东之山为借口,为了得到周贤东等人的山内大松,因而进行出挤。于是,周贤东等人控告了周松林等人。【查讯】周松林所出挤的3株松树里,在平冈上较大的1株原本位于交界之区,其他2株则是位于周贤东等人的山内。【断案】关于补偿平冈上松树的价钱,按理应由双方均分,但是,由于周松林年老贫穷,且一个人负担了砍锯工资,因此,命令周贤东等人为了顾全族谊,将其中半价作为周松林的补贴。不过,关于山腰的2株松树,由于周松林已经出挤给阮舟木,因此,周松林和阮舟木必须共同负担洋银 25 元给周贤东等人,作为补偿。日后,周贤东、周松林照旧管业各自的山,周松林不得混争。至于周贤东以周陛文遭到殴毙为由,控告周炳来等人的部分,已知周陛文并非殴死,而是病故。虽然周贤东等人已知悔改,但是,为了杜绝诬控之风,应对周贤东处以笞责。关于周松林砍树一事,因其年老,姑且从宽,其代诉人周贤善处以笞责。

这是一起同族之间的纠纷案件。周松林以己山靠近周贤东之山为借口,强行出挤对方山内的松树。对此,倪望重命令周松林和出挤人共同负担金额来赔偿周贤东山内的松树。另外,也考虑到周松林年老贫穷,于是命令周贤东将平冈上松树被砍伐的补偿金额当中,自身应得的部分交给周松林,作为补贴,以顾全族谊,至于周松林越界砍伐的行为,则是让代诉人代替他接受处分,对周松林采取了极为宽大的处置。反之,周贤东在控告周松林的时候,由于以病故的亲人周陛文为借口,企图对周松林的亲人周炳来等人进行图赖(以人命为借口,企图恐吓、诬告对方的行为),因此,对周贤东处以笞责。

(4) 周载贤与宣昌定等互控占山砍树由(卷二)

【发端】周载贤等人与宣昌定分别拥有祖遗山。如今,宣法云等人越界砍伐松树 9 株,被周载贤等人察觉,于是,周载贤找了中人,想让宣昌定支付一笔罚金,以安坟墓。然而,宣昌定等人却主张砍伐地乃是他们的祖遗山场,双方互不退让以致互控。【查讯】宣法云等人所砍伐松树的地点乃是周姓之山。又,两姓的山里都有许多祖坟。【断案】两姓各自照旧管业其山。关于宣法云等人越界所砍的松树 9 株,需付钱 540 文以为补偿,另外,尚加钱 460 文,为香烛各物的费用,以安坟墓,总计宣法云等人必须付钱 1000 文给周载贤等人。

这是一起在他姓的管业山越界砍树因而被控的案件。宣昌定等人声称砍伐树木的地点并非周姓管业之山，而是自身的祖遗山场，借此主张自身砍树的正当性。宣法云与宣昌定的关系不详，应该是同族。倪望重认为越界砍树的宣法云等人必须负责赔偿。有趣的是，由于周、宣两姓之山有许多祖坟之故，因此，倪望重认为砍树这个行为会打扰到祖坟，于是，在赔偿树价之外，还要求宣法云等人必须支付香烛等费用，以安坟墓。

（5）杨（陈）继品等场谕由（卷三）

【发端】雁鹅山有楼屋 3 间，屋后左右种有竹木，坟墓并排其中。又，左侧山内则有松杂各木，亦有许多坟墓。陈继品等人声称该山的坟墓、楼屋、竹木以及屋前的田地与塘①皆为祖遗之业。杨文友则称屋宇以及竹木的种植地乃是己业。【查讯】调查结果可知：先前的裁断无误。陈继品等人让族人在杨文友屋后盗砍了新竹数十株，并且主张该地乃是自己的管业地，这种行为可说是混争。【断案】待证人到齐，重新进行盘问后，再予以定断。

这是一起审议未完的案件。虽然内容不明，不过，在此案之前，曾经发生过陈继品等人企图占管佃户兼山场管理人杨清礼（也就是杨文友之父）所居住的雁鹅山楼屋 3 间，因而提告的事件。当时，倪望重驳回陈继品等人的主张，定断让杨文友照旧居住于楼屋②。尽管如此，陈继品等人仍然宣称楼屋乃是己物，明目张胆地砍伐其周边的竹木。陈继品等人之所以主张砍伐竹木的地点乃是自己的土地，推测和该地有许多祖坟有关。

---

① 所谓的"塘"指的是"将自周围流入平地凹陷处的水贮存起来的储水池"，不过，这里应该是原来"堤防"的意思。参见本田治：《宋代婺州的水利开发—陂塘为中心に—》，《社会经济史学》第 41 卷第 3 号，1975 年。

② 《诸暨谕民纪要》，卷二《陈继品等控杨文友欠租占屋由》。

（6）陈炳仁控夏登官即阿登盗挤松树由（卷三）

【发端】夏登官越界砍伐大松树3株，出挤给孙启照，让其搬运下山，对此，陈炳仁前来抗议。但是，夏登官却声称这是从己山砍来的松树，以致陈炳仁具呈官府。【查讯】夏登官之山在上，陈炳仁之山在下，山腰有一道堤防，界限分明。夏登官越界将松树出挤给他人，且一口咬定陈姓的坟墓是自己的祖坟，乃是为了占据该山。夏登官出挤松树3株的地点确实在陈姓山内。【断案】关于树价的洋银8元，夏登官与出挤人孙启照各自赔偿4元给陈炳仁。

这是因为越界至邻山，将松树出挤给他人，因而被告的案件。夏登官声称陈炳仁的坟墓是自己的祖坟，借此主张出挤树木的正当性。

以上的6个案件当中，首先，（1）（2）（6）是以自己的祖坟存在于该地为借口，越界至他人的管业地，砍伐该地树木，企图占据山场的例子。（3）（4）（5）则是主张砍树地点位于自己的管业地内，对方越界后砍伐竹木或是将其出挤给他人的例子。这些例子因为审议之际，祖坟以某种方式被牵连在内，于是，倪望重一边考量祖坟的问题，一边进行审议，最后做出了最为平允的判断。

2　涉及风水的案件

首先，我们从因砍伐他姓竹木而被控告的例子开始。

（7）周志高等控朱喜玉等盗砍坟木由（卷一）

【发端】周志高等人拥有蓄养风水树的山地①，清明节的时候，发现风水树2株遭人盗砍，便向管理人朱喜玉等人抗议，但

---

① 特别记为"山地"的时候一般来说指的是"尚未开发的山"。

是朱喜玉等人却装傻不肯认账，于是，周志高等人愤而控告朱喜玉等人盗砍坟木。【查讯】朱喜玉等人有管理山木的责任，若发生盗砍的话，须向周志高等人报告。他们住在山木的附近，知情却未通报，与串同盗砍无异。【断案】朱喜玉等人须支付洋银6元给周志高等人，以为赔树安坟的费用。该山仍然由朱喜玉等人管理，日后不得再行盗砍。

这是一起管理人或是相关人士进行盗砍的案件。倪望重仅要求朱喜玉等人赔偿树价，以不得再行盗砍为条件，保全了管理人的地位。由于树木为风水树之故，因此，赔偿金当中亦有作为安坟的部分。

（8）a 阮月良等控张志祥纠砍埂上竹木由（卷二）；b 阮月良虞锦校等呈控张志祥等争埂逞凶由（卷二）

【发端】阮、虞两姓有一条祖遗的风水埂①，每到年初就会进行改修补强。某日，虞姓风水埂上的竹木数株被人砍伐，阮月良等人称是张志祥等人的所作所为，对他提告。之后，阮吉康等人开始进行补修工程，张志祥等人因为该风水埂位于自身居住村子的斜对面，于是心怀歹念，故意找借口声称筑埂的泥巴落在张姓田内，阻止他们进行工程，殴打阮吉康等人，其而捆绑虞锦生。最后，阮月良等人控告了张志祥等人。【查讯】风水埂位于阮、虞两姓的村庄，其下边的小竹木被人砍伐。张金镛等人擅自影射，妨碍风水埂的修筑，企图占据该埂。他们逞凶作恶的行为亦是事实。【断案】阮月良、虞锦校等人照旧执管风水埂，对其改修补强。张金镛等人不可妨碍。阮、虞两姓所管的风水埂不可以任

---

① （宣统）《诸暨县志》，卷十三《水利志》记载："吾邑湖田捍之堤俱呼曰埂俱。盖方言也。"据此可知，所谓的"埂"乃是"风水埂"，也就是与风水相关的堤防。

意增加高度。至于使用暴力的张志祥等人，分别处以笞责荷枷。另外，张金镛等人必须支付阮文琴、阮吉康眼伤的治疗费用。

这是与祖遗风水埂上竹木相关的纠纷。张志祥等人以阮、虞两姓的风水埂有碍自身的墓地风水为借口，砍伐埂上的竹木数株，阻挠其进行工程。对此，倪望重同意阮、虞两姓进行风水埂的管业、补修，且将张姓的妨碍视为不当行为，但是，却未提到最初砍伐竹木的相关处分。又，倪望重再三叮咛阮、虞两姓不要任意加高风水埂，以防与张姓再度发生纠纷。虽然最后张志祥等人分别被处以笞责，但是，并非砍伐竹木的缘故，而是因为他们使用了暴力。另外，阮姓声称虞锦生被张志祥等人捆绑且遭到张姓殴打的控诉，乃是子虚乌有，但倪望重却认为"应毋庸议"。

（9）金奎鼎等控谢春荣等盗葬砍树由（卷二）

【发端】谢山在左，金山在右，其交界之处极为复杂。该处的树木为两姓的风水树，向来禁止砍伐。如今，金奎鼎等人突然控告谢春荣等人违反协约擅自砍伐。【查讯】从谢春荣等人既未新设坟墓，亦未砍伐树木的证言来看，金奎鼎等人提告的意图明显是要以此为借口，企图占山。【断案】将代诉人金和甸处以笞责，以为诬告者的警戒。日后，根据从前的协约，永远禁止增设坟墓与砍伐树木，两姓在从前的交界之处埋桩，以杜绝后患。

这是一起捏造对方在禁砍处砍伐风水树的案件。金奎鼎等人企图以诬告谢春荣等人的方式占山，尽管如此，倪望重仅处罚代诉人（应为金奎鼎一族）而已，他所重视的是两姓日后不再发生纠纷。又，对于被诬告的谢姓，要求他们日后必须遵守协约，并且划清两姓管业地的界址，以防止纠纷再次发生。

（10）冯秀潮等控李贡来等盗砍图占由（卷二）

【发端】冯秀潮等人的山与李贡来等人的山相邻。李贡来等人于咸丰八年(1858)将山的一部分卖给冯秀潮等人,缔结协约,同意将该地作为保护冯姓祖坟的来脉,并且买禁不许李姓在附近管业地耕作,然而,李贡来等人却在已经卖出的山里砍伐樟树①的树枝,导致冯秀潮等人提告。【查讯】樟树并非种植于李姓之山,而是冯姓管业下的树木。冯秀潮等人因为冯姓山里有祖坟之故,于是购买李姓之山,以保来脉,防止侵害。【断案】冯秀潮等人照旧执管樟树以内之山,但是不可在交界之区擅自砍伐树木。李贡来等人必须遵守协约,禁止在该处耕作,更不可妨害冯姓的祖坟。李贡来等人之山照旧管业,树木亦随此管业。李贡来等人越界砍柴乃是细事,命令他们缴出香烛纸钱的费用,以安冯秀潮等人的祖坟,收拾局面。

这是一起起因于卖主越界、盗砍的案件。李贡来等人越界至已经卖给冯姓的山里,并且砍伐樟树的树枝为柴薪,他们声称该地乃是自身的管业山,借此主张砍伐行为的正当性。对此,倪望重并未将重点放在李贡来等人砍伐树枝的这个行为上面,而是命令他们拿出香烛纸钱的费用,以安冯秀潮等人的祖坟。

（11）张金镛等与阮月良等互争塘树由（卷三）

【发端】虽然张金镛从前曾与邻人阮月良等人争埂,但是尚未演变至争塘之局面。如今,却和虞锦校争塘。其手法与争埂的时候如出一辙。【查讯】虞姓与张姓的塘相邻,但是土名却相异,因此,是不同的塘。【断案】让张金镛等人根据买契承管本来的塘,虞锦校等人不得擅自占据。至于张朝连等人在阮、虞两姓

---

① 即樟科常绿大乔木的樟树(学名:*Cinamonmumcamphora*)。可以提炼樟脑与樟脑油。木材的部分则用于建筑、家具、船舶等。

的风水埂又砍树木一事,再断张金镛等人出钱 200 文,将写明"家外人等永禁砍伐"字样的土布挂在路旁的树木上,告知众人。日后,阮、虞两姓在修筑埂的时候,不得填宽,侵害张姓的塘。

在前述(8)案件当中,曾经互相争埂之张姓与阮、虞两姓这一次为了塘的权利再次闹上法庭。身为张姓一员的张朝连等人在阮、虞两姓的风水埂砍伐树木。对此,倪望重要求张金镛等人支付写明"家外人等永禁砍伐"字样的土布之费用,由此可见倪望重亟欲铲除两姓纠纷火种的决心。

(12)何兰生控宣开宏等藉尸扰害并宣维龙等控何兰生越砍占殡各等情由(卷三)

【发端】何兰生向宣姓购买名为小山的山以及名为井顶的地,去年冬天,在井顶造厂居住。宣开宏等人因为堂兄宣开云病死之故,一口咬定是该厂阻塞了祖坟的气脉,向何兰生滋闹,计划赎回该地,于是何兰生控宣开宏等人"藉尸扰害"。宣维龙等人也因为何兰生将妻棺暂葬于小山之故,认为"山内系其交界之区,有妨祖墓",接着,更控何兰生砍伐山内的杉树。【查讯】何兰生于同治三年向宣姓购买小山,另于光绪八年(1882)购买井顶。何兰生造厂地点位于自身所购买的地内,因此不会妨碍宣开宏等人的祖墓。【断案】何兰生根据契约执管山、地,宣开宏等人不得混争。已经绝买的土地不得无故赎回。不过,井顶山内尚有宣维龙等人的祖坟,留坟祭扫,禁止砍伐坟上树木。何兰生的妻子所暂葬的地点靠近宣维龙等人的祖坟,因此,何兰生待秋天到来,须将木棺起迁他处,以免节外生枝。至于宣开宏等人扣留何兰生之子何启明一事,本应严究,但是因为双方住在同一个村子,这一次姑且从宽,希望通过"以和为贵"来化解彼此的芥蒂。关于何兰生所砍的杉木,因为已经搬回,且无抢夺谷酒、洋银的事实,因此应毋庸议。

这是一起以风水的妨害为借口越界至他人土地进行砍伐的案件。何兰生之所以在交界之区砍树,乃是因为"山内系其交界之区,有妨祖墓"之故。倪望重以"井顶山内宣维龙等留坟祭扫"为理由,命令何兰生停止在该处暂葬妻子。关于宣开宏等人扣留何启明一事,倪望重并未过问,而是希望两姓能够化解芥蒂。即使明知何兰生声称自己"被抢谷酒、洋银"的控诉乃是子虚乌有,但是倪望重并未对其做出任何处分。

接下来是管业地内树木被人砍伐,但是却因某些理由遭到控诉的事例。

（13）黄张书等控黄张魁等盗挤荫树由（卷二）

【发端】黄张魁的土地上蓄养着松株各树,城董为了重建东岳庙（祭祀泰山神的庙宇）,请求黄张魁出挤该地的树木 13 株,估价后,打算支付洋银 80 元给黄张魁。结果,黄张书等人心存非分之想,声称该地是为了保护黄张书等人的阳宅风水,提议支付洋银 20 元给黄张魁,将树木买禁。黄张魁因为钱太少,并未答应其提议。于是,黄张书等人便捏造协约,对黄张魁等人提告。【查讯】树木位于黄张魁的地内,出挤的目的是为了重建东岳庙,有利于公事。黄张书等人对于与阳宅风水毫无相关的树木,借口保护之名,竟然捏造黄张魁的花押,私立禁议,打算仅用洋银 20 元将价值在 100 元以上的松株各树买禁。【断案】黄张魁照旧管业土地与坟树,直接收下出挤所得的洋银 80 元,应毋庸议。黄张书声称中人抓走黄张书之子,且抢毁其家,皆是子虚乌有。虽然黄张书擅自提告,但是双方乃是同宗,为了"以和为贵",这一次姑且从宽,免于深究。

这是一起想要在管业地出挤树木,却因为买禁,遭到同族阻止的案件。黄张魁答应了城董重建东岳庙的要求，想要将自身管业地内的树木出挤，但是同族的黄张书却拿出伪造的买禁协约，控告黄张魁的砍伐行为将会违约。倪望重认为黄张魁的行为是合法的，却对黄张书的谎言与混争，采取宽大的处置，试图恢复族谊。

（14）宣凤竹等与祝克永等互争山木由（卷二）

【发端】祝克永等人在庙后与庙后山拥有祖遗的山场与田亩。山内设有先祖的坟墓，亦有杂木。西麓有各姓共同建造的全湖庙，去年因坍塌，已遭拆毁。祝克永等人对自身管业的庙后山内大树6株进行砍伐，然而宣应龙却借口该山与全湖庙相连，与全湖庙的庙董宣凤竹勾结，主张该地乃是惠姓的庙后之山。【查讯】祝克永等人的祖遗山位于全湖庙的后方，宣凤竹等人佯称该地乃是远隔千里以外由惠姓所管业的太平庙后之山，企图影射。【断案】祝克永等人的山场与田亩，以及坟树照旧由祝克永等人执管。不过，由于祝克永等人亦同为全湖庙的庙主，须捐10000文，作为重建全湖庙的援助金，由宣凤竹等人收下这笔钱。

这是一起借口砍树地点与祖庙相连，企图争夺山场管业权的案件。宣应龙以该山与全湖庙相连为借口，主张祝克永等人进行砍伐的地点乃是惠姓的管业山。倪望重并未过问宣姓的混争行为，但是，却以"同属庙主"为理由，命令合法砍树的祝姓须捐助重建该庙的费用。

（15）赵昌祥控赵志仁越界砍柴各情由（卷二）

【发端】赵志仁于光绪九年与周太和共同出资购买赵昌祥之山。山麓设有赵昌祥的已故伯父等人的浮厝（临时埋葬地）两处。如今，赵志仁在小路下砍柴，却遭赵昌祥控告。【查讯】小路在赵志仁的契买之中。根据赵志仁的供述，砍柴的地点位于小路附近,自身并未越界。赵昌祥不顾自立卖契,竟扭曲事实进行混争,这是不对的。不过,赵志仁砍柴的地点乃是赵昌祥已故伯父的浮厝之来脉,其行为不免会惊动亡者。【断案】赵志仁备齐祭品、锡箔、香烛,以安祖坟,收拾局面。

这是一起卖主控告买主越界、盗砍的案件。赵志仁在购自赵昌祥之山砍柴,结果被原来的山主控告"越界砍柴"。倪望重断定赵志仁的行为是合法的,但是,因为该地乃是赵姓祖坟的落脉,因此,要求赵志仁必须支付些许费用,以安祖坟。

（16）杨田高等控杨启桂等阻砍树木由(卷三)

【发端】杨田高等人拥有祖遗山,杨启桂等人以买禁为由,禁止杨田高等人砍树以作公用,并且妨碍木材的砍伐、搬运。导致杨田高等人控告杨启桂等人阻砍树木。【查讯】调查协约后,可知并无明文禁止通山砍伐。更何况就算是买禁,也不过是出钱7000文,将坟树10株列为禁砍对象而已。其余的树木皆在买禁范围之外,杨田高等人当然可以出挤给他人。【断案】关于杨田高等人所出挤的山木,照样砍伐、搬运,杨启桂等人不得妨碍。

这是一起想要在祖遗山砍树,却因为买禁,被同族阻止的案件。倪望重依照协约断定杨田高等人所砍伐的树木并非禁砍对象,因此认可杨田高的行为。

（17）周瑞国等与僧殷莲互争山界由(卷三)

【发端】周瑞国等人的风水地乃是其祖先在嘉庆年间所购买的,地内埋葬了2棺。道光年间因为担心受到侵损,因此,将其来脉买禁。如今,殷莲将自身坟墓境内左侧的树木出挤给他人,周瑞国等人认为此举会惊动周姓的祖坟,先是理阻,其后竟然转为图赖,凶暴至极,导致双方互控。【查讯】道光年间的协约记载"来龙不得侵损",且道光十四年的协约亦记载殷莲不得将来龙侵损、转卖,周姓也不得另行殡葬。道光三十年(1850),周姓再次买禁来脉。【断案】殷莲的砍伐地点不在周坟境内,因此,殷莲将出挵给他人的树木搬运下山之际,周瑞国等人不得妨碍。日后,殷莲不得侵损来脉,不得越界在买禁地点砍树。至于周瑞国等人进行图赖,引起骚动,将寺内门壁与碗盘毁损一事,从宽处置,命令周瑞国等人出洋银1元给殷莲,以作为赔偿。

这是一起违背买禁的协约擅自砍树,因而被告的案件。周瑞国等人认为,殷莲将树木出挵给他人的举动会惊动周姓的祖坟,因此对其提告。倪望重虽然断定殷莲的出挵是合法的,但是,也趁这个机会,再次确认境内来脉受损一事,且禁止越界砍伐坟树。不过,对于周瑞国等人的图赖及暴力行为,倪望重仅要求他们向被害人赔偿。

以上乃是涉及风水(特别是墓地风水)的竹木砍伐行为引发纠纷的案件。其中,(7)(10)(15)的特征乃是基于被砍伐的树木为风水树,或是他姓的来脉位于该地点等理由,于是,倪望重要求砍伐者必须出钱以"安祖坟"。(8)(11)(12)(14)则是以他姓的管业地或是该地的树木有碍自身祖坟为借口,断然越界、砍树的案件。(9)(13)(16)(17)乃是以他姓或是异姓之间所缔结的协约为根据,将风水树的砍伐视为严重问题的案件,倪望重往往会以这种纠纷为契机,要求双方遵守协约,避免纠纷重演。

3 涉及族产的案件

最后则是族产或在被视为族产的山内砍树,结果被族人控告的事例。

(18)吴元桂控吴斾良等捺树滋闹由(卷一)

【发端】吴旆良等人拥有一座山场,其中有樟树1株与白杨树①2株,吴六敖却擅自将其出挤给吴元桂,导致树木被砍倒在山。吴旆良等人阻止他们将树木搬运下山不成,于是,赶到吴元桂的家里,破坏物品,引发骚动,因而被吴元桂控告。【查讯】根据吴旆良等人的供述可知:山场有2座祖坟,坟墓左侧的樟树1株乃是风水树。该山分为4份,由吴旆良、吴旆潮、吴旆周、吴六敖管业。前3者已经将自己所继承的部分分别卖给其他族人,仅吴六敖尚未卖出。事实上,该树乃是吴旆良等人共同所有的公物,吴六敖擅自出挤樟树的责任难逃,但他乃是吴旆良等人的叔父,因此姑且从宽,让吴六敖免于到案,免得拖累。【断案】作为砍树的补偿,吴元桂须出洋银6元,分别付给吴旆良等3人。被砍倒在地的樟树并非山内的白杨树,因此全数让吴元桂搬运下山,吴旆良等人不得阻止。至于吴旆良与吴旆潮赶到吴元桂家中逞凶一事,根据被害状况,分别予以笞责,命令他们支付洋银12元,其中扣除作为树木赔偿的洋银6元后,其余的洋银6元(吴旆良1.5元、吴旆潮1.5元、吴旆周3元)需赔偿给吴元桂。

这是将出挤的树木视为一族公物的案件。因为该树乃是吴姓的公共坟树,吴六敖的出挤对象吴元桂被控,倪望重认为吴六敖难逃私下将樟树出挤给他人的责任,但是却让他免于到案,另外向砍树当事者的吴元桂追究赔偿责任。

(19)赵莹等与赵金鉴等互控砍树凶殴由(卷二)

【发端】赵莹等人与赵金鉴等人共有一座公山,自明代以来,

---

① 杨柳科落叶乔木的箱柳(学名:*Populussieboldi*)。可做成木箱或是火柴的棒状部分。

便已祖坟累累,坟旁蓄养着松树杂木等风水树。根据赵金鉴的供述可知:他们协议将树木出挤给他人,以造坟庄,然而赵莹等人却声称在询问族众之前,赵金鉴就已经擅自砍树了,导致双方互控。【查讯】调查协约后可知:其中有"祀山柴片挤砍公用"一语。柴片原本就不是大木。如今,据赵金鉴所称,仅砍取树枝,欲获得微薄的利益而已,然而赵启华等人却行使暴力阻止其砍取树枝,实属可恶。【断案】赵金鉴身上有伤痕,本应责惩赵启华等人,不过赵金鉴擅自砍取树枝,亦是不合理的行为。两造双方乃是同族,由于"所贵在和",应当宽大处置,赵莹、赵启华等人须付洋银 20 元,扣除让赵金鉴安坟的洋银 8 元外,其余的洋银 12 元尚须付给赵金鉴,充当疗伤以及赔偿物品的费用。日后,无论是谁,都不得在该山擅自砍伐。

这是在进行族议前,先行将公山的树木出挤给他人,因而闹上法庭的案件。倪望重并未将赵金鉴的行为视为严重的问题,反倒将重点放在赵莹、赵启华为了阻止其砍树而行使暴力的行为上面,命令他们须支付医疗费以及赔偿物品的费用给赵金鉴,以斩断一族纠纷的根源。

(20)蒋步元等呈控沈金传盗砍树木由(卷二)由再谕(卷二)

【发端】蒋步元等人拥有井头龙山,沈金传(即蒋茂清)也拥有该山。两人在该山各自设置祖坟。蒋步元等人的祖坟所葬乃是其高高祖蒋海龙,沈金传的祖坟所葬则是其叔高高祖蒋景高父子。蒋景高的家系到了蒋东升的时候,就已经绝嗣了,沈金传不知其中缘由,竟然将蒋景高视为直系的高高祖,并且盘算,即使在设有蒋景高父子坟墓之山砍树的话,也不算逾分,这乃是沈金传的意图。蒋步元等人因为沈金传擅自砍伐杉树 8 株,因此找了中人向其抗议,并称沈金传已经出继沈姓,就不应该对蒋姓之山进行管业。双方互不退让,蒋步元等人便控告沈金传。【查讯】调查蒋姓宗谱可知:蒋景高乃是出自蒋金富,但是,到了蒋东升的时候,已绝嗣。蒋海龙则是出自蒋金讨,之后传至蒋步元。沈金传即为蒋茂清,乃是出自蒋景高之兄蒋景魁之子蒋国达(见下图)。也就是说,井头罴山原本是由蒋步元等人的远祖们所共有的。根据沈姓宗谱可知:蒋茂清过继给沈百卉,成为其养子(沈金传),原本是无法对蒋姓的资产进行管业的。但是,蒋景高并无子嗣,沈金传为其祭扫坟墓,因此,准沈金传与蒋步元等人共同管业蒋景高所留下来的井头罴山。不过,沈金传私下砍伐公山的树木,是不合理的。先前,中人曾让沈金传支付洋银 15元作为罚金,禁止砍伐且将其作为祭祀祖先的费用,固无不可。【断案】被砍伐的杉树 8 株估价为洋银 12 元,其中,沈金传可得 6元,其余的 6 元则是付给蒋步元,日后不得擅自砍树。

蒋金富┬蒋景魁—蒋国达…□…□…□…→蒋茂清(沈金传)
　　　└蒋景高……………………蒋东升—×
　　蒋金讨—蒋海龙…□………□…□…□…→蒋步元

这是一起在作为族产的山里擅自盗砍树木,因而被控的案件。沈金传主张自己是蒋景高的后裔,欲确保自身在祖遗山砍树的正当性。倪望重考虑到沈金传原为蒋姓,且祭扫毫无子嗣的蒋景高之坟墓已有多年,命令让沈金传共同管理蒋姓的公山,并缴洋银 6 元给蒋步元,作为砍伐公山杉木的补偿金额。

(21)许芳来等呈控许海棠等私挤蚀价由(卷二)

【发端】许海棠与许相文私自将许姓的公山出挤给王小青,让其砍伐柴薪,从中获取钱 1400 文,导致事后获知此事的许芳来等人呈控。【查讯】许海棠将柴薪出挤给他人,却未向族人呈报,乃是不当的行为。【断案】许海棠须支付罚金洋银 6 元以及挤价洋银 1 元给许芳来等人,以作祠堂公用。许相文受到许芳来的斥责,反倒出言不逊,殴打许芳来之子许银生,情本可恶。不过,这一次从宽,命令许相文付钱 2400 文给许芳来,设宴和解,以作服礼之资。

这是将一族公山的柴薪擅自出挤给他人,因而被族人控告的案件。倪望重认为这是不当的行为,命令其支付赔偿金的同时,亦将赔偿金用于支付祠堂的公用、设宴和解、服礼的费用等,采取了重视一族意向的处置。

(22)何学安等与何咸定等互争山场及何祥茂等控何咸定管祀盗卖等情由(卷二)

【发端】何学安想要争夺始祖坟墓所在地的学士陇与东庵山,于是,控告何咸定砍伐树木设置坟墓。何祥茂等人也控告何咸定在负责祭祀的时候私自将公田抛售(人物关系见下图)。【查讯】学士陇与东庵山由东何与中何管业,西何的何学安的管业地另有他处,因此,何学安不得以始祖等人的坟墓为借口,擅自争夺该山的管业权。【断案】该山由东何的何祥茂等人与中何的何咸定等人照旧管业,并且自行缔结协约禁止侵害行为。日后,不得在祖坟附近进行开掘或是烧炭,不得砍伐坟顶或是靠近坟墓的左右大树,避免坟墓损煞,以资庇荫。至于何咸定等人擅自将祠内田亩抛售一事,由于获利仅仅洋银 16 元而已,姑且从宽,让何咸定等人在期限内赎回田亩归还祠堂即可。

何仲明(始祖)—何柏舟┬何俊义┬(东何)⋯⋯⋯→何祥茂
　　　　　　　　　　　　└(中何)⋯⋯⋯→何咸定
　　　　　　　└何俊良　(西何)⋯⋯⋯→何学安

这是一起在坟山砍伐树木,结果被同族以此为借口提告,导致该山管业权岌岌可危的案件。倪望重认定何祥茂等人与何咸定等人拥有该山的管业权,让他们缔结协约,避免坟树的砍伐事件以及同族之间的纠纷再次发生。

(23)杨瑞宝与朱贡元等互争山地由(卷三)

【发端】杨瑞宝乃是朱情宝的女婿。朱情宝因为儿子朱周朝被匪徒掳走未回,夫妇皆已年迈的缘故,难以传宗接代。于是,光绪十二年,透过亲戚的从中斡旋,让其女婿杨瑞宝的儿子杨炳朝入继为朱周朝的子嗣。到了光绪十七年的时候,朱情宝夫妻相继过世。因为遗产不多,于是,杨炳朝将自身所继承的山卖给赵瑞宾,让其管业。另外,亦将另一片土地卖给赵金益,让其管业。如今,朱昌德与朱贡元等人忽有异议,企图占据朱情宝之山,并将赵瑞宾所购买的山内树木强行砍倒在地,导致双方互相提告。【查讯】朱炳朝(即杨炳朝)遵从父亲的命令,入继为朱周朝的子嗣,对其资产进行管业,并且祭扫其坟墓。他将山卖给他人,从中获得的金钱作为埋葬外祖父母的费用,实在是合理的行为。朱昌德等人以"甥卖舅产"为借口,强行在赵瑞宾所买的山内砍树8株,乃是不当行为。【断案】砍倒在地的树木不大,因此,命令朱昌德付洋银2元,朱贡元付洋银1元,合计3元给赵瑞宾作为赔偿。至于朱昌德与朱贡元,不予追究,仅从宽申斥。赵瑞宾与赵金益所购买的山与地照契约所定,分别管业。朱炳朝管理朱周朝的遗产,为其祭扫坟墓,不使死者挨饿受冻。

这是一起女婿的儿子杨炳朝继承山的管业权后,将该山卖给他人,但是其他朱姓族人却砍伐该山树木的案件。对于朱昌德、朱贡元,倪望重除了将树木的赔偿责任归诸他们身上以外,仅止于申斥;对于女婿之子杨炳朝管理遗产且长年以来祭扫坟墓的行为，则给予极高的评价。另外，倪望重称"朱昌德即喜玉"，这里的朱昌德或许和(7)的朱喜玉是同一人。

以上涉及族产的案件当中，(18)(19)乃是公山树木的砍伐行为被视为问题的案件，(20)则是借口被砍树木以及该地乃是族产，对族人提告的案件。

三、诸暨县山林资源纠纷的特征

那么，我们通过以上的事例，可以对诸暨县的山林资源纠纷，归纳出哪些特征呢？

诸暨县的山林资源纠纷并非只有该地域社会特有，也有不少案件是单纯的一般盗砍或是在争夺山场利权的背景下所发生的。例如，周大金等人借口自己的管业地靠近屠资深的山，于是越境盗砍该山的孟宗竹 50、60 株，因而被告的案件[1]；方光元主张是自己的管业山，于是，在王炳福的山内砍伐小树 8 株的案件[2]；周德元等人在祖遗山砍柴后，将其堆积在地，王启官等人竟然主张那是在自己的管业山所砍伐的柴薪，率领族人搬运下山的案件[3]等，可说是比较浅显易懂的案件。倪望重在这类案件当中，往往会大致做出决断，要求有过失的那一方赔偿被害者，例如，周大金等人支付竹价钱 6000 文，方光元支付树价钱 400 文，王启官等人则是作为柴薪遗失的赔偿，支付了洋银 10 元；并且明示双方管业地的界址，避免日后再次发生混争。

然而，诸暨县的山林资源纠纷正如上面的 23 个事例所示，

---

① 《诸暨谕民纪要》卷二，《周大金等与屠资深等互控砍竹由》。
② 《诸暨谕民纪要》卷三，《王炳福与方光元及楼性瑞等控争地亩由》。
③ 《诸暨谕民纪要》卷二，《周德元等控王启官即启贵搬柴图占由》。

很多案件其实涉及了祖坟、墓地风水的问题。那么，所谓的风水树究竟为何呢？上田信认为"要让'龙脉'变得强健的话，就必须保护名为'荫林'的树林。坟墓的情况亦是如此，与其相连的周边'墓林'成了保护的对象"①。在诸暨县，靠近祖坟的竹木不单是山林资源而已，还兼具了风水树、风水竹的功能，这些竹木在这种理解下，成了被人尊重，受到庇护的对象。因此，竹木的损伤或是盗砍在诸暨县往往被视为极为严重的事件。事实上，倪望重所审理的案件当中，有一个事件是周庚焘等人焚烧黄金生祖坟后方的松树，该树为风水树，而周姓焚烧该树的原因正是被风水之说所惑②。虽然也有这种出自风水目的的案件，但是，这不过是众多案件当中的区区一例而已，涉及祖坟、墓地风水的山林资源纠纷多半是利用这一点，或是以此为借口，企图正当化自身的砍树行为或是借此获得管业权。另外，族产也因为本地宗族的关系，具备了重要的意义，不过，若是个人未经许可擅自在祖遗山砍伐树木的话，有的时候所谓的族产也会成为引爆宗族内部纠纷的导火线。

　　顺道一提，收录于《诸暨谕民纪要》当中的判牍所呈现出来的山林资源纠纷多半是通过盗砍他人管业地的树木，或是任意砍伐族产树木的方式，企图获得资源，从某方面来看，都是一些赔钱即可了事的鸡毛蒜皮小事。尽管如此，为什么这些纠纷往往不是在地域社会内部自行解决，而是让当事者轻而易举就闹

---

① 　参见上田信：《山林および宗族と乡约——华中山间部の事例から》；木村靖二、上田信编：《人と人の地域史》（地域の世界史 10），东京：山川出版社 1997 年版，第 104 页。上田信：《风水という名の环境学—气の流れる大地（图说：中国文化百华第 15 卷）》，东京：农山渔村文化协会 2007 年版。

② 　《诸暨谕民纪要》卷一，《黄金生控周庚焘等暗焚坟荫由》。

到县衙这个公家机关，委托地方官为其做主呢？

诸暨莼塘赵氏的族谱里，收录了道光十年（1830）的规定①。据此可知：赵姓与僧人决定不得砍伐风水树，未料，僧真如却擅自砍树，于是，赵姓的某个族人便说服他"安坟"，两方设宴，再度相约不得砍树。另外，钟姓的族谱则是收录了以下的规定：嘉庆十六年（1811）十二月，管业地相邻的同姓族人之间因为砍伐树木或柴薪之故，纠纷从未止息，于是，"不忍坐视"的亲族居中调停，并且议定永远禁止砍伐②。根据同治四年（1865）三月的协议可知：由于设有许多异姓宗族祖坟的缘故，于是禁止砍伐风水树，然而，许配中却因生活潦倒而将风水树出挤给他人。各姓共同阻止，并且代替已经过世的当事者出钱收回风水树，接着设宴重申禁止砍伐一事③。以上可知，对于频频发生于地域社会内部的山林资源纠纷，异姓宗族之间或是同族内部往往会进行调停工作或是联合协议，试图在地域社会内部解决问题。特别是在19世纪前半，发行了许多禁止砍伐风水树的乡约或是风水契，亦是不争的事实。

然而，另一方面，在诸暨县知县于道光十七年（1837）四月所发布的一份告示里有以下的记录：赵姓坟山的风水树被人盗砍，导致来脉损伤，因此，赵姓联名向县请愿在石碑上面刻下永远禁止砍伐的字样④。又，光绪八年（1882）三月，诸暨县的职员钟乙然因为自身管业的坟山发生了盗砍盗葬的事件，因此请求义乌

---

① 赵福旦等重辑：《诸暨莼塘赵氏宗谱》立议单（道光十年十二月），同治九年诸暨莼塘赵氏敬睦堂木活字印本敬睦堂藏版，日本东洋文库藏。

② 钟焕光等重辑：《诸暨钟氏宗谱》墨百四十七景泰公坟山议（嘉庆十六年十二月），民国十一年诸暨钟氏惇睦堂木活字印本，日本东洋文库藏。

③ 《诸暨钟氏宗谱》重禁砍莋坟荫议处（同治四年十二月）。

④ 《诸暨莼塘赵氏宗谱》坟山永禁（道光十七年四月十三日）。

县知县发布禁止盗砍盗葬的告示,很明显的,钟乙然乃是希望通过县的力量来解决事件①。而这种倾向到了 19 世纪后半以后,更为强烈。

《诸暨谕民纪要》收录了一个试图在宗族内部解决问题的案件,即姚宗虞砍伐姚桂法的树木后,在族人姚万森的出面处理下,由姚宗虞设宴安坟,以收拾局面。不过,这个案件最后因为姚宗虞怀疑姚万森仲裁不公,结果造成了无法收拾的局面②。另外,还有沈金传砍树后,蒋步元等人找了寿景太等人居中调停,但是沈金传却不肯服从,导致双方闹上县衙的案件(20)、郦锦瑞与王金田互相砍树,后来在陈春甫的调停下,一时达成设宴和解赔偿损失的共识,但是却又故态复萌,最后导致双方互相提告的案件(2)、宣法云等人越界砍取柴薪,找来周才方等人居中调停,试图让宣法云等人赔偿树价以及安坟,不过,最后双方还是互相提告的案件(4)等,这些案件都显示了一个事实,即:纵然一开始人们试图在地域社会内部解决问题,但是最后还是可能以失败收场。

各个宗族所设立的各种规范当中,也可以看到这种状况。暨阳章卿赵氏的祖训十三条收录了"家事所有必请于家长""葬地在于稳便,毋徇地师""毋伐邱木,以戕荫植""毋兴讼犯上,以干行戮"等祖训③。暨阳徐氏的祠规则有:"凡族内如有事争执,必须先备酒席香烛,祭告祖先,然后请求家长至祠,告诉明白,听家长公论,两造各宜听从,以息争端。若不行祭告,擅自涉讼者,

---

① 《诸暨钟氏宗谱》案处。
② 《诸暨谕民纪要》,卷二《姚桂法与姚宗虞互控凶伤由》。
③ 《暨阳章卿赵氏宗谱》,卷十九《祖训十三条》,光绪九年木活字印本,日本国立国会图书馆藏。

作不孝论，众共执此以鸣。"①钟氏的家政十训里，亦收录了以下规范："九族分支派，原一体谦和，肃睦用，笃宗盟，原无大小强弱之别。若恃豪横以相凌轹，藉党羽，以致龃龉。大而斗讼，小而讥弹，俱非族谊。各宜屏绝，以伤伦常。"②这些规范反过来说，其实就是因为现实生活中鲜少有人遵守，为了维持族内秩序，才有将其明文化的必要性。

关于这个部分，我们来看钟氏于光绪十八年（1892）所制定的宗祠规条第8条，即："居家之道，务宜睦族。而睦族之要，首宜戒讼。近世风俗日薄。恒有同村同宗涉讼公庭，甚非敦本之道。夫讼则终凶，古训昭然。虽与他人尚宜切戒，况同出一本乎。吾族子姓繁衍，难免遇事争执。以后如有自相口角争论，无论何时，均须先请本村家长理处。理处不明，再请宗祠家长理处，免致同室操戈贻笑大方。如有擅自涉讼者从重议罚。"③由此可知，他们希望宗族内部的纠纷能够由宗族内部的指导者来调停处理，然而，事实上却是连鸡毛蒜皮的案件都无法在内部解决，动不动就闹上法庭。

透过这些例子，也许我们可以说，当时的诸暨地域社会尚未具备足够的能力去解决纠纷吧。就算是宗族，由于其内部往往沦为了获得资源而互相厮杀的战场，因此，要透过自身力量来解决纠纷，是相当困难的。于是，诸暨地域社会便将这个烫手山芋交给标榜着公权力的第三者，也就是知县来处理。诸暨县也

---

① 徐职等撰：《暨阳徐氏宗谱》，卷三《祠规》，光绪十二年重修活字印本，日本东京大学东洋文化研究所藏。

② 《诸暨钟氏宗谱》家政十训。

③ 《诸暨钟氏宗谱》宗祠规条。

和浙江其他的地方一样,自明末以来以健讼闻名①。发生健讼的背景可说是与上述情况息息相关吧。

那么,接下来的问题是,为什么倪望重会站在知县的立场频繁地受理这些案件,并且做出判断呢? 根据寺田浩明的推算可知:平均人口在 20 万人(4 万户)上下的县里,知县每一个工作日所受理的告诉状为 200 份左右②。不过,另一方面,不管是多么细琐的问题,知县都得受理,并且自公正的立场做出让地域社会住民心服口服的裁断,借此彰显王朝国家的权威,突显其存在的意义,这乃是堪称"小皇帝"的知县所背负的另一个使命。

这么一来,遇到山林资源纠纷的时候,倪望重必须做出"让地域社会住民心服口服的裁断"究竟是什么呢? 特别是在宗族极为强大、祖先崇拜极为兴盛的地域社会里,只要是与祖先相关的种种要素(例如,祖坟、墓地风水或是作为其象征的风水树)稍微沾上边的话,不管是多么琐碎的纠纷,知县都必须受理,并且在解决纠纷的时候,更得恢复祖先的安宁,重拾地域社会的安定秩序,让住民们对于县或是王朝国家不会心生不满。倪望重也有类似倾向。如前所述,他对于单纯的盗砍案件往往会命令有过失的那一方出钱赔偿,试图解决纠纷。然而,涉及祖坟、墓地

---

① 宣统《诸暨县志》,卷十七《风俗志,风俗总》沿用万历志的文章,如下:"诸暨严邑好讼,所争毫末,累岁不休。村居自为党,豪宗武断。"又,新编《诸暨县志》则记载:"常因利害相在,抵牾不休。或图口舌之胜,或争田地山塘,堤埂堰坎之利,不一而足。亦常有无所事事之徒,以寻衅闹事为乐,引起争斗,危害地方。小则拳脚相加,大则群殴械斗。"房与房,族与族,村与村之间讲究"拳头打出外,胳膊弯近里",此风在新中国成立后渐敛,好斗之外,亦甚健讼。仅民国二十一年,县法院就受理了民事案件 1700 余件。新中国成立后,以"八分头"(邮票)寄告状信者,不乏其人"(第 27 编风俗,宗教,民风,好斗健讼,第 886 页)。据此可知:健讼的风潮至少在中华人民共和国成立以后还是持续进行着。

② 寺田浩明:《中国法制史》,东京:东京大学出版会 2018 年版,第 145 页。

风水、祖产的话,就没有这么简单了。

他对于"有过失"的那一方,会先酌情处理。往往以"本应"为开头,再列举各种理由,例如当事人已经深感后悔、受害情况不甚严重、高龄贫困、为了让同族感情融洽等等,最后以"从宽"的方式,采取免除责惩或是免除赔偿的处置[(1)(10)(3)(12)(18)(19)]。另一方面,若是态度恶劣或是行使暴力的话,仍会处以笞责[(1)(8)]。

反过来说,倪望重也会要求"毫无过失"的那一方尽适当程度的义务。例如,不得任意变更埂的高度来妨碍对方的风水[(8)(11)]、将木棺起迁他处[(12)]、捐款以助庙的重建[(14)]、备齐祭品、锡箔、香烛[(15)]。关于(15)的部分,倪望重虽然全面认同砍伐者的正当性,不过,亦称"赵志仁砍柴之处,即赵昌祥之故伯父浮厝落脉,未免惊动",这一点相当耐人寻味。

砍树行为往往会"惊动祖坟",因此,必须透过"安坟"来收拾局面。例如,赔偿金当中包含了安坟费用的例子[(1)(19)];除了赔偿,还要另出香烛钱的例子[(4)];虽无赔偿,但是取而代之让他们出香烛纸钱费用的例子[(10)];备齐祭品、锡箔、香烛的例子[(15)]。

另外,他对于图赖、诬告的应对方式也较为宽容大量。一方面说一些原则性的场面话,例如,"为诬告者戒"[(9)]、"诬控之风必杜其渐"[(3)],不过,实际上的处分却仅止于笞责而已。尽管是图赖,亦无刑事方面的处分[(12)(17)]。接着,关于出现于诉状里的谎言,大部分都是"应毋庸议",并未过于重视此事[(8)(12)(13)]。

值得注意的是,倪望重的判牍当中,大多会命令两造双方再次确认管业领域、界址[(2)(3)(5)(6)(7)(8)(10)(11)(13)(14)

(17)],遵守已定的协约或是缔结全新的协约[(9)(17)]。其中可见倪望重希望以纠纷为契机,避免日后纠纷重演的强烈意向。

总而言之,倪望重对于诸暨县山林资源纠纷所下的裁断大致如下:极力尊重地域、宗族的价值观的同时,也会试图做出平允的处分,尽可能不在加害者与被害者之间埋下祸根,极力避免援用法条,并且铲除纠纷的火种,避免日后再次发生纠纷,尝试恢复地域、协约当中的安定秩序。时常出现于判牍里的"以和为贵"这句话正是象征了这一点。

然而,诸暨县的民众相当清楚地方官会通过这种方式来处理纠纷,于是,反过来利用这种状况纷纷提告,为了获得管业地或是山林资源的诉讼也就源源不绝了。就某种意义来说,在重视祖先崇拜的社会里,以"祖先"为关键字控告他人乃是一个重要的战略。这种"户婚田土斗殴相争细事"几乎都会交由地方官处理,也就是所谓的州县自理案,因此,身为知县的倪望重所做出的个人裁断以及其背后的价值观就成为审理案件时的一个重点。倪望重出身于宗族极为强大、风水思想极为兴盛的安徽省祁门县,就这个意义来说,和诸暨县相当类似。倪望重也在诸暨县拥有了6年多的任官经验,对于诸暨这个地域社会相当了解,这一点无疑对他的裁断有着极大的影响。

倪望重当初刊行《诸暨谕民纪要》的目的是为了"倘僻处山陬,家置一编,因而猛省焉,儆戒焉,不特无控告反覆之事,而且化争为让,渐至亲睦成风也",然而,这个心愿似乎并未传达至诸暨县的民众那一端吧。

四、结语

如上，本文以倪望重的判牍为主，检讨了诸暨县山林资源纠纷的情况。接下来的课题则是，这种诸暨县山林资源纠纷的情况或是特征是否也是其他地域、其他时代普遍存在的现象？

据我个人的看法，在浙江山区，作为山林资源的竹木到了明代中期以后开始具备商品价值，于是，为了获得山林资源的砍伐行为也成了引发地域纠纷的一项要因。进入清代后，随着人口的显著增加，对于木材的需求越来越高，于是，山林资源纠纷也更加明显了[①]。这种情形并非仅限于浙江一省而已，我们可以推测这种现象也广泛存在于拥有多数共通点（例如，宗族组织极为强大、山林面积占全省的比例极高、将竹木视为珍贵的资源、重视风水）的安徽、江西、福建等邻近浙江的省份里[②]。

论及福建传统社会的三木聪认为，"地方官背负着必须在其管辖地域里贯彻国家支配原则的义务，但是，一旦来到审判这个必须做出实际裁断的场景，就不得不进行让地域社会心服口服的判决了"。[③] 这一点也和本文所检讨的倪望重的审判有着一脉相通的部分。

另外，纵使提告的这一方无理，但是念在"情"的份上，地方官还是会做出比较有利于他们的判决，在这种状况下，图赖这种

---

① 《资治新书二集》，卷二十《判语部，坟墓四，砍伐墓木》；《未信编二集》，卷五《盗砍坟荫争》等。

② 上田信认为"拥有如此地形的诸暨县可说是代表中国东南部的一个典型地域，所谓中国东南部，具体来说就是位于浙江、安徽省南部、江西、福建省全域、广东省北部的各县"（上田信：《中国の地域社会と宗族》，第55—57页）。

③ 三木聪：《伝統中国と福建社会》，东京：汲古书院2015年版，第120—125页。

行为作为一种诉讼手段不停地被人们利用,三木将这种现象称为"图赖的词讼化";同样以福建为研究对象,特别关注其中风水信仰的魏郁欣则是承继了三木的研究,认为不只是"图赖的词讼化",同时也存在着"风水的词讼化"这个现象,也就是以风水的损伤为借口,企图达到风水以外的目的①。本文所检讨的山林资源纠纷多与祖坟、风水相关,应该也可以通过这个脉络去理解吧②。

---

① 魏郁欣:《清代の坟树纷争に见る福建宗族の资源获得战略——清流安丰罗氏を例として》,《东方学》第 134 辑,2017 年(收于同博士论文《明清时代における福建の宗族と风水—坟树にかかわる诸问题を手掛かりにして—》2018 年)。

② 顺道一提,除了本稿所介绍的案件以外,《诸暨谕民纪要》里仍有不少与图赖相关的案件,例如《陈廷学控周如裕等图赖欠款由》《陈长贵控陈秋楂图赖佃田押价由》《杨荫繁即顺国控追杨周烈等图赖票款由》《钱章武控王昌太图赖款由》(以上卷一),《吴茂发与吴宣氏互控图赖占管由》《徐禹平控徐文照听信徐逢见主使图赖由》《斯琢相控黄锦湘图赖田价由》(以上卷二),《陈兰生等与杨文煜互控擒脱图赖由》(以上卷三)等,此问题的相关考察将作为今后的课题。

第五章　从林产看近代钱塘江流域社会：
以建德和桐庐的口述调查为中心

佐藤仁史

导　论

本章着眼于从明清时期到近现代以来在钱塘江流域从事航运业的九姓渔户，从他们运输的木柴和木炭等林产品的角度入手来描绘钱塘江水系与浙江山区社会之间的关系。过去有关九姓渔户的研究分析主要集中在其发生起源、被歧视的实际情况、作为贱民的法定身份、与岸上人具有不同特色的仪式等方面，[①]而其生业的实际情况尤其是航运业的情况没有被正面分析。其

---

① 有关九姓渔户研究早在民国时期就已经开始了。冯巽占：《畲民堕民九姓渔户考》，《地学杂志》1914 年第 11 期；童振藻：《钱江九姓渔户考》，《岭南学报》1931 年第 2 期。基础研究有，方向：《富春江的"九姓渔户"》，《中国民间文化》1994 年第 2 期；赖青寿：《九姓渔户》，福州：福建人民出版社 1999 年版；张小也：《制度与观念：九姓渔户的"改贱为良"》，《社会科学》2006 年第 4 期，从法制史的角度探讨了九姓渔户的贱民身份。关于明清时期的贱民的概况，参见从"污秽"的角度加以探讨的 Anders Hansson, *Chinese Outcasts*: *Discrimination and Emancipation in Late Imperial China*, Leiden: Brill Academic Pub, 1996.

实,不少九姓渔户在钱塘江流域从事航运业,他们从上游的山区和丘陵地带把木柴和木炭、木材等林产品运输到下游的大城市(杭州和上海等),再从大城市把各种工业品、加工品,以及盐等在上游匮乏的物品运输到上游。这种物品流通的情况,与地域(山区)开发的进展、商品经济对山区的渗透、城市化的展开等题目是息息相关的。

若把眼光移到林产生产上面,我们就有必要了解山区的生产情况以及围绕生产的社会关系,然而在日本的学界,与华北农村和江南农村的研究成果相比,山村的研究极其缺乏,这样的情况导致了地域间的关系和地域间的比较分析的缺乏①。因此,笔者认为本文试图分析钱塘江流域山村的情况,对于有关方面的研究而言具有一定学术上的意义。

另外,近年来随着有些人对市场经济的过度渗透开始敲响警钟,而在环境经济学的领域里,有些学者在共同体和地域社会具有的功能中重新发现其正面意义。人们应该与山和森林之间结成怎样的关系,将作为紧要命题之一出现在我们面前。山区社会史的分析会从环境史的角度给这样的研究课题带来有用的资讯。

本文主要利用的资料是口述资料,这是笔者参与的田野调

---

① 日本的有关近现代中国农村史研究集中在华北地区。参见内山雅生:《中国华北农村经济研究序说》(金泽大学经济学部研究丛书 4),金泽:金泽大学经济学部 1990 年版;内山雅生:《现代中国农村と"共同体":转换期中国华北农村における社会构造と农民》,东京:御茶の水书房 2003 年版;三谷孝编:《农民が语る中国现代史》,东京:内山书店 1993 年版;三谷孝编:《中国农村变革と家族・村落・国家:华北农村调查の记录》,东京:汲古书院 1999 年版;三谷孝编:《中国农村变革と家族・村落・国家:华北农村调查の记录》,第 2 卷,东京:汲古书院 2000 年版;三谷孝等:《村から中国を读む:华北农村 50 年史》,东京:青木书店 2000 年版。

查团队的研究成果之一[①]。此田野调查是作为 2004—2009 年度日本文部科学省科学研究费特定领域"宁波计划"现地部门下面的一个调查团队实施的[②]。因为涉及九姓渔户的文献资料极其有限，所以笔者详细地挖掘了他们的生活史以及生业的实际情况，这对九姓渔户研究本身有不少贡献[③]，与此同时，在口述调查的过程中，也获得了部分有关他们运输林产的情况及其生产的具体情况，这对于山区社会的分析将会带来不少线索。

　　本章的分析对象包括大城市的商人、水运业者、埠头的小商人、山区农民（地主、佃户、棚民）等各种阶层的人，他们过去在城市史和商业史研究、水上人研究、农村（山村）研究等各式各样的

[①]　调查的具体情况参见 SATO Yoshifumi, The Recent History of the Fishing Households of the Nine Surnames：A Survey from the Counties of Jiande and Tonglu, Zhejiang Province, in He Xi and David Faure eds. , *The Fisher Folk of Late Imperial and Modern China：A Historical Anthropology of Boat-and-Shed Living* , London：Routledge, 2015, 第 173-182 页.

[②]　所谓"宁波计划"是 2004—2009 年度日本文部科学省科学研究费特定领域研究《东亚的海域交流与日本传统文化的形成：以宁波为焦点的跨学科的创生》（研究代表者：东京大学小岛毅教授 http://www. l. u-tokyo. ac. jp/maritime/）的略称，其主旨为"宁波作为在中国大陆面对东海的核心港湾城市而欣欣向荣，以宁波为焦点来研究作为历史存在而不断变化的大陆文化如何传播和影响到日本，如何在日本嬗变等问题"。笔者参加了研究计划项下的三个部门中之就地考察部门的一个团队。就地考察部门着眼于以"水"为媒介联系地域之间的关系，通过引进就地考察的方法来突破文献资料的限制，并阐明水上世界的实际情况。该研究团队的主要成员有太田出教授和笔者，在与中山大学历史学系吴滔教授的合作下进行。调查从 2007 年 8 月到 2010 年 10 月的四年里总共用三十五天时间实施，受访人总共四十二人。2013—2016 年度日本科学研究费基盘研究（B）（海外学术调查）"近现代太湖流域农山渔村における自然资源管理に关する现地调查"构想根据"宁波计划"的有关水上人的调查结果，进一步对山村和山林的实际情况展开了田野调查。

[③]　小岛毅监修，高津孝编辑：《东アジア海域に漕ぎだす3 くらしがつなぐ宁波と日本》，东京：东京大学出版会 2013 年版，第 155-170 页（与太田出合共著）。

领域里曾分别被研究过。但是,如果要想从林产的生产到消费的一系列过程的角度来阐明不同群体和地域之间的互动关系,就需要综合分析流域社会的历史。作为地域社会史的方法,着眼于水系的施坚雅提倡的大地域(macro region)、上田信在研究浙东社会史的"小盆地宇宙"这一框架,仍然富有相当程度的说服力①,但笔者认为,为了根据大地域下位的地域社会,去阐明各种群体的互动关系,下一步需要做的是推进具体的流域史研究②。

在进入本论之前,说明一下本文使用的"钱塘江流域"这一词。本文主要以清代的严州府到杭州府一带为主要分析对象,严格地说,此流域包括新安江、兰江、富春江(在建德此三江被称为"建德三江")、狭义的钱塘江,但为了避免繁杂,这里使用广义的"钱塘江流域"。

一、钱塘江水系与林产的移动

(一)浙江省的经济地理

在进入本论之前,首先简单地说明一下围绕水上人的自然

---

① 施坚雅著,史建云、徐秀丽译,虞和平校订:《中国农村的市场和社会结构》,北京:中国社会科学出版社 1998 年版;上田信:《传统中国:从"盆地""宗族"看明清时代》,东京:讲谈社 1995 年版,第 16-29 页,指出明清时期的东南部中国形成了以盆地为中心的小宇宙。关于日本的小盆地宇宙论,参见米山俊直:《小盆地宇宙与日本文化》,东京:岩波书店 1989 年版。

② 随着对清水江文书的发现和整理,最近逐步有了清水江流域史的研究,譬如,梁聪:《清水江下游村寨社会的契约规范与秩序:以文斗苗寨契约文书为中心的研究》,北京:人民出版社 2008 年版。

环境。农业(经济)地理被以自然生态为中心的生态环境所限制,浙江省的农业地理可分类为杭嘉湖平原、钱塘江下游和杭州湾两岸平原、宁绍平原、温黄平原、金衢低丘盆地、浙西丘陵低山、浙东丘陵盆地、浙南山地、沿海海洋岛屿。生态环境的多样性显而易见①,可以说这点是在探讨自然生态与人类社会之间的关系史上颇有趣的分析对象。

浙江东部是"海"的窗口,亦即对外贸易据点的宁绍地区;北部则以大城市杭州为中心,与经济发达地带江南三角洲连在一起;西南部拥有与其他中国东南部山区相似的山区以及占省域大部分的丘陵、盆地地带。

与邻接海洋世界的宁绍地区以及沿海海洋岛屿相比,贯流浙江省西部,连接到内陆和东南部"盆地世界"的重要水系钱塘江、富春江、新安江流域的重要性,在以往的研究中没有获得必要的重视。现在钱塘江水系以观光资源著名,除了散布于上游的富春江和新安江的观光名胜之外,随着1959年的大坝和水力发电站的建设出现的千岛湖名震天下。因拥有无数岛屿而得名的千岛湖,现在通过高速公路直接与杭州连接,作为城市近郊的观光地点博得青睐②。

从历史的角度来看,钱塘江、富春江、新安江水系是内河交通的最重要渠道之一,关于通过海运和大运河运输南北货的情

---

① 林国铮编:《浙江省经济地理》,北京:新华出版社1992年版,第139-156页;张其昀编:《浙江省史地纪要》,上海:商务印书馆1925年版。

② 建德县县志编纂办公室编:《建德县志》,杭州:浙江人民出版社1986年版,第3编经济,第9章电力。三都镇渔民村作为旅游景点开发,设置了名为"九姓渔民新渔村"的渔家乐。顾名思义,九姓渔户的历史作为观光资源被利用。最近,有计划把整个村庄在"生态产业"中定位。《建德市三都镇三江村生态产业发展与新农村建设企划书》,建德市三都镇三江村,2010年10月,第1—40页。

景,《唐国史补》卷下有所描写:"扬子、钱塘二江者,则乘两潮发
櫂,舟船之盛,尽于江西,编蒲为帆,大者或数十幅,自白沙泝流
而上,常待东北风,谓之潮信。"①考虑到这样的历史背景,我们就
必须从居住内河,把它作为生活空间的"内水面"(即湖泊)的水
上居民的角度来阐明地域史的实际情况。下面根据口述资料的
内容概观一下航运业的实际情况以及在此水系流通的林产。

(二)钱塘江流域的林产运输

从事航运业的建德九姓渔户怎样运输东西呢? 路线又是怎
样的? 关于新中国成立前的情况,新中国成立前从事过航运的
老人(1935年出生)做了如下回答:②

> 问:你的父亲的爷爷葬在这里,那他以前就在
> 这里生活的,然后你的爷爷跑到淳安去了?
> 答:哎,我两个爷爷都到淳安去了。
> 问:到淳安然后回到大洋那里,然后一直撑
> 船吗?
> 答:撑杭州的船。
> 问:撑杭州的船?
> 答:哎,我们这里都撑杭州的船,淳安都撑杭
> 州船的。
> 问:船主是杭州人,是不是?
> 答:哎,我们的货都运到杭州去的。

---

① 《唐国史补》(收录于清张海鹏编《学津讨原》第13册,嘉庆十年刊),卷下,页17上。
② 林柄贤先生口述记录(2007年8月19日采访,未刊稿)。

　　　　问:就是船是自己的,帮别人运东西,运到杭
州去?

　　　　答:哎,对的,过去我们运柴火的。到杭州上
海那边都去的。主要是柴、炭。

　　　　问:是大的木头还是炭啊?

　　　　答:这么长的柴火。一担一担可以挑的。

　　　　问:用来烧的吗?

　　　　答:杭州他们用来烧饭的啦。

　　建德的航运业者以木柴为中心,将木材和木炭等林产运到
杭州,然后卖给柴行、木炭行等①。据说,在运输的过程中,在建
德梅城、桐庐、富阳等地,官方派人摇船来到他们的船边上向航
运业者征税,在东馆和兰溪征收卡子税。另外,有些九姓渔户被
国民党征用,无偿地从事物资运输,在杭州还遭到"地头蛇"的敲
诈。对于当时的情况,有一位九姓渔户的后裔记忆犹新②。

　　就新中国成立后到 20 世纪 70 年代的情况,笔者采访了曾
经担任过航运公司总经理的人物(1945 年出生)。据他的讲述,
在新安江大坝建设之前,归于航运社和航运公司的九姓渔户把
木柴、木材、茶叶等建德土产搬运到杭州,从杭州把工业品等运
回来。在航运公司成立时期(1968 年),把木柴和木炭搬运到杭

---

① 整个清朝时期似乎可以看到类似的情况。赵吉士:《寄园寄所寄》卷十一"故老杂
　　记"(收录于清赵吉士辑:《续修四库全书》第 1197 册,上海:上海古籍出版社
　　2002 年版,第 129 页)说:"故老杂记"说"徽处万山中,每年木商于冬季砍倒,候
　　至五、六月,梅水泛涨,出浙江者,由严州;出江南者,由绩溪。顺流而下,为力甚
　　易"。

② 林柄贤先生口述记录(2007 年 8 月 20 日、2008 年 8 月 15 日采访,未刊稿)。

州,把海鲜、糖、盐、棉布、黄酒、酱油等产品运到建德①。这些口述如实地呈现林产品与丘陵盆地地带难以入手的加工品、工业制品的移动和交换情况,反映不同性质的地域之间的关系②。

下面从航运业的角度来看一下九姓渔户的分布。九姓渔户最著名的分布地为"建德三江"汇合的建德和桐庐,江山、兰溪、杭州次于两地。他们的活动范围扩大到建德、淳安、桐庐、富阳、杭州等流域一带。按照水系来看航运业的范围,其与"建德三江"、江山港、常山港、衢江、金华江、桐江流域一带基本上一致,这个事实与浙江省内部的地域性有密切的关联③。就是说,钱塘江、富春江、新安江等水系连接起了浙江省内部几个不同特征的地区,包括三角洲地带、海洋世界与丘陵地带、盆地山区,从这样的观点来看,九姓渔户就是以河川这一"线"的世界为生存空间的群体。

九姓渔户后裔的口述就航运业的空间特点提供了细微而重要的信息。根据上述林先生的访谈内容可知,九姓渔户的"根据地",陈姓在衢州、金华、兰溪;孙姓在富阳、桐庐、建德;陈、钱、许各姓集中在新安江;叶姓不管捕捞还是航运多集中在安徽黄山附近。从事航运业的似乎以何、李、钱、许各姓为多④。九姓渔户各姓的"根据地"有所不同,不过,有时候会通过通婚关系等人际

---

① 唐云庆先生口述记录(2007年8月24日、2008年8月18日采访,未刊稿);浙江省建德市交通局编:《建德市交通志》,北京:海洋出版社1996年版,第1章水路交通。

② 这样的地域间的关系随着大坝的建设、公路和铁道等交通工具的完备有了根本性的变化。新编《建德县志》,第10章交通运输、《建德市交通志》,概述。

③ 《建德市交通志》,第1章水路交通;赖青寿:《九姓渔户》,第23—34页;林国铮编:《浙江省经济地理》,第139—156页。

④ 林柄贤先生口述记录(2007年8月19日、20日采访,未刊稿)。

网络调整活动范围，以求生路。

上述的情况都是根据人们的回忆阐明的，亦即从讲述人的视角所把握的情况，并非从俯瞰的角度分析整个钱塘江流域的情况。个别的回忆必须根据俯瞰性的文献资料来对证以明了在整个流域上人和物产的流动情况。明清时期的路程书，虽然记载简明，然而扼要地解释了当时的水运路线。《天下水陆路程》《客商一览醒迷》《士商类要》等路程书上谈到建德和桐庐的部分，都不约而同地提及白沙埠、杨溪、小溪严、严州府（梅城）、东馆、胥口、钓台等地名，此路线与讲述人所提及的民国时期的情况基本一致，所以这些文献有一定的参考价值①。清末民国时期的调查记录，譬如东亚同文书院的学生毕业旅行报告书，以及根据这些报告书而编的《东亚同文书院中国调查旅行报告书》也提供了不少咨讯②，特别是在了解讲述人体验的环境时较为有用。

清末严州知府戴槃说道："由钱江而上至衢州，号为八省通衢，而福建之茶、纸，江西之磁、纸，广东之洋货，宁波之海货，来往必由。"③从中我们可以看出该水系起到作为"线"连接东南沿海和中国内陆地区的作用，以及"八省通衢"与九姓渔户的生存空间之间的密切关联。

---

① 《天下水陆路程》和《客商一览醒迷》利用了杨正泰校注：《天下水陆路程、天下路程图引、客商一览醒迷》，太原：山西人民出版社1992年版；《士商类要》利用了杨正泰撰：《明代驿站考》，上海：上海古籍出版社2006年版。

② 《东亚同文书院中国调查旅行报告书》第136卷，丸善1996—1997年版。

③ 戴槃：《严陵纪略》（清同治七年重刻本），《九姓渔政考》。

二、围绕林产流通的岸上人与水上人

(一)围绕林产流通的社会关系

接下来,我们看一下围绕林产的流通,岸上人与航运业者(包括九姓渔户)结成怎样的关系吧。

图1是林产的交易场所和搬运路线的略图。林产交易的地点有两处:第一是林产搬运的出发点,亦即B市镇以及拥有埠头的沿江乡村;第二是林产搬运的目的地,亦即C杭州和上海等大城市。林产是在A山区生产的。B和C通过新安江、富春江、钱塘江等Ⅱ"江"这一动脉联系,换句话说,从事航运业的九姓渔户以这里为生存空间。A和B是经过Ⅰ"溪"联系的。如《建德乡土教材》写道:"大江由上流到淳安流入本县境界,汇合洋溪、下涯溪、马目溪、诸塘溪、黛溪、派溪诸支流的水滚滚东下。"Ⅰ"溪"的急流根本不适合船舶的航行①。

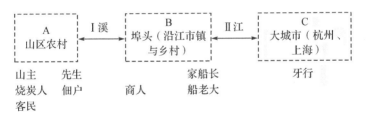

图1　林产的交易场所和搬运路线略图

首先,我们看一下在B市镇以及拥有埠头的沿江乡村交易

---

① 丁嗣华编:《建德乡土教材》,浙江省立严州中学附属小学,1935年,五河流。

的实际情况。通过"溪"和陆路被搬运到埠头的林产，交给航运业者搬运到杭州等大城市。其交易对象有农民和商人两种。在新中国成立前从十五岁开始从事航运的老人（1935 年出生）提及了如下内容：[①]

> 问：上次您说运输柴、木炭之类的东西到杭州，是帮什么人运输的？
>
> 答：乡下、山里地方的一些老板。他们是农民，我们叫他们柴客人。
>
> 问：直接是农民提供给你们柴和木炭运输到杭州去卖吗？
>
> 答：对。
>
> 问：有没有专门的一个组织提供给你们货物来运输？
>
> 答：没有的，新中国成立前没有的。大家就是这样子，我同你关系好，我的生意就交给你的船运。我们船上边也是，相信你，船老板也有大老板，出去做生意，运货的时候，相信你就叫你运东西去杭州卖。是这样的，过去有大船、小船，有些小船的生意是大船的老板分给他的。大船的老板叫船老板，我们这里土话叫"家长"，年纪大的叫"老家长"，年纪轻的叫"小家长"。
>
> 问：如果是外面的老板，会直接告诉你们运什么货？

---

① 林柄贤先生口述记录（2008 年 8 月 15 日采访，未刊稿）。

答：老板先把货给大船老板，大船老板再把活分给我们小船，抽取一部分运费。小船联系不上大客人，山里人不相信我们，相信"船家长"，我们到"家长"那里拿一点货来装运。

问：你的意思是不是说，可能街坊邻居的比较相信一个比较大的船老板，都愿意把货物交给他来运输，那其他的比较小一点的船，生意相对来说接的比较少，就找大的船老板，分一点货物来运输？

答：对。

问：如果是比较小的船老板呢？

答：不相信你。

问：就是信用不够是吧，是到大船的老板那里拿生意做是吧？

答：对。

问：这里面有没有一些真正经商的人，参与运货这件事？

答：做生意的人，乡下有的。农村里我们不大晓得。山里面，有一些有名的，我们的山上砍了多少柴，找"船家长"运到杭州去。

问：这种也是大的商人？

答：对，大的商人也是农民。

在这里，我们可以发现被叫作"先生"的富裕农民出面把林产带到埠头；埠头有被叫作"船家长"的航运业者，他们把货交给（或卖给）大城市的牙行。"先生"出发时先付一部分运输费给

"船家长"，"船家长"把运输单等拿回到本地后结算剩下的运输费（当然也有其他计算方式）。规模小的航运业者除了自己拉零零散散的小生意之外，只能通过大船老板分到他们处理不了的货物。

那么，与商人之间的交易是什么样的呢？林樟秋先生（1928年出生）是在老家马目经销茶叶、茶籽、桐籽等土产的商人，新中国成立前他也曾经做过生意，新中国成立后在供销社等单位工作。他的口述是以商人的立场来看运输的情况。[①]

> 问：船是你们自己家的？
>
> 答：雇的。以前都是个体的，不用经过航管部门。停在我们这里，你要船，大一点也行，小一点也行，这个船给你装去，运到杭州。
>
> 问：这个船不是自己的？
>
> 答：他们都是私人的。
>
> 问：雇马目埠头上的？
>
> 答：嗯，对，埠头上的船，有大的，也有小的。我们的东西多，就用大的船；东西少了，就用小的船。
>
> 问：停在这里的那些船，是从哪里来的？
>
> 答：个体，私人的。
>
> 问：哪个地方的都有，是吗？
>
> 答：对，哪个地方都有，码头上都有船。
>
> 问：不是你们本地人？
>
> 答：本地的，基本上是本地的多。

----

① 林樟秋先生口述记录（2008 年 8 月 16 日采访，未刊稿）。

问:是马目这边的,还是……?

答:停在这个码头上的。

问:那些船上的人都是马目本地人,还是有其他地方来的?

答:不全是马目人。有一半是马目人。

问:各地人都有吗? 有没有外县的?

答:外县有义乌的,还有兰溪的。这个比较多一点,兰溪和义乌比较多一点。大概是这么几个地方。

问:他们常年停在码头上,不固定的,有时候……

答:有时候,哪里有生意就到哪里。

问:有没有固定在这码头停船的?

答:没有生意就到这码头上,有生意就跑了。如果桐庐有生意,他就跑到桐庐去了。

问:哪里有生意就去哪里,是吗?

答:对。

这些航运业者停泊在哪些埠头上? 运作怎样的船? 怎么搬运林产呢? 埠头在靠近"江"和"溪"汇合地点的市镇与乡村发展起来,例如,三都、下洋、大洋、马目、下涯、洋溪、梅城、七里泷等地①。接下来看看船的规模吧。住在梅城(原严州府)的吴先生

---

① 陈连根先生口述记录(2009年8月28日采访,未刊稿)。从历代县志和《建德乡土教材》等资料可以确认这些埠头的名字。1956年展开水上合作化运动后,建德的航运业者集中在梅城、洋溪、大洋三处成立的航运社。《建德市交通志》,第69—70页。

(1925年出生)从各个方面判断应该是比较典型的航运业者，据他说他的船可载三十吨①。除了船的规模之外，船的形状对生意也很重要，比如他的船是"半蓬"船，因此无法载不能淋湿的东西②。

经过新安江、富春江、钱塘江搬运到杭州的林产交给在杭州的"牙行"。按照货物的内容有对应的"牙行"，譬如柴行、木炭行、茶行等等③。交货完回本地时，往上运不运货物要看各种条件（因为坡度的关系航行上游需要拉纤）。至于运输费，有一位先生道："开店的老板到杭州去么，写封信给你（指对方），什么货，什么货，上头多少。再到杭州开起来，叫回单，拿出来，拿回来。打个比方，三成是留下的。货物要是抄错呢，船要赔的。上来对的，一块钱嘛七角你拿去。再运费运好，回单带上来，这个三角再给你。"往路运完后支付七成的运费，回路把回单带回出

① 吴建樟先生口述记录（2010年8月27日采访，未刊稿）。运输船有"小平头"和"大平头"之分。小平头准载吨位10—20吨，大平头准载吨位20—30吨。少数的柴船可载50—60吨。《建德市交通志》，第69—70页。

② 吴建樟先生口述记录（2010年8月27日采访，未刊稿）。

③ 关于当时杭州的商业习惯，东亚同文书院的相关资料（《东亚同文书院中国调查旅行报告书》）和满铁上海事务所进行的商业惯行调查记录（譬如，南满洲铁道上海事务所调查室：《中支惯行调查参考资料第3辑》，南满州铁道株式会社满铁调查研究资料第69编，1943年版；满铁上海事务所调查室：《杭州本山纸行业惯行概况》，1942年版；南满洲铁道株式会社上海事务所调查室：《杭州二于ケル运送业》，1942年版）颇有值得参考之处。19世纪末在浙南产出的木炭经过集散到温州港，其中一部分出口到日本。作为参与木炭交易的贸易公司，在史料中可以看到日商岩井、三井物产公司之名。参见龙泉市林业局编：《龙泉林业志》，北京：中国林业出版社2009年版，第325页。为了对应进入急速工业化发展时期的明治时期日本的木炭需求，中国东南部的林产大量地出口到日本，是颇有趣的事实。参见吴征涛：《日本官报より见た杭州木炭の动向》，《文化交涉：东アジア文化研究科院生论集》第6号，2017年，第207—220页。

发地再支付三成，万一中间有问题，船主必须得赔款①。

令人感兴趣的是，有一位航运业者把货送到杭州后，到一家茶馆休息时，偶然听到说书，讲的内容正是自己的处境和祖先的种种事迹，他才恍然大悟，发现自己是九姓渔户②。

(二)"地盘"的性质

从九姓渔户作为贱民身份的角度思考围绕他们的社会关系时，我们日本的学者首先想到的是他们的交易是否有固定排他的关系这一问题。因为过去日本的贱民身份与排他性的业务垄断有密不可分的关系。笔者访谈时有意识地向航运业者、商人、农民、山主等不同立场的讲述人打听这个问题。其中，林炳贤先生最为明晰地理解了这个提问的含义，他详述被叫作"船家长"的航运业者在埠头的情况：③

> 问：是不是有一个规定，梅城的船家长只能在梅城这边装货，其他地方不能去的。有没有这种规定？
>
> 答：规定是有的，也有朋友亲戚〔叫我去〕的。比方我们撑洋溪的船，这里有货，梅城这里亲戚叫我们，也可以撑的。
>
> 问：规定是有的，但是有亲戚朋友叫你们到其他地方，也是可以装货的，是吧？
>
> 答：对……他喜欢撑哪一个地方，就撑哪一个

---

① 林柄贤先生口述记录(2008年8月15日采访，未刊稿)。
② 陈连根先生口述记录(2009年8月28日采访，未刊稿)。
③ 林柄贤先生口述记录(2008年8月15日采访，未刊稿)。

地方……再后来新中国成立后，组织起来么，下涯、白沙，再集中到洋溪为标准。在我们这里，大洋这么，三河、麻车，在大洋集中。这个合并，都有调度，到后来么，新中国成立了以后。

问：先说新中国成立前的，等会儿再说新中国成立后的。

答：新中国成立前都是零零散散的，你撑这个埠头，他撑那个埠头，不一定的地方。

问：洋溪和大洋那边的船，在梅城这里有亲戚朋友的，也可以到这里来装货的？

答：对，再后来，梅城也可以到洋溪、大洋那边去装货的。

从中可知他们各自都有一定的"地盘"。不过，这并不表示他们与固定的商人与农民之间有排他性的关系，若有血缘和婚姻关系，也可以在别的码头装货。所以，交易的"地盘"，与其说是根据固定的地缘关系而来，不如说是靠各种社会关系的因素组成而决定的。

别的航运业者的论述是："其实是运到哪里通知一个村里面的头头（类似联络人），通知他一下，他们一个农民一个户头来挑的"[1]；"有些农民，农民叫我们运，也有的。有些专门做生意的，也有的"[2]；"收柴的农民，客人也有的"[3]，他们没有提及中介人的具体姓名。农民也好（包括被叫作"先生"的农民中介人），"客

---

[1] 许小根先生口述记录（2009 年 8 月 28 日采访，未刊稿）。
[2] 吴建樟先生口述记录（2010 年 8 月 27 日采访，未刊稿）。
[3] 前引陈连根先生口述记录。

人"等商人也好,陆上人是选择可以相信的航运业者来交易的。

陆上人的讲述也大同小异。商人家庭出身的林樟秋先生没有谈到固定的航运业者[①];桐庐的民间学者邵春潮先生指出"有些老板要你的船,每一次都叫你的船。他信得过",陆上的"老板"也会找信得过的"船老大"。[②]

总结上面的几个口述,上述的"地盘"与其说是有固定性和排他性的关系,不如说是经济活动的"根据地"。陆上的"先生"等商人和农民与"船家长""船老大"之间并没有固定的关系。最重要的是生意上的信赖关系(船的大小也是其标准之一),可以说血缘和婚姻关系是作为一种可以减少风险的装置而被活用的网络。

还有一点需要慎重探讨的是,通过口述调查能够阐明的情况,大部分只能追溯到新中国成立前夜的情况,最多只能反映二十世纪初的情况。因此,上述的情况与在建德对于九姓渔户的"渔课"废止的时期(同治年间)有不同是十分正常的。"渔课"废止时期的交易问题,亦即是否有固定而排他性的业务垄断,若曾经有的话,什么时候、如何开始变化的呢? 这些问题要待将来进一步分析。

三、林产的生产与山村社会

(一)建德、桐庐的山村与林产

经过溪和陆路被搬运到新安江、富春江、兰江沿岸埠头的林

---

① 林樟秋先生口述记录(2008 年 8 月 16 日采访,未刊稿)。
② 邵春潮先生口述记录(2009 年 8 月 20 日采访,未刊稿)。

产，其生产地点即 A 山村与山林，从事这个工作的是山村的住民。在这里，来概观一下围绕林产生产的社会关系。主要调查地点是这四个村：建德市大洲村、芳山村，桐庐县芦茨村、茆坪村。这四村是在同一个市县内的邻村，前两者从佃户的角度讲述山村生活，后两者是从山主和商人角度的回忆，因此这四村的例子可以给我们提供从不同的角度思考山村社会的可贵材料。

首先，从佃户的角度看看新中国成立前的林产生产情况。根据集体化时期长期担任建德市下涯镇大洲村支部书记的姚金海先生（1928 年出生）的讲述，新中国成立前大洲村的田很有限，他家无法租到田，只能租到山地。村里有十三户地主（山主），姚家向拥有最多山的叶氏租山。租山的时候需要写合同，租山的条件是为租山种杉木①。佃户租山以后，为了维持日常生活并得到现金收入，需种多种作物②。

> 问：您之前说你们种油桐，怎么种的，一年可以收多少？
>
> 答：一年，油桐……头一年，这块山有五十担玉米，油桐有十多担；到第二年〔油桐〕有二十至三十担；第三年〔油桐〕有四十到五十担。
>
> 问：油桐要不要付租金的？
>
> 答：油桐不用付的。油桐，种玉米，玉米种下

---

① 中国的杉指的是"Cunninghamia lanceolata"，而日本的杉是"Cryptomerica japonica"。虽然两国使用同一个"杉"字，但其实不属于不同的属。参见上田信：《卜ラが語る中国史：エコロジカル・ヒストリーの可能性》，山川出版社 2002 年版，第 84 页、第 118—123 页。

② 姚金海先生口述记录（2008 年 8 月 19 日采访，未刊稿）。

去。我们租了山，第一年租来，种玉米；到第二年，桐籽种在〔玉米的〕里面，是这样套种的。第二年油桐种进去，才这么点高，我们还是种玉米的；到第三年，玉米就很少了，油桐大起来了。油桐大了，杉树也大了，玉米就种不成了，那么就是靠油桐。油桐三年就没有了，第一年好，第二年好，第三年好，第四年，杉木很大了，油桐种不了了，地就还给地主了。

　　正如邻村的老人家所说"三年玉米、三年油桐"①，上述的情况似乎代表这个山区租不到田的（即使租到，面积也有限）贫农阶层的普遍情况。不过，每种农作物的耕种都有各自的目的。正如姚金海先生的父亲曾经跟他说"种玉米为过生活，种油桐为过工资"②，玉米是种来维持日常的粮食的，油桐则是为了卖给溪下游的榨油厂和商人，得到现金收入。顺便说下，获得现金的方法还有收集木柴。

　　那么，从山主的立场看山林的经营，我们可以看出怎么样的特点呢？桐庐县茆坪村周围的山多数为岩山，不适合种杉树，大部分的山用来烧木炭。胡宗陶先生（1925年出生）的家庭就是经营木炭生意的，他父亲用自己的山做"白炭"生意。据说他们一个月能够生产一吨白炭。颇有趣的是当地农民只能烧"乌炭"

---

① 王来生先生口述记录（2010年11月4日采访，未刊稿）。
② 姚金海先生口述记录（2008年8月19日采访，未刊稿）。

(黑炭),雇用缙云县的棚民烧"白炭"①。村里有三十来户山主,雇用了 1000 名缙云人,由此可知烧炭生意的规模之大②。

缙云人里面有被叫作"包头"(即砍柴人)、"灰头"(即烧炭人)的头头,分别都有四五十个手下。手下拿到的工资按照头头包山的情况有所不同,每个月由"灰头"支付事先谈好的固定数额。木炭烧完后,年底农历十二月二十三日之前,回到缙云③。接下来,山主把白炭用竹筏运到邻村芦茨村,在芦茨村交给航运业者。因为木炭交易十分繁荣,所以这个村有"小杭州"之称④。

从上述情况我们可以容易地理解,在建德、桐庐山林和山地的利用上,植树也好,雇用烧炭棚民烧木炭也好,林产都是运到大城市出售以获得现金收入的一种手段,商业化和货币经济在山区也深深地渗透到每一家农户。

(二)浙江山村的共同资源

钱塘江流域的大部分山林都作为私有地归于山主,从山林利用和管理的角度来看,作为重要的研究课题开始引起我们注

①　浙南山区的炼铁业上被广泛使用的不是白炭,而是黑炭。我们可以从以下资料中得到实证。顺带一提,在与严州府连接的徽州府,当地山给外来客民主拼卖山上杂木,外来客民把它们烧成木炭以谋利。见杨国祯:《明清土地契约文书研究(修订版)》,北京:中国人民大学出版社 2009 年版,第 112 页。

②　胡宗陶先生口述记录(2010 年 8 月 29 日采访,未刊稿)。虽然因为篇幅的关系本文无法详细地探讨,但是建德有不同类型的山主是我们应该注意的事情。研究团队的调查对象桐江白云胡氏是中规模的在地地主。当地民间学者提及的"宁波人"和中小规模的在地地主对比鲜明。此类口碑反映的是进入近代宁波商人对于具有高度经济价值的山地和山林的投资急速进展。邵春潮先生口述记录(2009 年 8 月 30 日采访,未刊稿)。

③　胡明君先生口述记录(2010 年 8 月 29 日采访,未刊稿)。

④　前引胡宗陶先生口述记录。

意的是,如何从有关地方共同资源(local commons)管理论的角度来展开钱塘江流域山村这一课题。地方共同资源理论指的是由地域居民管理、利用共同资源的种种习惯的总称,是在全球化进程中微观的地方社会追求维持物质循环条件而逐渐引起注目的。在日本,村落共同体所有的"入会林野""入会权"即相当于地方共同资源,以财产区有林、事物组合和共有林等形式继承至现在。从这个意义上,分析日本基层社会的历史也好,探讨现在的课题也好,地方共同资源均是一关键的观念。[1]

　　为了进一步阐发这一观念,我们还是要看一下其与基层社会历史之间的关系。东京大学的菅丰,以中国村落共同体争论为材料,从地方共同资源的角度讨论中日两国村落社会关系的差别。[2] 关于"私(个人)"和"公(官)"之间的关系,菅丰认为:在走向新自由主义的当代社会里,除了"私"的个人主义与对其给予支持的"公"的权威主义的统治之外,有绝对性影响力的市场经济对于二者的渗透也不容忽视,甚至在"私"和"公"的领域里有非常突出的表现。他发问道:在这样的情况下,"共的世界"(即共同性)是怎么成立的呢? 日本基层社会的共同资源是存在于农山渔村等传统村落共同体的"社区型共同资源",主要形式

---

①　关于日本的地方共同资源的研究,参见室田武、三俣学:《入会林野とコモンズ:持续可能な共有の森》,东京:日本评论社 2004 年版;三俣学、森元早苗、室田武编:《コモンズ研究のフロンティア:山野海川の共的世界》,东京:东京大学出版会 2008 年版;室田武编著:《グローバル时代のローカル・コモンズ》(环境ガバナンス丛书 3),京都:ミネルヴァ书房 2009 年版;三俣学、菅丰、井上真编著:《ローカル・コモンズの可能性:自治と环境の新たな关系》,ミネルヴァ书房 2010 年版。

②　菅丰:《中国の传统的コモンズの现代的含意》,室田武编著:《グローバル时代のローカル・コモンズ》,京都:ミネルヴァ书房 2009 年版。

是支持生存经济（subsistence economy）的"入会地"等。与此相反，中国的传统社会已经进入高水准的个人化、市场经济化的阶段，从这样的意义来讲，类似于"私"的影响力正在当代社会不断膨胀。因此，中国的共同资源是"网络型共同资源"，换句话说其"有通过以个人媒介，流动性和可塑性很强的网络，根据有目的性和合理性的意志来结成的非空间型的灵活结构"。他的讨论，对于传统的村落共同体论争提出了极大的挑战，因此，下面根据笔者这九年来展开田野调查的太湖流域社会的例子，通过简要地复原两个类型的共同资源，反思一下地方共同资源的情况。

譬如，"捉落花"或"拾落穗"是中国农村自古以来就广泛存在的风俗[1]。从事捉落花的主要应该是生活较为贫困的人。据笔者的口述调查，新中国成立前在吴江县北厍镇大长港村，收割后，非土地所有者或耕作者也可以捉落花。[2] 从村落和耕作地的分布情况和缺乏明确的村界的情况来看，虽然实际上来拾落穗的人只限于居住在耕地近邻聚落的贫困人，但并不是只允许特定的村民捉，原则上开放给所有的人，不限于"本村人"。那么，非土地所有者或耕作者也可以拾落穗的原理是什么呢？如新中国成立前短暂地任过乡长的杨诚先生所说的"（村外的人来拾）是不划算的，（但）如果数量多的话他会来捡的"那样，是收益性的有无。换句话说，对平常年份有充足收获的农民来说，拾落穗

---

① 在方志等文献资料上均可看到相关的记载。在上海农村里，我们可以看到有关棉花落花的记载，比如说，秦荣光在光绪八年《请禁作践妨农禀》中提及："棉花自十月后，剩有零星小朵，乡间旧俗，一听地方孤寡采之，本业户不复与较，俗名捉落花，亦古者遗秉滞穗意也。"收于葛士濬：《皇朝经世文续编》，卷三十六，户政十三，农政下。

② 杨诚先生口述记录（2010年9月2日采访，未刊稿）。

和捉落花是不值得出力的。① 传统中国共同资源管理的特征,菅丰认为不是"积极的建立'共'的领域"而是"抑制私的扩张"。如果我们将这个看法推而广之,判断没有收益性也是土地所有者或耕作者暂时停止"私"的权利的重要原因之一,从这个意义上,收益性可以说是对"抑制私的扩张"起实际作用的原则之一。

如上所述,收益性的有无对共同资源的性质会带来很大的影响。我们可以举一个解放前太湖流域水面利用的例子。近年来,太田出对太湖流域渔民的生活和组织进行调查研究,尝试从共同资源论的角度来讨论水面所有和利用的形态。他认为,从所有权的角度而言,内水面基本上是"官有",属于王朝(国家)。以此为前提,他指出在内水面的利用上出现如下两种情况:①可以收到商品价值很高的鱼虾类的,比较有规模的内水面有被叫作"荡主"的占有者,每一次渔民利用水面就征收使用费。这个情况,只不过是他们"占有"或"私占"应该是"官有"的水面,换句话说,只是在"官"的领域里建立"私"的空间(即地盘);②收益性不太高的小规模水面基本上处于开放利用(open access)状态。费孝通观察的例子里,既有所有的村民可以把收获后的资源平等分享的情况,也有不少"私有"的例子。不过这一例子有着站在外部人的角度理解村落共同财产(即地方共同资源)的嫌疑。② 为了了解这个事例的真正意义,收益性的高低仍是一个关键的

---

① 前引杨诚先生口述记录。据杨诚先生的口述,平时居住在太湖边湖田地区的湖南移民,一到收割季节,就领着鸭子移动,也会来到村上,最后领到松江城的市场上卖掉。颇有趣的是,鸭子吃田里的落穗,村民不但没有阻止,反而欢迎它们的到来。因为鸭子在田里拉的粪,实际上是一种肥料。

② 太田出:《中国太湖流域渔民と内水面渔业:权利关系のあり方をめぐる试论》,室田武编著:《グローバル时代のローカル・コモンズ》,京都:ミネルヴァ书房2009年版。

标准。

那么，如果我们从建德和桐庐的山村的例子来看地方共同资源的利用方式，可以看出怎样的特点呢？初步调查的结果获得了如下基本资讯：①关于所有形式，山主所有的私有山占大部分，荒山（open access）和族山极少，没有相当于"入会地"的共有山；②山主一般忌避出售私有山，但也有少量买卖的情况；③关于山地利用的方式，一般种植杉木和油桐等商品作物，砍掉杉木以后的山地里一般种植玉米和油桐，前者用来食用；④在租山里，杉木的利益归山主，其他归佃户（不过，分配方式不仅是这一种）；⑤杂木山的木头被烧成木炭，投入市场。其中，坚固且燃烧时不太冒烟的"白炭"专由缙云县的短工烧出。[1]

在这一地方，虽然可以确认高度依赖市场经济的生活方式，但却找不到"社区型共同资源"的存在。那么，在这样的条件下，共同资源会以怎么样的面貌出现呢？据一个村庄的老干部讲，在新中国成立前，私有山里那些不是特意种植的东西如野生的植物、菌类、药材和枯枝等，可以任由普通人获取其利益。[2] 通过私有山里的这一特别习惯，我们或许可以以上述收益性的有无来作解释。[3] 由这些例子显示私人山林也有允许非拥有者使用的"共同资源"。

尽管如此，笔者还发现了一个受到共同体控制的共同资源的例子。笔者访问建德市下涯镇芳山村时，一位参加过土改小

---

① 姚金海先生口述记录（2008年8月19日、2010年8月28日、11月3日采访，未刊稿）、前引胡宗陶先生口述记录、邵春潮先生口述记录（2008年8月22日、2009年8月29日采访，未刊稿）。
② 姚金海先生口述记录（2010年8月28日、11月3日采访，未刊稿）。
③ 潘高发先生口述记录（2010年11月4日采访，未刊稿）。

组的老干部提到一个颇有趣的习惯,据说最靠近村落的一座山,利用上有相应的限制。即便经过集体化时期到了联产承包阶段,也由大队所有,至今也不允许私人承包。他们解释说这个习惯是为了"保水",从此判断应该是和确保山的保水能力或村落的公共风水有关。

结　论

从历史的角度来看,"八省通衢"的钱塘江水系是内河交通的最重要渠道之一,作为"线"连接内陆的"盆地世界"、山区和下游的三角洲地带、沿海地区。木柴和木炭、木材等林产品从建德和桐庐等上游地区被搬运到杭州等下游大城市,各种工业品、加工品,以及盐、糖等在上游难以入手的物品从大城市被搬回来。从这样的地域间的关系中,我们可以看出这与九姓渔户的生存空间之间的密切关联。

从九姓渔户作为贱民身份的角度思考他们的社会关系时,首先想到的是他们的交易是否有固定排他的制度;是否有固定的"中介人"等问题。口述调查的结果表示马目、洋涟埠、白沙、东馆等小码头,有被叫作"船家长"的航运业者,据说他们各自都有一定的"地盘"。不过,这也并不表示他们与固定的商人与农民之间有排他性的关系,若有血缘和婚姻关系,也可以在别的码头装货。所以,交易的"地盘",与其说是根据固定的地缘关系而来,不如说是靠各种社会关系的因素组成而决定的。需要慎重探讨的是,通过口述调查能够阐明的情况大部分只能追溯到新中国成立前,因此,上述的情况极有可能与在建德对于九姓渔户的"渔课"废止的时期有所不同。尽管如此,从事航运业的九姓渔户，依赖血缘和婚姻关系以减少风险，与陆上人随时结成信赖关系。这样的社会关系的特征与跨地域交易的发展和市场经济对基层社会的渗透不无关系。

在这个地方，虽然可以确认高度依赖市场经济的生活方式，但却找不到"社区型共同资源"的存在。那么，在这样的条件下，共同资源会以怎样的面貌出现呢？据一个村庄的老干部讲，在解放前，私有山里那些不是特意种植的东西，如野生的植物、菌类、药材和枯枝等，可以随便由任意普通人获取其利益。对于私有山里的这一特别习惯，我们或许可以以上述收益性的有无来做解释。另外，笔者还发现了一个受到共同体控制共同资源的例子。

以收益性的高低为标准成立的"私"的因素在当时的生活中有决定性的影响力。既然如此，"私"的领域里是否有"共"的因素，其与受到共同体控制共同资源之间到底有怎么样的关系呢？通过积累更多的个案研究来进一步深入地探讨这个问题是今后的课题。

第三部　山区的近代

第六章　晚清民国山林所有权的获得与证明

——浙江龙泉县与建德县的比较研究①

杜正贞

一、山林所有权法律的变迁

　　林业史对中国历史上山林的所有权,常常只是笼统地将其定性为"官有林和私有林""朝廷和各级官府占有""私人占有"或"地主阶级所有制""农民阶级所有制"等。② 这些抽象的概念,很难让我们了解古代山林所有权的观念和实际占有的状况,也忽视了这些问题的历史演变过程和区域差异。唐长孺依据历史文献,梳理了山林川泽从国有(天子所有)到被迫承认私人占有的过程。他指出:"山林川泽在古代一向不承认私人有占领的权利。……在中国似乎维持山泽公有更久,直到出现了国家以后,

---

① 该文曾在《近代史研究》2017 年第 4 期发表。

② 参见南京林业大学林业遗产研究室主编:《中国近代林业史》,北京:中国林业出版社 1989 年版,第 131—133 页;樊宝敏:《中国林业思想与政策史(1644—2008年)》,北京:科学出版社 2009 年版,第 40—42 页。

便算作天子所有,私家还不能占领。……随着皇权的消涨与禁令的宽严,对于山泽的控制虽不能常常十分严格,但山泽王有的法律依据却始终保存。"根据他的研究,南朝刘宋时期,羊希立法承认私人(主要是豪强、品官)对山泽的占有。这是在山泽开发过程中,国家试图对豪强大族以及山泽之利进行管辖的一种努力。[①] 但是,唐长孺也证明了这些限制和管理都是不成功的。

唐宋以后封禁或弛禁山泽的政令,所针对的主要是皇陵、园囿、名山等一些特殊的山林,它们被认为是"国有"或皇家专有,设专门的官员管理。但对于其他广大的山林地,国家并没有常态化的管理机制。与田土很早就因为赋税而进行清丈,并建立起砧基簿、鱼鳞册等官方档案相比,山林的赋税记录相对较少。因此,在漫长的帝制时期,有大量的森林都处于法理上"国有"(天子所有)和事实上"失管"的状态。

在上述制度背景下,明清时期民间在山林开发的过程中,自发以契约的方式形成林业的产权市场和经营秩序,即林产的占有、转移和买卖都以契约为凭据。这在清水江等林区的研究中,已经一再被证明和强调了。利用近 20 年来在该地发现的大批清代林业契约,张应强、梁聪、罗洪洋等人对这一地区的林业开发、经营习惯和规则,以及社会组织、文化形态等都进行了详细的考察。[②] 其中梁聪和罗洪洋的研究主要是从法律的角度进行

---

① 唐长孺:《南朝的屯、邸、别墅及山泽占领》,《山居存稿》,北京:中华书局 1989 年版,第 13—17 页。

② 张应强:《木材与流动:清代清水江下游地区的市场、权力与社会》,北京:生活·读书·新知三联书店 2006 年版;梁聪:《清代清水江下游村寨社会的契约规范与秩序——以文斗苗寨契约为中心的研究》,北京:人民出版社 2008 年版;罗洪洋:《清代黔东南锦屏人工林业中财产关系的法律分析》,博士学位论文,云南大学法学院,2003 年。

的。梁聪对文斗苗寨契约的分析,特别利用了"法秩序"的概念[1],分析林业契约在一个苗寨社会中的作用,也探讨了契约所代表的"民间规范"与"国家法律"之间的关系。

如果以现代国家的标准来看,明清政府和法律对于山林的干预和"权利"保护都是非常薄弱的。《大清律例》中涉及平民的山产林木的法律,仅有"盗卖田宅"条下对盗卖坟山、告争坟山的规定,以及"弃毁器物稼穑"条下对"毁伐林木"的量刑等。特别是《大清律例》乾隆三十二年(1767)的"凡民人告争坟山"例,虽然只针对坟山,但在很多山林诉讼的理断中都被援引。也有很多山林纠纷,当事人为了能与法律相合,会以是否在山上有祖先坟茔作为重要依据,甚至多有毁坏、涂改墓碑的控诉。薛允升特别说明:"此等案件南省最多,与北省情形大不相同。"[2]龙泉司法档案中"光绪三十年八月十八日金林养等为控吴礼顺势欺占砍越界混争事呈状"中就有"界内又有身家坟茔赤凿"的申述。[3] 又如,"光绪三十二年洪大猷与沈陈养互争山业案",两造供词中均强调山产内有自家坟茔,据洪大猷供:"监生坟茔有几十穴。"据沈陈养供:"山里他无坟茔,就是小的墓多"。[4] 不论法律是否承认、不论是否有契约对山界进行过描述,在纠纷诉讼中,坟茔总是会作为证据而被强调。这种"藉坟占山"的观念和行为在乡民

---

[1]　梁聪:《清代清水江下游村寨社会的契约规范与秩序——以文斗苗寨契约为中心的研究》,第 21 页。

[2]　薛允升著、黄静嘉编校:《读例存疑重刊本》第 2 册,台北:成文出版社 1970 年版,第 277 页。

[3]　包伟民主编:《龙泉司法档案选编》第 1 辑上册,北京:中华书局 2012 年版,第 85 页。

[4]　包伟民主编:《龙泉司法档案选编》第 1 辑上册,北京:中华书局 2012 年版,第 96—99 页。

中是普遍存在的。

值得注意的是，"告争坟山"例在承认近年山林的买卖转移以印契为凭的同时，还否定了远年契约的证据效力，而是诉诸官方档案，即"山地字号、亩数及库贮鳞册并完粮印串"。换言之，山林只有纳粮升科之后，才能获得官方的认定和保障。晚清新政，清廷设立农工商局，屡屡颁布各种诏令，振兴林业作为一种求治之道进入各级官员的视野。山林地的开荒植种和所有权确认，也开始成为一些地方官关注的事务。光绪年间陕甘、福建等地的官员在劝民种树的各项规定中，都提出过所有权保护的问题。例如《福州府程听彝太守劝民种树利益章程》中就说："九、民间契管山场，听其自种。如无主官荒，有能开种各项树木者，准其呈县立案，以杜争端。十、有主荒地，自此次开种后，定以五年为限，勒令本主随时种植。如五年后尚未种植者，即以无主论，听凭他人开种管业，旧时地主不得出而阻挠。"[1]这个章程，一方面承认了原来民间自发形成的、以契约管业的状态，另一方面也提出了"荒山官有"的理念，并鼓励人们开垦荒山，以到县"立案"的方式获得林地所有权。同样的章程在陕甘等地也有颁布。但我们还不清楚它们在晚清的施行效果。

民国初建，无主荒地、荒山的国有化成为最早宣布的法令之一。民国元年(1912)，农林部制定的林政方针里就说："凡国内山林，除已属民有者由民间自营并责成地方官监督保护外，其余均定为国有，由部直接管理，仍仰各该管地方就近保护，严禁私伐。"[2]1914年11月《森林法》颁布，确认无主森林均编为国有

---

[1] 《农学报》，1902年第185期，第1—3页。

[2] 陈嵘：《历代森林史略及民国林政史料》，南京：金陵大学农学院森林系林业推广部1934年版，第65页。

林。民国四年（1915）6月30日农商部颁布了《森林法施行细则》，第一、二条也规定公有或私有森林之所有权之变更，均须于三个月内逐级上报政府。① 这些法令在承认已经存在的、有确切证明（主要是契约证明）的私有山林的前提下，将无主山林、林地都划归国有。最关键的改变是，这在法律上中止了过去民众通过垦植开发、纳粮升科，自动占有山林，获得山林所有权的做法。

南京国民政府时期森林国有化进一步加深。1931年5月《实业部管理国有林共有林暂行规则》停止了国有林、公有林的发放。1945年的《森林法》继承了北洋时期《森林法》确定国有林的基本方针，并且规定，国家认为必要时，可以给予补偿金的方式征收公有林和私有林为国有，等等。根据这些法律，国民政府对森林所有权的确认，仅限于民国之前有契约登记的林地；对森林他项权利的确认，则限于承领执照等官方证书，承领荒山不等于获得该荒山林地所有权。直到1948年2月28日农林部修正公布《森林法施行细则》，才承诺荒山荒地造林完竣后，由地政机关依法发给土地所有权状。②

民国时期林业国有化的趋势，以往林业史学者也有所论及。戴丽萍认为，近现代林权制度变迁过程"首先是一个政治过程。……林权供给主体的利益（国家或政党）在林权制度变迁过程中居于非常重要甚至是决定性的地位，而林权需求主体的利益在林权制度变迁中则相对居于次要地位，但对林权制度变迁的影响有上升的趋势。总体而言，近现代中国林权制度变迁始终是

① 陈嵘：《历代森林史略及民国林政史料》，第68页。
② 《森林法施行细则》，《浙江省政府公报》1948年第3454期，第37页。

一个强制性制度变迁过程"。^① 中国近代的林权法律是一个由国家强制推行的制度,并且在制定过程中甚少考虑林区原有的习惯和民众利益。但它们对传统林区产生了一系列的影响。

与以往同类问题的研究主要梳理政策和法律的制定、颁布不同,本文将把注意力转移到传统林区山产确权方式的变化上。一方面,国家确认国有林的行为以及提倡开荒造林、鼓励承领荒山的法律和运动,激发了这些林区民众新的"占山"行为,从而对旧有的山林产权和经营秩序形成挑战。另一方面,国家加强对契税和山林所有权确认的控制,也开启了林权凭证从私契到官方登记、官颁证书的转变过程。这两方面的变化,不仅是传统"管业"概念向近代产权概念演变过程中的一个例证,同时也展现出现代国家林政在不同的林区产权传统中的初步实践。本文将利用民国时期的浙江地方档案资料,从山区民众的行动和策略的角度,来考察这个变化的过程,探讨这些法律和制度实践对于林业秩序和山区社会的实际影响。

二、无税之山的纠纷和确权

民国年间的多项调查都强调,丽水众山无山税,没有官方的山产档案可供稽查,相关纠纷只能依靠契约作为证据。

1920年植物学家胡先骕到龙泉考察,他在日记中写道:

> 九月二十七日午往晤赖丰熙知事少春。晚,

---

① 戴丽萍:《近现代中国林权制度变迁研究》,硕士学位论文,河北农业大学商学院,2009年,第46页。

赖君招饮。席次谈及县中状况,知米食不足者约二成。而竹木出产,年逾百数十万金。此间山林与山田皆无税。盖在明初朱太祖以刘诚意伯故,免处州全境山税。清季与民国皆仍其旧也。亦以此故,至官厅无存案可稽,诉讼遂极夥,且十九皆须上诉至三审始止云。[①]

20 世纪 20 年代《浙江民商事习惯调查报告》称:

> 遂昌县民间买卖山场先由卖主检出源流旧契,照其所载经界四至,订立卖契连同源流旧契付与买主管业。买主并不问其山地之字号、亩数及粮额。契上亦不载明前项字样,惟记载某某山场一处,以及东西南北界至,出卖于某某永远照契管业而已。倘遇山地毗连经界之讼争,如一造提出源流旧契及买契,所载界至与系争山场界至相符,彼造则俯首无词,并不主张以字号亩数及粮额为凭而加以攻击也。按前项习惯系遂昌县公署程、温会员所报告。据称遂昌山粮究系何年截止,年湮代远,无卷可稽详考。前清光绪年间,实征堂簿内则载有山额永不加赋之语,核诸全县民间户册仅有田地塘之粮额,亦无山粮之记载,故民间买卖山场向不以推收粮额及山地字号为凭也。又是项

① 胡先骕:《浙江采集植物游记》,张大为等合编:《胡先骕文存》,江西高校出版社1995 年版,第 166—167 页。

> 习惯不独遂昌一县为然，即旧处属十县亦一律相
> 同云。①

李盛唐在 20 世纪 30 年代的考察报告中也说："丽邑民田，可分为田、地、山、塘四类，……山、塘现均无税，并入田地内科征。"②概言之，龙泉县所在的原处州府其山场因为没有税粮，在官方并无登记，因此山场本身并没有字号，也没有官方档案可以查证。在清代和民国时期，这一地区的山林诉讼都依赖私人间的契约作为确权的凭证。这是山林诉讼难以决断的重要原因。

（一）凭契管业与据契判决

民国年间，历任政府进行了多次不动产登记，如浙江军政府在民国二年（1913）颁布不动产登记修正案③，民国十一年（1922）北洋政府颁布《不动产登记条例》④，民国三十二年（1943）后，龙泉开始推行土地测量和强制性的登记；但这些法规和行动或者因为依赖民众自动申报而不能有效执行，或者只限于土地房产而不及山林。因此，整个民国时期龙泉的山林仍然没有统一的官方登记。除了个别官山承领和山主申报，由政府发给执照外，山林各项权利的证明主要仍然依赖各类契约，司法机关对山产、林木诉讼的判决，也以契约为主要证据。

司法机关以契约为证据审理山林案件的方法，主要包括两

---

①　《浙江民商事习惯调查报告会第二期报告》，日本东京东洋文库藏，第 4 页。
②　李盛唐《丽水田赋之研究》，萧铮主编《民国二十年代中国大陆土地问题资料》，台北：成文出版社 1977 年版，第 2133 页。
③　《浙江公报》第二十一册，民国二年二月廿三日，第 3 页。
④　《浙江公报》第三千六百十九号，民国十一年五月三十日，第 1 页。

个步骤:一是验证契约本身的真伪;二是实地勘验对比契约的记载与争执山场、林木的实际位置是否相合。以"民国八年张元兴等控叶樟护等盗砍坟木案"^①为例。该案经龙泉县公署、浙江永嘉地方审判厅和浙江第一高等审判分厅三审判决。永嘉地方审判厅和浙江第一高等审判分厅的判决理由,都主要围绕双方契约进行陈述:

> 审究该山之所有权应归谁属,尤当以两造之凭证孰系确凿为准。查被控诉人提出周仁盛买契在前清时曾经投税,盖有官印,而契载四至与第一审堪图丝毫不爽,并于山内葬有伊祖张承翼墓,其墓碑所刊四至与契载又属相符。证据确凿,毫无疑问。至控诉人提出张姓宗谱载有张昭墓图,指称张昭葬在系争坟山之西,并称张昭为宋时人,然提出叶春茂之卖契却在康熙五十七年,是葬坟在宋而买地在清,此中情弊已难索解。本厅查阅该卖契在前清时又未遵章投税,则该卖契之本身究否足凭,尚滋疑窦。^②

这份判决理由,既强调了原告(即被上诉人)契约的真伪(其中清代税契是重要的证明),也论证了契约和实地勘验之间是否吻合的问题。被告的契约则因为无法和葬坟的年代相匹配,其

---

① 该案收录于包伟民主编:《龙泉司法档案选编》第 2 辑第 22 册,北京:中华书局 2014 年版,第 970—1098 页。

② 包伟民主编:《龙泉司法档案选编》第 2 辑第 22 册,北京:中华书局 2014 年版,第 1041—1044 页。

真实性受到质疑,而且契约所载四至范围与查勘情况不符,因此做出驳诉的判决。当然,契约在产权诉讼中的证明作用并不像这个案例的判决所展示的这样简单,由于传统契约本身的问题和理讼的性质,只有部分纠纷能够完全凭契约裁断产权。关于这个问题已有专文论述,在此不赘。①

在山林确权的问题上,山林契约不仅和田土契约一样存在着伪契和上手契不完整的问题,而且契约对于山林的定义和描述方式也带来很多不确定性。在清代和民国时期,龙泉的诉状和契约中对于山产的界定和描述,都是以地名、土名和四至构成的,无字号,也没有亩数。所谓"本县山场,向以土名片段四至为重,绝不记载亩分,全县同此习惯,不仅一地一姓为然"。② 其中,土名又有大土名和小土名的分别,大土名中的山林可以分属于数个小土名。大小各片山林的东南西北四至几乎是划定山场范围的唯一标准,但四至一般都只以地形的自然形态,如山岗、分水岭、巨石、溪流为界,是相当粗略的。因此,契约对于山林界址范围的描述本身,常常成为争讼的焦点。民国十年(1921)叶水根与叶有绍因山产争讼。原告叶水根以嘉庆年间的买契以及和息约的草稿为据。被告叶有绍则提出有乾隆年间"投税之印契",以及民国三年(1914)"山皮"买卖的契约。③ 被告攻击原告之契,所载土名与所争之山不是同一处山产。原告叶水根继而反击,称被告所提供的民国三年的契约"立字民国三年,直至本

---

① 参见杜正贞:《地方诉讼中的契约应用与契约观念——从龙泉司法档案晚清部分看国家与民间的契约规则》,《文史》2012年第1辑,第207—225页。

② 《中华民国十九年十月十七日龙泉县卷宗土地类三号一件为关于测丈张雨亭案由》(1933年),浙江省龙泉市档案馆藏,M010-1-170-1,第125—127页。

③ 《龙泉民国法院民刑档案卷》(1912—1949),浙江省龙泉市档案馆藏,M003-01-761,第45页。

年始行投税,显系临讼捏造,倒填年月,不问可知"。而且,"民间置买产业,入手契(指本次交易所签订契约)之土名界址必根据于上手契而来,以证明其权原真实,莫不皆然。查叶有绍所呈乾隆四十九年之契及民国三年之契,土名界址,南辕北辙,判若天壤"。[①] 被告所提供的上手契和卖契记载的土名、界址也都不相同,难以认为是同一处山场的上手老契。最后,该案以亲族调解,两造和息结案。

此案中原被告双方之间的论辩相当典型,即两造虽然都有契约作为凭证,但这些契约证据都有瑕疵,各件契约(包括历次买卖契约、分家书、租佃契约、出拚契约或者合股合同等)中描述的山产土名、四至各不相同,无法证明这些契约是同一处山林的证明文件。回到契约的生产过程,尽管在签订契约时,有"必照源流老契土名界至填写"的习惯,但山林的界址在开发、买卖、分家析产的过程中不断变化,传统契约格式中以描述四至的方式定义山场,无法记录这个复杂和长期的变动过程。有关的纠纷和诉讼在整个民国时期都层出不穷。

"民国三十五年曾贤谦等与李振汉确认山场杉木所有权案"所涉山林原为曾姓兄弟五人所有,后其中一部分被一人出卖于李振汉。从两造的言词辩论和状词可知,虽然两造都有契约、宗谱等为证据,但前代数件契约所记载的土名、四至都不完全相同,契约所记与当时人们口头上称呼的土名、四至也不能吻合。被告李振汉的辩诉中就说:

---

① 《龙泉民国法院民刑档案卷》(1912—1949),浙江省龙泉市档案馆藏,M003-01-761,第 54 页。

> 原告呈崇祯二年王德政卖契土名为白磁路后，与其状称土名白磁口已不相符，而系争山为土名白磁底外竹山安着，又与原告之契载状称均不相符。又其契载四至为东至岗顶，南至梅树湾，西至坑，北至大溪为界，与其庭供系争山四至为东至横岗，南至湾，西至小坑，北至火路大岗直下坑为界，亦两不相符。足见该契对其起诉原因不能为相当之证明。①

这类在状词或言词辩论中的语言，当然只是一面之词，但其中所反映的契约对山场的描述与状词、口述之间的差异，却是常见的事实。从法院的判决来看，曾贤谦要求确认所有权的请求也被认为契据不足证明，而被驳回。② 最后龙泉县法院不得不以调查人员的主观推断，对山界进行了重新划定。

上述案件都与山林契约中对山产的定义描述方式有关。由于契约的书写格式，它对山林的描述、定义并不严密，也不统一。在民国二十二年（1933）测丈张雨亭山场案的一份查勘报告中，测勘人员曾写道："又张姓受买各该山场，其卖契所载之四至，均系依据界址形势、俗称，详载于契，其字句冗长衍蔓，非目睹该山形状者，几不解所载是何意。"③这恐怕不仅是龙泉的情况，而是多数山区社会山林契约的共同特点。在山产木业纠纷中，即便

---

① 《龙泉民国法院民刑档案卷》(1912—1949)，浙江省龙泉市档案馆藏，M003-01-9181，第 64 页。

② 《龙泉民国法院民刑档案卷》(1912—1949)，浙江省龙泉市档案馆藏，M003-01-9181，第 127-132 页。

③ 《中华民国十九年十月十七日龙泉县卷宗土地类三号一件为关于测丈张雨亭案由》(1933 年)，浙江省龙泉市档案馆藏，M10-1-170-1，第 125-127 页。

有充分的契约证据,这些契约也必须回到山林现场,实地查勘山界,查访当事人的村邻、亲戚,以对契约中出现的山名、界址,进行实地的指认,才能被法官所理解和判断,甚或在很多情况下,只有抛离原有契约,才能对山界重新划定。

(二)"傍田立名"与田土的鱼鳞册号在山林确权中的作用

尽管在龙泉山林本身无税额、无档案记载,契约构成了山林所有权保护和诉讼判决的主要依据,但我们仍然可以在晚清乃至民国的诉讼判决中,看到司法机构对于田赋档案证据的依赖。

龙泉档案"宣统元年郭王辉等控叶大炎等涎谋凑锦案"①,是一起两村郭姓族人之间的山林族产纠纷。原被两造所呈交的契约只记载了某几次的交易,无法依据这些契约追踪山产自明代至清末400多年的管业、买卖过程,也就无法确定它在清末的权利归属。民国二年(1913)二月二十八日,浙江省第十一地方法院判决文中说:"两造所呈契据均无何等价值,难以即凭契断案。"判决书中说:

> 讯得两造所争之业,既无别项确实证据,自应即以官册为凭,如官册原文之名为车盘坑族太祖,即为车盘坑族原来之业。如官册原文之名为地畲村族太祖,即为地畲村族原来之业。但官册只载既垦之田,并无载未垦之山。本院因是推定,以自己之山垦田为原则,买他人之山垦田为例外。如

---

① 该案收录于包伟民主编:《龙泉司法档案选编》第1辑上册,北京:中华书局2012年版,第324—400页。

> 他人无确凿之反对证据，则田为谁家原丈，即推定
> 田旁之山为谁家之业。至原丈后，田有出入，当仍
> 以契据为凭，不在此例。[①]

这份判决书认为，不完整的或难以判断真伪的契约，无法作
为裁判的依据。可以依据的是所谓的"官册"，也就是官府对田
土的登记，根据田土的权属来确定它们邻近山林的归属。在民
间似乎也有相似的说法。"民国十八年吴继德与李亦梅山业纠
葛等案"[②]，被告人在辩诉词中说，根据当地习惯，契约中山名、四
至的命名方法，也和附近田土的登记字号、名称有关：

> 山业应凭源流契据。乞察龙泉习惯买卖山业
> 必照源流老契土名界至填写，方为有效。辩诉人
> 契管之山均有源流老契为据。阅原告人状称土名
> 圳古后，究竟从前有无此种名称。假如有此种名
> 称，应照上手源流老契填注，方为证实，无则捏造
> 矣。查龙泉山场之土名向无册号，傍田立名，田名
> 甲者，田上之山名亦为甲。此为成立山契缘起一
> 定之方式。辩诉人契管山场以下之田均名窑上
> 地，与山相符，并无圳古后土名之名称（有必字号
> 官册可查）。[③]

---

① 包伟民主编：《龙泉司法档案选编》第 1 辑上册，北京：中华书局 2012 年版，第 378
  页。
② 相关档案保存于《龙泉民国法院民刑档案卷》(1912—1949)，M003-01-1160、
  1711、4810、6171、8030、9941、14524。
③ 《龙泉民国法院民刑档案卷》(1912—1949)，浙江省龙泉市档案馆藏，M003-01-
  4810，第 71-77 页。

但被告所称的这一"习惯",却并没有被法院所认可。判决理由中说:"虽该被告攻击原告所执系争山场契据,其上手契与黄陈宝、徐承发出卖之契据土名四至,两有异同,此点已由本院票传黄陈宝、徐承发到案讯明……即核与本院勘验时所得情形,大致亦互相吻合。"[①]被告人指责原告契约中的土名、四至名与上手契不同,且在官册中无据可查的。龙泉地方法院的做法是票传立契人(也就是卖主)到案质询,证明契约所描述的山场四至究竟对应实际山场中的哪一处。

以田土"官册"作为附近山林所有权的参考证据,显然有很多缺陷。在长期的开发管业过程中,经过多次的产业转移,毗邻的山林和田土属于不同业主的情况是很常见的;而且由于民间田土买卖,存在很多"私推"的情况,田土的实际管业并不能在"官册"上得到反映,因此由田土的所有情况推定附近山林的所有权属,也不可能准确。但在上述案件中,司法机构和当地民众在为山林确权时,的确有依赖附近田土赋税登记档案的观念,这种观念也反映出山林契约本身在确定山林权利、界址上存在的缺陷。

(三)民国契税与登记对山林产权秩序的影响

如前所述,晚清民国时期龙泉山林的产权证明仍以契约为主要依据,因此,对于山林产权秩序来说,影响最大的官府行为是契税和验契。民国元年浙江省军政府提出契约登记的要求。最迟在民国二年(1913),浙江各县就已经设立了契约登记所。

---

① 《龙泉民国法院民刑档案卷》(1912—1949),浙江省龙泉市档案馆藏,M003-01-4810,第35-39页。

几乎是在同一时间的山产诉讼中，都出现了与契约登记相关的内容。

"民国二年张仁钱等与张德财等互争山业案"①，张仁钱在状纸中说，宣统三年（1911）自己在祖遗山场上砍伐的木段，民国二年（1913）在放排运售的途中，被张德财等强盖斧印，计图抢运。在述及这些木段的所有权证明时，张仁钱等是这样表述的：木段所来自的山场"界址零清，前清契税，历管至今，毛无异议，其契据早交登记所，因证书未到，契存登记所，一时无从呈电"②。而张德财一方随即宣称，张仁钱（田）等人不过是他们的山佃，这些山场是自己的祖先在清道光年间受买，"受买契据已送登记所登记"③。双方都宣称拥有该块山场的契约，并且双方的契约都正在"登记所"进行登记，等候政府发放"证书"。县知事令双方向登记所领回契约呈阅，再行核办。根据此后县知事的历次批词，双方的契约均无法证明对山场的所有权。因为张仁钱一方山场买卖的正契遗失，只有之前两次出挤的挤批。张德财等虽然持有乾隆年间的一张买卖契和出当反赎契，却缺乏能够证明将山场出领给张仁钱的领契。更重要的是，双方所提交的各类契约中，山场的四至、地点的叙述，均不相同。契约的来源与所争山场之间的契合度、可信度，也均存有疑问，甚至承发史和法警两次调查报告的结论也完全相反。

这起山场争讼，仍然反映了前述在凭契管业的"制度"之下，山林所有权证明的困境：契约链的不完整，契约写作的不规范，白契、伪契的问题，契约对于地方熟人社会网络和"地方知识"的

---

① 该案收录于包伟民主编：《龙泉司法档案选编》第2辑第3册，第115-161页。
② 包伟民主编：《龙泉司法档案选编》第2辑第3册，第117页。
③ 包伟民主编：《龙泉司法档案选编》第2辑第3册，第119页。

依赖等等。这些问题在清代和民国初年的山林诉讼中频繁出现。但民初的验契和契约登记要求,为山区民众提供了争夺山产或为存有争议的山产确权的一条途径,他们纷纷将有瑕疵的契约提交登记,希图获得官府在仓促之下的一纸证明。这在短期内激发了更多的山产诉讼。民国二年(1913),龙泉县还有以"藉废(契)混争"而起的"徐永炎与章学伦互争山业案"①和"陈秋亭与徐世克等互争山业案"②等案件出现。

　　与龙泉相邻,同属于浙南林区的遂昌县,档案中也记录了民国初年契约登记政令下达之后的两起山产登记申请。这两份登记申请也都是以"契约遗失"为由而提起的,其中一件呈请登记的山产是晚清争讼未决的产业。申请人显然看到了这次登记是一次"合法"占有的机会。知县的批词说明,按照民国元年的登记法令,只要将申请"榜示"一个月,如果没有人提出异议,登记处就可以为这些山产进行登记、发给证书。③ 这说明当时民众对此项政策的反应是极为快速和积极的。尤其是对于那些本身可能存在有"瑕疵"的契约和山林产业来说,这种登记不啻一个让契约和产业获得合法性的机会。

　　随着民国时期的验契和契税运动,在司法审判中,对税契的

---

① 该案收录于包伟民主编:《龙泉司法档案选编》第 2 辑第 4 册,第 355-416 页。

② 该案收录于包伟民主编:《龙泉司法档案选编》第 2 辑第 4 册,第 619-661 页。在这个案件中,县知事也采用了与山林相邻的山田赋税粮册作为证据。"查粮亩田段字号册,内载三百七十九号后坑突,三百八十九号上攀儿。田垦于山,突上有田,田名则本山名而呼,事所常有。"包伟民主编:《龙泉司法档案选编》第 2 辑第 4 册,第 651 页。"此案判决系根据粮亩田段字号册,并非专凭承史之勘覆。"包伟民主编:《龙泉司法档案选编》第 2 辑第 4 册,第 657 页。

③ 《民国遂昌县政府司法处档案》(1912—1949),浙江省遂昌县档案馆藏,M415-2-719。

要求也在严格化。"临讼投税"受到了更严厉的指责和禁止。在民国十八年（1929）的一起山产纠纷的判决理由中说：

> 兹查本案被告人主张，系争山木为其太祖蔡玉星所受买，只能提出临讼投税之季世业远年卖契一纸，并无他项上手老契可资证明，殊难信其所持之契即为管有系争山场之证凭。且核其契载四至，又与勘图内载全山界址不符。……反之，原告主张系争山木为其所有，既呈民国十一十二年王心聪先后卖契以为入手产权之证凭，复提康熙年间季云翔夏允臣出卖之印契，以证明其上手之权源，手手衔接，源流正确，其契载四至，复与实地勘图，形势符合，自属征而有信，应认原告人之请求为有理由。[①]

这份龙泉县政府的民事判决，从契载四至与实地勘图的相符度以及契约本身的可信性两方面论证山林产权的归属。后者又涉及两个问题，一是契税，一是上手契的完整性。该判决后，败诉的被告针对前次判决对"临讼投税"的指责进行辩护："窃龙泉山契，古时遗下未曾投税者多，判后临时投税者亦复不少。官厅解决契据，只研究其所持契据之真伪，并不因其临时投税之故而失其契据之效力。"[②]这不能不说是一个事实。但龙泉县政府

---

① 《龙泉民国法院民刑档案卷》（1912—1949），浙江省龙泉市档案馆藏，M003-01-8351，第25-30页。

② 《龙泉民国法院民刑档案卷》（1912—1949），浙江省龙泉市档案馆藏，M003-01-8351，第37-42、46页。

在该案第二次审判的判决书中,再次强调了税契在证明山林产权上的重要性:

> 按现行法例,我国不动产登记办法未施行以前,现行税契允为证明取得不动产所有权之要件。被告所提康熙年间契据,当时既不投税,即不能为取得该系争山所有权之证明,亦不能断定该契确为康熙年间所订立。[1]

这一判决理据显然与《大理院判决例》七年上字第五七六号例相违背,七年上字第五七六号例说:"税契乃是国家一定征税的方法,而非私权关系成立的要件。故不动产让与契约虽系白契,未经过印投税,苟依其他凭证,可认为真实者,法律上仍属有效。"[2]但在民国财政部门不断强调契税征收的背景下,这类判决常常出现,这不能不对民间以私契管业的做法产生影响,也使得官方产权凭证的权威性更加受到认可。

但是,不论是在北洋还是民国时期,验契、登记的真实目的只在增加政府的财政收入,基本上并不对所涉山产进行查勘,甚至并未对所验契约中的山产进行登记,各类官颁执照在证明山产权利时的有效性,仍然备受质疑。"民国七年季仙护等控季盛荣等乘阅抢据案",该案中的一件契约证据,是光绪二十八年(1902)季仁教出卖梨树岗契,粘有民国六年(1917)二月的补税执照和验契执照。但是在民国七年(1918)的诉讼中,却被披露

---

① 《龙泉民国法院民刑档案卷》(1912—1949),浙江省龙泉市档案馆藏,M003-01-8351,第70-74页。

② 郭卫编:《大理院判决例全书》,台北:成文出版社1972年版,第157页。

说立契人季仁教在光绪二十一年(1895)就已经去世,这张契约是季庆堂专门伪造并到县署投税的。[1]"民国十二年项祖适控蒋保藻山场纠葛案",其中附有数份验契执照。这些被要求重新契税的契约,有清代"白契",也有清代"红契"。这几件验契执照,不论对应契约交易所涉金额为多少,都只征收二角的登记费,而没有查验费。验契手续在地方的执行是徒具形式的,颁发验契执照时,并未经过真正的查验手续,以至于一些获得"验契执照"的契约,在诉讼最后却被认定为伪契。[2]

概言之,明清至民国,龙泉山林没有官方的档案凭证,其所有权证明都以契约为基础。但契约对权利的保护并不周全,诉讼中的查勘和判决也不完全以维护和执行契约为目的。田土赋税档案有时作为附近山林的所有权证据而被参考。民国政府出于财政目的的验契、契税和登记,为争夺山林所有权的民众所利用,出现了很多有关的山产诉讼。一方面,判决中对契税和登记的强调,提高了各类官方证书的权威和效力,对私契管业造成冲击;另一方面,由于无法对呈请登记、查验的契约进行调查核实,山林契约在确定产权、定纷止争上的瑕疵和局限,并未因之而改变。

三、"鱼鳞山册"、官产承领与山林纠纷

与上述浙南山区依靠契约为主要凭证的情况不同,浙西严州府在清代的山额即已占相当比重,部分山林造有鱼鳞册图。

---

① 该案收录于包伟民主编:《龙泉司法档案选编》第 2 辑第 17 册,第 1—127 页。
② 该案收录于包伟民主编:《龙泉司法档案选编》第 2 辑第 32 册,第 837—992 页。

但是 1860—1861 年,太平军两次占领严州,私人契约和保存于官府的鱼鳞册图都遭到破坏。到了晚清民国时期,田、地、山、塘的赋税、交易、推收,都由乡村中的庄书、册书所把持。他们手中保存和编制的私册,成为私人契约之外,最重要的田地山林权属的证明档案。

晚清民国严州府的山林开发和所有权状况,也与太平天国之乱有密切的关系。由于当地人口大量损失、逃散,1865 年戴槃任严州知府时,即招募各地棚民前来开荒。尽管他的《定严属垦荒章程并招棚民开垦记》主要吸引棚民下山开垦田土,但显然很多棚民到了严州之后仍然以种山为业。他们对山产的占有起初并没有契约凭证。直到民国末年,他们中的很多人,才为自己垦种的山林向政府申请管业凭证。居住在麻车上庄陈村乡第 10 保的周土金等 19 人,在民国三十六年(1947)9 月呈递申请,其中就说:

> 民等原籍缙云,自祖手或父手迁居建德山中,垦辟荒山。至民国廿四、廿五年间均已成熟,现可栽植山木及各种杂粮,理合依照土地法第一百三十三条但书之规定,开列清册,报请钧府核准给发土地所有权状,并照章课税,以便完纳田赋。

根据他们开列的山产清单,每人名下有 2—6 处山产,这些山多则 40 余亩,少则 1 亩,均已有土名、字号。换言之,在报请县田赋粮食管理处之前,应该已经在庄册那里有过登记。但是他们却一直没有到官府登记。直到新土地法颁布,承认开垦者的所有权之后，才到政府申请土地所有权状。[①]

在太平天国之乱后，除了上述一部分外来的棚民占有开垦了大量的山林之外，还经历了当地人回乡收回或者霸占山林的过程。1949年之后的调查和档案经常谴责原来的地主通过伪造契约或绘制鱼鳞图册，占有山林。如《建德县山鹤乡山林情况调查》：

> 山鹤乡为山区，山林面积较多，在全乡土地中占有很大比重。……原先这些山地本是无主的，后为地主凭藉势力勾结旧官府强行霸占，特别是太平天国农民革命失败后，逃亡地主陆续归来，伪造假契来欺骗农民，或依仗恶势力诬指农民开垦的山地地权是他的，而将这些土地从农民手中掠夺过去，再通过租佃形式来剥削农民。[②]

相邻的分水县王秉融所主持的"清山"曾被作为典型批判。

> 地主由对土地的兼并发展到对山林的霸占，有钱有势的人向官府"报粮认税"领取山林，有的则依靠势力"指山为界"，将大片"无主"的山林归并在自己私造的契约之内。如分水县蚕湖乡在一

---

① 《建德县田粮处关于清查粮仓存赋谷、垦荒成熟山地的升科、发所有权证等的报告、批复、训令、表报名册》（1947—1948年），浙江省建德市档案馆藏，1815-20-237。

② 华东军政委委员会土地改革委员会编：《建德县山鹤乡山林情况调查》，《浙江省农村调查》，出版机构不详，1952年12月，第257页。

> 九一七年以前人口特别少,许多山林无主经营。一九一七年段祺瑞执政时,并勒令建立"清山局",要群众领山认税。清山局多为地主豪绅所把持,该乡清山局即是本乡的满清拔贡王秉融任总董事,王曾任淳安县知事,其子王植民任清山局秘书,父子二人总揽大权,霸占了该乡四分之一的山林。[①]

　　王秉融这次清山所编订的鱼鳞山册,现仍存于浙江省桐庐县档案馆。这些调查和档案证明,在山林无主或者因战乱失管的状态下,人们通过创造契约和鱼鳞册图,为山林确权,重建山林产权秩序。

　　在上述背景下,民国年间该地发生了几次官产承领的纠纷。如前文所述,晚清民国政府均鼓励开辟荒山造林,但是由于官方林业档案的缺失,哪些山林属于"官荒"可以被承领,哪些是"有主"山林,并无统一可靠的官方记录。承领或承买"官荒",也就成为民众占山的一种手段。

　　民国十七年(1928),建德县东关统捐局的职员方梅庵(即方琦),以其兄弟的名义承领该县东乡杨家庄的一处"官荒山"。他在声请书中称,自己早在民国七、八年间就响应政府的号召,在这片山上开荒种植树木。这份申请经田赋征收主任查勘、绘图、定价、山邻保证等程序,上报至浙江省财政厅。省财政厅重新定价并两次要求重新绘图后,在民国十七年(1928)9月9日颁发承

---

① 华东军政委员会土地改革委员会编:《天目山区农村情况》,《浙江省农村调查》,第9页。

买执照。但到了民国十九年（1930），方梅庵以"承买官山有照，被册书串同蔡姓私收强占"，对蔡德松等人和杨家庄册书朱逊德提起呈诉，方梅庵这样指责册书的行为：

> 从前民间报荒，必以逃亡绝户、废弃无粮之产为限，其手续亦当由报户呈县批令该坐落地册书前往查明，确为无主者，而后丈量绘图具复，钧府据以核准承垦升科。自民三清理官产处机关成立，凡有民荒亦同官产，其处分则给以布照。前项报荒承粮之例，因抵触而废除。今册书朱于已卖官山重为处分，既不须呈俟钧府之示，又毋庸报部请照之烦，直截令蔡姓承粮。所谓目无成案，处分自由，文墨之吏，权大若此，能不骇人。①

但根据册书朱逊德的具呈，当方梅庵拿着省财政厅给予的执照到他那里要求晰册时，他发现执照中所开列四至内的山产，早已有人完粮。根据之前习惯，这些已经完粮纳税、在籍册中已有登记的田土山林，就是民有私产，而非官荒。

> 缘杨家庄清理书向书故父承当，自民国十七年七月间父故，即由书接管。奉公守法至今无误。乃该民方仰宋（即方琦）前因省买得荒山，令书晰册，无如查得底册，该所买之山，按照来图四至，实

---

① 《方琦为承买官山有照被册书串同蔡姓私收强占事呈请书》，《建德县府办理方琦承买官产纠葛文卷》（1928—1930），浙江省建德市档案馆藏，1808-7-14。

　　越出范围数倍。且均系有人完粮之产，无从再晰。
　　……此种荒山，准民间认粮，虽未奉有明令，但建
　　德各庄习惯，为顾全国课起见，照此办理者甚多。
　　况前知事张任时，并因提倡森林，曾有面谕，准各
　　书照办。书故父手内晰出似亦与违法飞洒者
　　不同。[①]

　　方梅庵和朱逊德的具呈都证明，在民国官产承买制度出现之前，人们获得荒山所有权的合法途径是承粮纳税。首先，业主需要向县衙提出申请，县衙责成册书进行调查，如果为无主之山，即报告县衙，由县衙出具执照，业主凭执照回到册书那里登记入册，从此开始每年交纳税赋。在这个程序中，册书本来只是一个中间环节。但是由于赋税征收也由册书把持，人们往往绕过县衙这一层级，直接在册书那里登记，即所谓册书的私推私收。太平天国运动之后，这种私推私收的情况更加普遍。正如朱逊德在具呈中所说，它成为一种在国家制度之外的"习惯"。
　　蔡德松是这次纠纷中另一方的主要人物，他对自己的山产权利声称：

　　曩时张知事提倡森林，民国七八年间发贴布
　　告，无论官荒私荒，都准农民垦植森林。至民国十
　　四年由先父手晰收户册是实。溯民国八九年间，
　　蒙前知事张以提倡森林为急务，明示煌煌，劝谕人

---

① 《杨家庄清理书朱逊德为声明事呈》，《建德县府办理方琦承买官产纠葛文卷》
　　（1928—1930），浙江省建德市档案馆藏，1808-7-14。

民垦荒造林,因此益知注重林业,计全县四十余庄,凡开垦者无不一律众多。森林发达,国课增加,早有明效。民故父见此情形,故于十四年间,敢将上述各号山场出立认字,向庄认垦,迄今完粮已阅五年之久,其取得之产权,自系遵从本邑惯例及官厅认可之办法,与其他私晰者不同。况各号按照鱼鳞册籍,均载明系民蔡姓祖业,燹后失管,今仍由原业主认明纳税,更属恪遵理法。①

与方梅庵一样,他们都将之前县知事提倡整理荒山的布告,作为自己权利的来源。而且,同样他们也都声称自己早年已在开荒种植,却没有即时申请执照,将山晰入户册。所不同的是,蔡家在民国十四年(1925)由庄册私登入册,他也声称这是当地的"习惯"。

在讯问记录里,其他林产占有人的回答也非常有趣,很直接地反映当时人们对于林权来历的认识。其中一名叫陈顺桃的山主,当被问及"小坞的山你有多少税"时,他回答说:"是民外婆家遗下的坟山,土名徐湾坞,计税五分,民家经管数十年了。"一名叫郑福培的山佃则说,他是仙居人,在建德为他的娘舅照料这片山和几亩地,每年娘舅会派人来一次(收租)。陈兆余则强调自己的山产"还是洪杨前管起,今呈上老册一本"。② 在他们的观念中,祖传的山产(尤其是坟山),长期实际的占有和管理以及承粮

---

① 《蔡德松为陈述承粮造林经过请求察核排除侵害事呈》,《建德县府办理方琦承买官产纠葛文卷》(1928—1930),浙江省建德市档案馆藏,1808-7-14。

② 《民国十九年四月一日问讯笔录》,《建德县府办理方琦承买官产纠葛文卷》(1928—1930),浙江省建德市档案馆藏,1808-7-14。

登记等等,是林产权利最重要的证据。

方梅庵作为一名外来的地方公职人员,挑战当地庄册私推的"习惯"和旧有的山林占有方式,他的"武器"是民国三年(1914)7月31日颁布的《官产处分条例》。"迨民三以后迄于今,兹凡无人承粮之产,国家为收入起见,一律划在官产范围,必须经过国家处分价卖给照,方可取得产权。"[①]根据此条例,以报荒承粮获得所有权的制度,已经被新的官产承买制度所代替。正如他在呈状中说的:"对于册书职权论,民三以后,清理官产条例未奉废除。凡遇荒山荒地只有官厅处分,毋再准民间报荒升科,今册书为蔡陈等姓晰收,而时间又明注民十四年之后,此项晰收显属与条例抵触,当然根本取消。"[②]《官产处分条例》对官产的处分分为三种形式,一变卖、二租佃、三垦荒,并且在第十八条规定"以前私垦之官荒自本条例施行后应补缴荒价,照章升科"[③]。换言之,报荒升科之前,需履行承买的环节,才能获得所有权。这在产权获得方式上是重大的变化。

在这场纠纷中,只有外来人方梅庵利用新的法律,并刻意回避原来的地方习惯。在被问及承买时为什么没有到册书那里查询时,他说:"我们查不来的。"后来,他又在清折里这样解释"查不来"的含义:"无主之产,册书利在民间收付,于官卖非其所愿,盖一公一私绝不相容者也。承买官产而曰必先查庄册,是犹夺食于虎口,……民间同一出钱,恐将乐于册书私人之拨付,又何

---

① 《方琦为补充简明意见仰祈鉴察施行事呈》,《建德县府办理方琦承买官产纠葛文卷》(1928—1930),浙江省建德市档案馆藏,1808-7-14。

② 《方琦为再行呈明事清折》,《建德县府办理方琦承买官产纠葛文卷》(1928—1930),浙江省建德市档案馆藏,1808-7-14。

③ 《官产处分条例》,《浙江财政月刊》1933年"现行财政法规专号",第61-62页。

事报官勘查缴价请照，作种种麻烦之手续乎。"①

正如方梅庵指责的，之前册书私晰的所谓"习惯"，不过是当地人们规避国家制度的方法。不仅该案的各方当事人在刻意回避与己不利的制度或习惯，民国十七年（1928）方梅庵承买荒山的一系列程序中，负责此事的田赋征收的主任和作为上级最终核审机关的浙江省财政厅，也都没有要求其向册书核实官荒。这种对旧习惯和旧地方制度的漠视，与民国新政权对册书以及他们所代表的那一套在国家之外的旧体制的恶感有关，但这种漠视并无补于清理林地所有权的目标。

政府、册书和不同的人群之间，围绕旧规旧习和新法律之间的纷争，是通过不断地竞争和磨合而得到改善的。民国二十五年（1936），建德林场森林学校同学会的 12 位成员提出承领杨家庄的另一块山林。县政府下令清理书（即前案中的册书朱逊德）详细查明这块山林的归属。这次承领申请，同样出现了与附近山主之间的纠纷。县政府即饬传朱逊德带同庄册及原图，在规定时间内到府接受讯问。② 朱逊德的讯问笔录记录如下：

> 问：你管的庄有田地山塘多少？
>
> 答：二千余亩山，田千七百余亩，塘四十余亩，地约二千亩，一共六百余元正税。历年没有很大进出。
>
> 问：你管的庄有无无税山地？

①　《方琦为再行呈明事清折》，《建德县府办理方琦承买官产纠葛文卷》（1928—1930），浙江省建德市档案馆藏，1808-7-14。
②　《建德县吴锦荣等请领官荒造林卷》（1936—1937），浙江省建德市档案馆藏，1808-7-61。

答：不甚清楚。

问：你管的庄册有无鱼鳞？

答：土地陈报时，造过新册。老鱼鳞已经不齐，所有推收根据他们的户册推收。

问：现征粮的山税，照老号还是照新号？

答：老号新号都有，在三昃地，自一号至四十号均照新号，余照老号。

问：鲍吴氏的地土地陈报时曾否编过新号？

答：编过的。

问：鲍吴氏在吴锦荣等请领官荒内管有山地多少？

答：依照土名所在计算三昃，（苏州码）在龙门顶有十四亩，（苏州码）金鸡岩有二亩八分三厘，（苏州码）西坞殿二亩六分六厘六毛，（苏州码）毛竹里三亩三分三厘五毛。

　　根据朱逊德的供词，册书手中的山林记录也是根据人们的开垦报税而逐步积累起来的，这个过程在民国年间仍在继续。只不过这时候，新的法令规定，新承垦的山林，即便经查证原属无主荒山，其性质也属于"官荒"，即为国有。在这个民国末年的案例中，虽然政府本身仍没有能力对山林进行全面的清丈、建立官方的山林档案，但是通过对"册书"群体的整编和控制，政府将山林确权的最终权力重新拿到了自己的手中，册书回到了中间人和执行者的角色上。

四、结语

晚清民国时期,面对着国家层面上同样的林业政策和法律,浙江龙泉与建德两县林区在山林所有权获得与证明方式上面临的主要问题有着显著的差异,这种差异之根源在于两地山林在旧有的地方赋税体系中的地位有根本的不同。建德最晚在南宋经界之后,已经对大量的山林征收赋税,并且留下了记录。《景定严州续志》中记载有1258年举行经界法,其时即已丈得"山若桑牧之地以亩计得五十四万五千二百九十七",超过田亩数四倍之多。① 而在处州现存最早的明成化《处州府志》中并没有山税的专项记载,至嘉靖《浙江通志》处州官民山额数远低于官民田数的格局就已经定型。② 清代雍正《浙江通志》记录严州府建德县,田额仅1667余顷,而山额达到了5125余顷。③ 而在同样以山区为主的处州府各县,山额的比重却小得多;龙泉县实在田1699余顷,而实在山仅为133余顷。④ 每年征收的山银数量几乎可以忽略不计。这一历史上长期以来的差异,造成了建德的林产确权以纳粮升科,登入鱼鳞山册、获得字号为主要方式;而龙泉的山林产权证明主要依靠私人间的契约,在契约无法确证

---

① 方仁荣、郑瑶撰:《景定严州续志》第2卷,《宋元地方志丛书》第11册,台北:大化书局1980年版,第14页下。

② 薛应旂纂修:《嘉靖浙江通志》第17卷,《天一阁藏明代方志选刊续编》第24册,上海:上海书店1990年版,第17页下—第18页上。

③ 嵇曾筠、李卫等修:《雍正浙江通志》第69卷,"田赋三",北京:中华书局2001年版,第1424页。

④ 嵇曾筠、李卫等修:《雍正浙江通志》第70卷,"田赋四",北京:中华书局2001年版,第1737页。

时,参考山林附近的田土赋税档案。

对明清山林的研究中,学者们往往更多地强调契约和地方习惯的作用,即认为各种林业权利的来源、获得和保护是来自并仰赖于契约的。同时也承认"国家法律在这个法秩序体系中有着保障社会稳定、肯定和维护民间规范并对民间规范进行调控改造的功能"。① 以往学者对清代产权的研究也强调"官府本身尽管对财产权进行确认,然而在权利的执行上无所作为,以至于人们打赢了官司之后,还要使其权利得到地方社群的承认"。② 龙泉和建德的例子,让我们看到林业产权秩序确立的历史过程,它与国家权力的进入、赋税制度的设计和推行有密切的关系。而且赋税制度不仅是提供产权凭证那么简单,如果放在一个长时段来看,它为地方社会经济规定了一套基本的制度结构,所有权观念、习惯的演化都与这个结构的变化有关。仅就浙南和浙西这两个相邻的小区域来说,山林赋税历史传统的差异,影响到两地确权方式、纠纷形态和审理过程等都呈现出不同的特点。

晚清民国时期,统一化的造林运动、林产国有化、契税和验契、土地陈报、不动产登记等一系列的政策和法规陆续出台,我们今天在档案中看到的大量山林产权纠纷和案件,是两地民众应对甚至利用这些新政的结果。例如,前述龙泉县民国十九年(1930)的张雨亭山场案和建德县方琦承买官产案,其直接背景都是当时浙江省疾风暴雨般推行的土地陈报。这次土地陈报在各地掀起了一波确权纠纷和诉讼的浪潮,其效果在当时已经饱

---

① 梁聪:《清代清水江下游村寨社会的契约规范与秩序——以文斗苗寨契约为中心的研究》,第 257 页。

② 安·奥斯本:《产权、税收和国家对权利的保护》,曾小萍、欧中坦、加德拉编:《早期近代中国的契约与产权》,杭州:浙江大学出版社 2011 年版,第 144 页。

受批评。但由于两地山林在古代国家赋税体系中的地位不同，这些新政所激发的地方反应、山林纠纷和确权方式的变化都有差异。

民国龙泉山区的山林确权纠纷和诉讼，主要是围绕着契约进行，验契和契税新政对其影响最大。但这种影响仍然与契约本身在山林确权中的弊病有关。传统的山林契约对山界的描述模式，为山林确权带来很多隐患。从契约动态的使用过程来看，确定山界的并非仅是一道道的自然地理分界线，而是人们围绕着这些地理标志物以及契据、查勘报告、判决书等建立起来的对山林的认识。这种认识永远是动态和变化的，在认识过程中充满了各方的解释、协商和斗争。因此，尽管赋税档案在龙泉的山产纠纷中不如契约使用广泛，但人们对契税凭证等官文书和官方确认的需求一直存在。民国时期政府一系列新政相当密集地制造出了各类官方凭证，它们并不是经过实地测丈的林权证书，但仍然被民众追逐和使用，并且在一定程度上冲击了私契在确权中的效力。

对比龙泉县的情况，在上述建德县的林产纠纷中，并没有契约出现。在方梅庵承买官产案中，不管是试图通过新的官产承买制度而获得林产的方琦，还是以坟山、祖产、开垦有年或在册书那里已经登记等理由而声称拥有林产的人，他们都没有提出一张契约作为证据。这种情形也许是太平天国之乱后，社会经济秩序被破坏，又经过重建的结果，却提供了非常有价值的个案，是我们所熟悉的、以契约为中心的产权秩序之外的另一种情形。

由于鱼鳞山册的存在和庄书册手把持山林的升科、登记和纳税、推割，他们手中的私册成为建德山林所有权证明的主要证据。战乱之后人们对山林的争夺，也主要围绕着鱼鳞山册的再造而展开。册书和它代表的地方"习惯"，成为民国林权新政推行过程中各种矛盾和纠纷的焦点。虽然直至民国末年也未能建立官方的山林产权档案，但新的法律挑战和否定了过去人们通过开荒升科获得山林的所有权的方式；政府通过对册书的控制，在一定程度上将山林所有权的最终确认权收归至政府的手中。

概言之，山林在传统时期国家赋税体系中的不同地位，造成两地确权方式的差异，并且衍生出以契约为核心和以鱼鳞山册（或私册）为中心的两种不同的山林产权证明体系的架构。民国时期国家在契税、契约管理、林地丈量和登记、林业国有化等方面的不断进取，在这两种架构下呈现不同的面貌。在民众应对、利用新的国家权威和法规的过程中，国家和民众在合力创造一种新的国家与山区地方社会之间的关系。

第七章 近现代中国林学知识的普及以及林学界管窥

——中国东南部的案例分析

宫原佳昭

（翻译：田甲由）

一、绪言

19世纪后期，中国的读书人为了富国强兵，从西洋引进了诸如军事、工业、农业等多个领域的近代知识和技术。其中，近代林学先是在德国和美国发展起来，再通过欧美以及日本传入了中国，开始在中国各地普及。作为近现代林业、林学的主要先行研究，林业部教育司主编的《中国林业教育史》（中国林业出版社，1988年）以及熊大桐主编的《中国林业科学技术史》（中国林业出版社，1995年）总结概括了传播到中国的林学知识的具体情况以及林业教育的普及过程。另外，近年平野悠一郎从现代中国林业政策的讨论出发，聚焦中华人民共和国成立后首任林垦部（后改名林业部）部长梁希，阐明了梁希、韩安、陈嵘等近代中国林业专家层的形成,以及梁希的林业政策思想及其业绩[1]。

在上述前人研究的基础上,从教育史、学术史、地域社会史的观点出发,我们认为由梁希、韩安、陈嵘等从日本或是欧美留学归国的人员所铸就的中国林学知识中,以下两个方面需要进一步说明:一是独特性,也就是和日本以及欧美的林学知识相比,中国的林学知识有着何种特征。另外一个是和基层社会之间的关系,即中国的林学知识是如何传播到基层社会,又是如何影响基层社会的。由于这两个方面都是比较大的研究课题,所以有必要积累更多的研究实例。

为了逐步解决上述研究课题,笔者拟以山地众多且林业兴盛的中国东南部地区作为研究案例。而研究的机构,则选择曾为中国东南部林学研究、教育的一大重镇的私立金陵大学;考察的人物,则选定和梁希比肩的近现代中国著名林学家之一的陈嵘(1888—1971)。陈嵘,字宗一,浙江省安吉县人,曾于东北帝国大学农科大学以及哈佛大学攻读林学。从 1925 年任金陵大学森林科教授,著有《造林学概要》《造林学各论》等多种林业相关著作[2]。本文将根据陈嵘、金陵大学等近代中国林学界的相关文献史料,以及在浙江省建德县山村围绕林业学校进行田野调查获得的采访资料,对近代中国林学界进行初步考察,为今后的研究进一步指明方向。

本文内容如下:第一部分主要整理前人研究,介绍从清末到

---

[1] 平野悠一郎:《現代中国の森林資源管理における専門家層の成立背景—梁希(初代林業部部長)の思想と業績を中心に—》,《アジア研究》,2015 年,60 卷 2 号。

[2] 《浙江省林业志》编纂委员会编:《浙江省林业志》,北京:中华书局 2001 年版,第十篇第六章《人物》。

北洋政府时期林学知识传播路径和学会的形成。第二部分则是探讨南京国民政府时期金陵大学农学院和陈嵘的著述。第三部分则借由田野调查中获得的中华人民共和国初期浙江省建德县山村情况的采访资料,来探寻林业教育和基层社会之间的关系。

二、清末至北洋政府时期林学知识的传播路径及学会的形成

(一)林学知识的传播路径

本节在梳理清末至北洋政府时期陈嵘经历的时候,首先确认该时期林学知识的传播路径,也就是林业教育机构、教员以及书籍的主要情况。[①]

我们分高等和中等来讨论林业教育机构。首先来看高等林业教育机构。1904年清廷公布了《奏定学堂章程》,在京师大学堂内设立农科大学,其下设林学门。中华民国成立后,在大学的农学院中设立了森林系,在林业专门学校中设立了林科。北洋政府时期,全国已经有7所大学的农学院设立了森林系。其中国立北京农业专科学校和私立金陵大学,又是在全国范围内最早设立林科的学校。前者于1914年增设林科,在1923年改为北京农业大学森林系。后者则是在原本就有的农科中增设了林科,于1915年改为农林系。

再来看一下中等林业教育机构的情况。清末,林科主要设

---

① 　以下,参照林业部教育司主编:《中国林业教育史》,北京:中国林业出版社1988年版,第一章第二节一,以及第一章第二节二。

置在高等农业学堂(接收 18—22 岁的中学堂毕业生,修业期为 3 年)以及中等农业学堂(接收 12—15 岁的高等小学毕业生,修业期为 2—3 年)之中。辛亥革命以前,山西、湖北等五地已经设立了高等农业学堂。中华民国成立以后,教育部 1913 年公布《实业学校令》,规定分设甲种农业学校和乙种农业学校两类,并在其中设置森林学科。从 1922 年开始,甲种农业学校改为高级农业学校(修业期 4 年,和高级中学一样),乙种农业学校改为初级农业学校(修业期 3 年,和初级中学一样)。北洋政府时期,全国共设有 20 余所中等林业学校,但是随着 1922 年《大学规程》的公布,由于许多中等林业学校升格为大学,所以整体数量有所减少。

如上所述,虽然和普通教育机构相比,从清末到北洋政府时期林业教育机构的数量有天壤之别,但是我们可以知道确实存在着林学的教育点。作为和下一节相关联的内容,必须先在此指出,陈嵘 1913 年回国后,在浙江省以及江苏省中等林业教育机构执教,以及私立金陵大学是中国东南部高等林业教育点这两件事。

其次介绍教员和书籍事宜。清末的林业教育机构中设有造林学、森林学、土壤学等课程,但是由于当时被派遣出国攻读农业和林业的学生还未学成归国,所以主要由从外国尤其是从日本特聘的教员执教授课。中华民国成立以后,1913 年教育部公布的《大学规程》第 12 条中规定,在大学农科林学门中设置地质及土壤、农学总论、森林管理学、造林学等 41 门课程。就在此时,陈嵘、梁希等清末留学生陆续归国,开始在大学和农业学校任教。

清末戊戌变法前后,许多外国书籍陆续被翻译成中文,其中有关林业的就有上海农学会刊行的农学丛书 86 卷,共分 7 年刊行完毕。在最早出版的《农学初阶》和《农学入门》中,就译有美国的《树木育苗》《论森林刈伐》《论植物与动物》,英国的《植物起源》,日本林学家奥田贞巳的《森林学》(农学丛书卷 20)、本多静六的《学校造林法》(农学丛书卷 30)。从清末到北洋政府时期,大部分情况下,林业教育机构的教员所使用的应当是他们根据上述书籍及自身留学所学而自行编纂的教材。

像这样,中国在引入近代林学初始之际,采取的是边从国外招聘外国人教员,边向日本和欧美派遣留学生以培养教员,并且翻译欧美和日本的书籍的办法。其实,这些方法不仅限于林学,更是近代知识被引入中国时的一般路径①。陈嵘和许多林学家,也是在留学日本和欧美归国之后,在中国国内教授学识,并自行编纂教材书籍的。

(二)学会的形成

从清末到北洋政府时期,陈嵘的经历如下:1906 年赴日留学,进入东京弘文学院以及大学预科学习。1909 年,进入东北大学农科大学(之后的北海道帝国大学农学部)森林科学习。1913年学成归国之后,出任浙江省立甲种农业学校首任校长。1915年,出任江苏省立第一农业学校林科主任。翌年,参与创立江苏省教育团共有林,兼任技术主任。1917 年,在上海组织创设中华农业会,并就任首任会长兼总干事长。1922 年,在美国哈佛大学研究树木学,翌年获得理学硕士学位。1924 年,更远赴德国萨克逊林学院进修,同时实地调查欧洲林业,于 1925 年归国。

在陈嵘的经历中,本文将主要着眼于陈嵘从日本归国后在浙江省以及江苏省任教,并于 1917 年在上海创立中华农学会的

---

① 王建军:《中国近代教科书发展研究》,广州:广东教育出版社 1996 年版。

经历。正是在此时期,中华森林会在南京成立,陈嵘也参与其事。这意味着以上海、南京为中心的地区,拥有着许多从事农学、林学的人才。在了解了近代中国林学知识传播过程的基础上,我们来看中华农学会和中华森林会的成立过程及其中心人物。

中华农学会于1916年由王舜成、陈嵘、过探先等发起,1917年在上海举行成立大会,由张謇担任名誉会长,陈嵘被推举为会长。中华农学会成立之初的会员有梁希、曾济宽、吴恺、李寅恭、凌道扬、韩安、傅焕光等50余人。1917年,时任金陵大学林科主任的凌道扬提议另组织中华森林会作为林学界自身的组织,获得了陈嵘、金邦正等的支持,于是宣告了中华森林会的成立①。从以上过程我们可以清楚地看出,1917年成立的中华农学会和中华森林会的中心人物是相互重叠的。那么他们在1917年这一时点,各自有着什么样的经历? 笔者把目前可以查明的人物主要经历总结于表1。

表 1　林学者的经历(1917 年当时)

姓名	出生	籍贯	主要学历	履历
韩安	1883	安徽巢县	金陵大学毕业 康奈尔大学文科毕业 密歇根大学林学硕士	1912年回国,北京政府农林部佥事,东三省林务总局局长
梁希	1883	浙江湖州	东京帝国大学农科大学林科毕业	1916年回国,北京农业专门学校林科教员

---

① 以上有关中华农学会和中华森林会的成立,参照赵方田、杨军主编:《中国农学会史》,上海:上海交通大学出版社2008年版,第二章第一节;以及中国林学会编:《中国林学会史》,上海:上海交通大学出版社2008年版,第一章第二节。

续表

姓名	出生	籍贯	主要学历	履历
曾济宽	1883	四川	鹿儿岛高等农业学校林科毕业	不明
金邦正	1887	安徽黟县	康奈尔大学林学硕士	1914 年回国,安徽省立第一农业学校校长
过探先	1887	江苏无锡	康奈尔大学农学硕士	1915 年回国,江苏省立第一农业学校校长
陈　嵘	1888	浙江安吉	东北帝国大学农科大学林科毕业	1913 年回国,浙江省立甲种农业学校校长,1915 年江苏省立第一农业学校林科主任
凌道扬	1890	广东宝安	马萨诸塞大学理学学士 耶鲁大学林学硕士	1915 年回国,1916 年出版《森林学大意》,1917 年北洋政府农商部技正,金陵大学森林科主任
邹秉文	1893	江苏吴县	康奈尔大学学士	1916 年回国,金陵大学农林科教授

资料来源:徐友春主编:《民国人物大辞典》,石家庄:河北人民出版社 1991 年版。周棉主编:《中国留学生大辞典》,南京:南京大学出版社 1999 年版。浙江省人物志编纂委员会编:《浙江省人物志》,杭州:浙江人民出版社 2005 年版。曾济宽是根据《农界人名录》,《农业周报》1931 年 1—3。

　　中华农学会和中华森林会中心人物的学历,可以分成梁希、陈嵘、曾济宽等日本留学,以及韩安、金邦正、过探先、凌道扬、邹秉文等美国留学的两大派。以下,先简单看看这些人出国留学地域的情况。

　　东京帝国大学农科大学是在 1890 年成立的,其前身是驹场农学校(1878 年建校)与东京山林学校(1882 年建校)合并而成的东京农林学校(1886 年合并)。之后,1897 年又改为东京帝国大学农科大学,1919 年则改为东京帝国大学农学部。本田静六和川濑善太郎等在此教授从德国引入的林学知识①。东北帝国

———————————

① 　森川润:《ドイツ林学の受容过程—农科大学成立の条件について—》,《作阳学园纪要》,1986 年,19 卷 2 号。

大学农科大学的前身则是札幌农学校（1876—1907），在 1918 年成为北海道帝国大学。1902 年开始接受中国留学生①。鹿儿岛高等农林学校是 1908 年设立的官立高等农林学校。在《鹿儿岛高等农林学校一览（自大正四年至大正六年）》的毕业生名录中，我们可以在林学科选科第 4 回、大正四年 7 月毕业生中，找到曾济宽等 3 名中国留学生的名字②。

中国学者的美国林学教育集中在康奈尔大学、耶鲁大学、密歇根大学。在美国，森林、林业教育是与防护林的设置和林业的开端几乎同时起步的。从 19 世纪 70 年代开始，为了摸索出应对森林破坏的解决之道，康奈尔大学、耶鲁大学、密歇根大学等高等教育机构在植物学和园艺学的学科中开始设置林业的相关课程。另外，耶鲁大学在 1900 年成立了林学研究生院，本科毕业生可以在接受 2 年专门教育后取得林学硕士的学位③。

虽然表 1 中列举的林学者只是一小部分，今后需要做出更详细的调查，但是就中华农学会的成立而言，可以看出是由作为江苏省立第一农业学校教员、日本留学派的陈嵘和该校校长、美国留学派的过探先发起成立的。如前所述，中华农学会和中华森林会的创始人员也可以分为日本留学派和美国留学派。此后，美国留学归国的沈鹏飞（1893 年出生，广东番禺人，俄勒冈大学以及耶鲁大学林学院毕业，1921 年回国）、姚传法（1893 年出生，上海人，俄亥俄大学以及耶鲁大学林学院毕业，1921 年回

① 许晨：《北海道帝国大学における中国人留学生の留学生活》，《北海道大学大学文书馆年报》，2011 年，第 6 号。
② 鹿儿岛高等农林学校：《鹿儿岛高等农林学校一览（自大正四年至大正六年）》鹿儿岛高等农林学校 1916 年卒业生。
③ 伊藤太一：《アメリカにおける森林、林业教育の展开》，《森林科学》，1994 年，No. 10。

国)、日本留学归国的陈植(1899 年出生,江苏崇明人,东京帝国大学农学部林学科毕业,1922 年回国)、安事农(1901 年出生,安徽无为人,北海道帝国大学林科毕业,1927 年回国)等人都先后加入了中国的林学界。

陈嵘在中华农学会成立之后,在《中华农学会丛刊》创刊号开始发表《中国树木志略》的连载,一直持续到 1923 年。又在 1922 年远赴哈佛大学留学研究树木学,翌年取得理学硕士学位。1924 年在德国撒克逊林学院研修一年后,于 1925 年归国担任金陵大学森林系教授。同时拥有日本和欧美留学经验的陈嵘,从 1926 年开始就持续给《中华农学会丛刊》写稿,并在 20 世纪 30 年代陆续出版了诸多林学相关书籍。那么,在陈嵘执笔著述的书籍中,到底包含了多少来自日本、欧美的内容呢?另外,他执教的金陵大学和日本以及欧美又有着怎样的渊源呢?这些问题我们将在下一节中来讨论。

三、南京国民政府时期金陵大学农学院和陈嵘的著作

本部分聚焦 20 世纪 30 年代金陵大学农学院以及陈嵘的著作,考察中国林学界和日本、欧美的关联,给今后的研究提供展望。

(一)金陵大学农学院

从 20 世纪 20 年代后期到 20 世纪 30 年代前期,高等教育机构在农学院中增设森林系的有中央大学农学院(1927)、广西大学农学院(1929)、浙江大学农学院(1929)、中山大学农学院

(1931)、四川大学农学院(1934)、安徽大学农学院(1934)①。

　　关于学术团体,1928 年中华林学会成立,取代了 1922 年以后就停止活动的中华森林会②。1928 年 5 月 18 日,姚传法等数十人在南京集会,推举姚传法、韩安、陈嵘、陈植、林刚等 10 人为林学会筹备委员。6—7 月召开了 3 次筹备会,推举姚传法起草林学会章程,从南京以外的各地推举梁希、凌道扬等 32 人为林学会发起人。同年 8 月 4 日,在金陵大学农林科举行了成立大会,姚传法、陈嵘为大会主席,大会通过了《中华林学会章程》,姚传法、陈嵘、凌道扬、梁希、陈植等 11 人为理事,姚传法为理事长。中华林学会的总部设在南京保泰街 12 号。在该时期的学术杂志中,中华农学会继续发行《中华农学会报》,中华林学会则在 1929 年 10 月创刊杂志《林学》,此外上述各个大学也发行学报。

　　就这样,在南京国民政府成立之后,随着林学界日趋活跃,陈嵘 1925 年后在金陵大学农林科担任教授,致力于教育、研究,在《中华农学会报》和金陵大学农林新报社发行的《农林新报》发表文章,同时从 1933 年到 1935 年陆续出版林学相关书籍。下面参考金陵大学农学院发行的《私立金陵大学农学院概要》中的"金陵大学农学院概况",来看一下陈嵘所任职的金陵大学的主要情况③。

---

① 上引《中国林业教育史》第一章第二节。在中华人民共和国建国前夕,共有 19 所大学在农学院中设有森林系。
② 以下,参照上引《中国林学会史》第二章第一节。
③ 私立金陵大学农学院院长室编:《私立金陵大学农学院概况　民国二十一年至二十二年》,私立金陵大学农学院 1933 年版。以及私立金陵大学农学院院长室编:《私立金陵大学农学院概况　民国二十三年至二十四年》,私立金陵大学农学院 1934 年版。

金陵大学是 1910 年在南京成立的私立大学，其前身为美国基督教会美以美会在 1888 年创立的汇文书院。农科是 1914 年由裴义理（Joseph Bailie，1860—1935）、芮思娄（Reisner. J. H，1888—?）设立的。翌年增设林科，1916 年两科合并为农林科。此后，随着蚕桑系以及园艺系的加入，规模日渐增大，在 1930 年大学改组时成为金陵大学农学院。

在裴义理和芮思娄之后，1925 年秋天康奈尔大学农学硕士过探先受聘为农林科主任。1929 年春天过探先去世后，该年秋天同为康奈尔大学农学硕士的谢家声成为新主任，1930 年农学院设立后亦由谢家声担任农学院长。1930 年，芮思娄辞职之后，为了分担院长工作，在 1934 年由章之汶担任副院长。

1932 年到 1935 年，共有农业经济系、农艺系、植物学系、动物学系、森林系、蚕桑系、园艺系、乡村教育系、农业推广部这 8 系 1 部设于农学院之下。各系配有教授、讲师、助教、助理、推广员、事务员等教职员。在《本院教职员一览》中，罗列了 1932 年到 1933 年共计 83 名、1934 年到 1935 年共计 132 名的教职员名录。表 2 就是一览中的全部教授以及副教授名录。

表 2　金陵大学农学院教授、副教授

①1932—1933 年

所属	姓名	籍贯	学历	担当职务
农业经济系	徐　澄	江苏宜兴	本校农学士，康奈尔大学农学硕士	副教授、系主任代理
	张心一	甘肃	康奈尔大学农学硕士	教授
	万国鼎	江苏武进	本校农学士	副教授
	孙文郁	山西宁武	本校农学士，斯坦福大学硕士	副教授
农艺系	张乃凤	浙江吴兴	康奈尔大学农学士，威斯康星大学农学硕士	副教授

续表

所属	姓名	籍贯	学历	担当职务
植物系	戴芳澜	湖北江陵	康奈尔大学学士	教授
	俞大绂	浙江山阴	本校农学士,爱荷华州立农科大学农学博士	副教授
森林系	陈嵘	浙江安吉	北海道帝国大学林学士,哈佛大学科学硕士	教授
园艺系	胡昌炽	江苏苏州	东京帝国大学农科毕业	副教授、系主任
	陈锡鑫	江西萍乡	京都帝国大学农学士	副教授
	叶培忠	江苏江阴	本校林学士	兼任副教授
乡村教育系	章之汶	安徽来安	本校农学士,康奈尔大学农业教育硕士	副教授、系主任
蚕桑系	单昌祺	安徽滁县	东京帝国大学农学部农学科毕业	副教授、系主任

②1934—1935 年

所属	姓名	籍贯	学历	担当职务
农业经济系	卜凯	美国	康奈尔大学农学博士	教授、系主任
	徐澄	江苏宜兴	本校农学士,康奈尔大学农学硕士	教授
	万国鼎	江苏武进	本校农学士	教授
	孙文郁	山西宁武	本校农学士,斯坦福大学硕士	教授
	沈寿铨	浙江嘉兴	本校农学士,康奈尔大学农学硕士	教授
	邵德馨	江苏兴化	本校农学士	教授
	乔启明	山西猗氏	本校农学士,康奈尔大学农学硕士	教授
	南秉方	吉林	芝加哥大学硕士	教授
	路易士	美国	博士	教授
	史蒂芬	美国	伊利诺伊大学理学士,西北大学硕士	教授
	金克敦夫人	美国	加州大学文学士	教授、英文书记
	施兰德	英国	牛津大学文学士	教授
	罗伯安	新西兰	经济学硕士	教授

续表

所属	姓名	籍贯	学历	担当职务
农艺系	王　绶	山西沁县	本校农学士，康奈尔大学硕士	教授、系主任
	张乃凤	浙江吴兴	康奈尔大学农学士，威斯康星大学农学硕士	教授
	沈宗瀚	浙江余姚	康奈尔大学农学博士，佐治亚大学农学硕士	教授
	郝钦铭	山西武乡	本校农学士，康奈尔大学农学硕士	教授
	林查理	美国	康奈尔大学农学硕士	教授
植物系	史德蔚	美国	哈佛大学博士	教授、系主任
	俞大绂	浙江山阴	本校农学士，爱荷华州立农科大学农学博士	教授
	司乐堪	美国	威斯康星大学学士	教授
森林系	陈　嵘	浙江安吉	北海道帝国大学林学士，哈佛大学科学硕士	教授、系主任
	朱会芳	江苏丹阳	普鲁士林科大学林学士	教授
园艺系	胡昌炽	江苏苏州	东京帝国大学农科毕业	教授、系主任
	陈锡鑫	江西萍乡	京都帝国大学农学士	教授
	管家骥	浙江上虞	本校农学士，康奈尔大学农学博士	教授
乡村教育系	章之汶	安徽来安	本校农学士，康奈尔大学农业教育学硕士	副院长、系主任
	周明懿	江苏南通	本校农学士	教授
	赵石萍	辽宁	康奈尔大学乡村教育学硕士	教授
蚕桑系	单昌祺	安徽滁县	东京帝国大学农学部农学科毕业	教授、系主任

注：灰色表格表示此人物同时在①和②存在。

资料来源：《私立金陵大学农学院概况（自民国二十一年至二十二年）》以及《私立金陵大学农学院概况（自民国二十三年至二十四年）》的《本院教职员一览表》

　　如果我们关注教授和副教授学历的话，可以发现整体上康奈尔大学毕业的人数相当之多。金陵大学在创立之初就和康奈尔大学有着非常深的渊源,农林科、农学院则和康奈尔大学缔结合作关系,从康奈尔大学接受派遣教员。另外农林科、农学院毕业的学生赴康奈尔大学留学的现象也非常普遍。当时,以著名的农业经济学家卜凯(John Lossing Buck,1888—1974)[①]为首,在农业经济系、农艺系、植物系、乡村教育系的教授中,有非常多的教授是毕业于康奈尔大学等校的美国人或美国留学归国者。

另一方面,在森林系、园艺系、蚕桑系中则可见到日本留学归国者,如森林系的陈嵘(北海道帝国大学),园艺系的胡昌炽(东京帝国大学)、陈锡鑫(京都帝国大学),蚕桑系的单昌祺(东京帝国大学)。这些院系都应该是引入了日本的农学、林学知识。

除了教员的学历,我们还可以从森林系的活动报告列举的合作机构中,窥见金陵大学农学院和日本之间的关系。其合作机构除了有美国纽约州立林科学院、加州大学林学院、德国普鲁士林科大学、奥地利垦殖大学造林学研究室、澳大利亚的澳大利亚博物院之外,还可发现日本北海道帝国大学、台湾"中央研究所"林业部也罗列其中[②]。由此我们可以推测陈嵘和北海道大学的关系继续保持到了这个时期。另外,蚕桑系的课程中规定必

---

① 　Buck 和金陵大学的关系可以参考久马一刚:《中国土壌学の近代化に寄与した二人のアメリカ人—John Lossing Buck と Walter Clay Lowdermilk—》,《肥料科学》,2012 年,第 34 号。

② 　上引《私立金陵大学农学院概况　民国二十三年至二十四年》本院概况,五(4)森林系。

修日语[1]。今后，我们有必要继续研究金陵大学农学院的授课内容和事业活动。

（二）陈嵘的著作

众所周知，陈嵘曾经留学日本北海道帝国大学以及美国哈佛大学，另外有着考察欧洲的经验，所以他把学到的日本、美国、欧洲的林学知识融会贯通，在 1930 年后出版了许多专著。近代中国读书人在接受和传播近代知识的时候，不只是把海外书籍逐字逐句翻译，还能积极主动依照本国国情选择、取舍内容，并加入自己独到的见解[2]。因此，为了弄清陈嵘所拥有的林学知识的具体样貌，重要的是去探讨他在著作中是如何参考引用日本、美国、欧洲的林学知识的。

表 3 的灰色部分是笔者已经收集到的史料。作为初步的成果，以下笔者先来分析 1930 年代的 3 本著作——《造林学各论》《历代森林史料及民国林政史料》《中国树木分类学》的编纂过程和参考文献一览。

---

[1] 上引《私立金陵大学农学院概况　民国二十三年至二十四年》本院概况、课程。森林系的课程中，第三学年以上（包括第三学年）的必修科目（计 39 学分）有：气象学（普通气象学，2 学分），造林学（造林学原理，2 学分；造林学本论，3 学分；造林学本论，3 学分），森林植物学（中国树木分类学，3 学分；中国树木分类学，3 学分），森林工学（测量学，3 学分），森林经理学（测树学，2 学分；林价算法及森林较利学，2 学分；森林经理，2 学分），森林利用学（木材之工艺性质，2 学分；森林利用，2 学分），林政学（森林政策及森林法规，3 学分），森林学（造林设计实习，1 学分；毕业论文，2 学分）。

[2] 其中著名的例子，可以参见清末把政治学、经济学等多种近代知识引入中国的梁启超。狭间直树：《梁启超——东アジア文明史の转换》，东京：岩波书店 2014 年版。

表 3 陈嵘的著作

①著书

书名	出版社	出版年
中国主要树木造林法	金陵大学农林丛书	1930 年
造林学概要	中华农学会	1933 年
造林学各论	中华农学会	1933 年
历代森林史略及民国林政史料	金陵大学农学院森林系林业推广部	1934 年
学校林经营之实例	金陵大学农学院农林推广部	1935 年
中国树木分类学	中华农学会	1937 年
中国森林史料	中国林业出版社	1951 年
造林学特论	中国图书发行公司南京分公司	1952 年
中国森林植物地理学	人民教育出版社	1961 年
竹的种类及栽培资料	中国林业出版社	1984 年

②文章

文章名	刊载杂志	卷号	年	月
中国树木志略（连载） ※	《中华农学会丛刊》	第 1 集	1918 年	12 月
杂草对于树木生长之害	《森林》	第 1 卷第 1 号	1921 年	3 月
推广江苏金陵道林业的我见	《中华农学会报》	第 49 期	1926 年	1 月
世界林业之沿革及其趋势	《中华农学会丛刊》	第 59 期	1927 年	12 月
菩提树与养蜂	《农林新报》	第 131 期	1928 年	4 月
南京森林植物带之变迁（英文）	《中华农学会丛刊》	第 64、65 期合刊	1928 年	10 月
发展首都附近各县林业意见书	《中华农学会报》	第 68 期	1929 年	6 月
世界林业问题及其趋势	《农林新报》	第 8 期	1930 年	
大水灾后树木被害状况之调查	《农林新报》	第 9 卷第 2 期（第 266 期）	1932 年	1 月
大水灾后树木被害状况之调查（续）	《农林新报》	第 9 卷第 3 期（第 267 期）	1932 年	1 月

续表

文章名	刊载杂志	卷号	年	月
中华农学会成立十五周年之经过	《中华农学会报》	第 101、102 期合刊	1932 年	7 月
女贞（冬青）应尽本月内播种	《农林新报》	第 10 卷第 1 期（第 301 期）	1933 年	1 月
日本针叶树在南京附近造林之失败	《中华农学会报》	第 120 期	1934 年	1 月
森林与造纸事业	《农林新报》	第 11 卷第 25 期（第 361 期）	1934 年	9 月
树木开花落叶之时期与移植工作之关系	《中华农学会报》	第 129、130 期合刊	1934 年	11 月
列强林业经营之成功与我国林政法案之拟议	《中华农学会报》	第 137 期	1935 年	6 月
记日本林业专家之谈话	《农林新报》	第 12 卷第 32 期	1935 年	11 月
树木对于水旱抵抗力之调查	《中华农学会报》	第 142、143 期合刊	1935 年	11 月
因植树节回忆裴义理先生	《农林新报》	第 13 卷第 8 期（第 416 号）	1936 年	3 月
中国造林事业之商榷	《农林新报》	第 13 卷第 8 期（第 416 号）	1936 年	3 月
造林上引用外来树种之问题	《中华农学会报》	第 153 期	1936 年	10 月
中华农学会成立二十周年概况	《中华农学会报》	第 155 期	1936 年	12 月
世界各国林业行政之组织	《农林新报》	第 13 卷第 35 期	1936 年	12 月
油桐栽培改进方法之讨论	《中华农学会报》	第 158 期	1937 年	3 月
战时之救荒植物	《农林新报》	第 14 卷第 24、25 合期	1940 年	1 月
论广柿"食粮树木"为防灾备荒之要图	《中华农学会报》	第 170 期	1940 年	8 月

※《中国树木志略（二十八续）》，《中华农学会报》第 41 期，连载到 1923 年 8 月为止。

注：灰色表示笔者已经收集到手。

资料来源：《陈嵘著作索引和简介》《陈嵘纪念集》收录）。

1. 是笔者根据上海图书馆所藏书籍的版权页，并对一部分进行了修正。

　　《造林学各论》自序中写道："本书初稿原为民初在苏省第一农校所授之造林学各论讲义,旋蒙曾济宽先生在广州中山大学施以增订,自作者在金陵大学任教以来,得中西学友之切磋,标本图书之参考,复多加更张。"此书的《主要参考书报一览》分国文、日文、西文 3 部分,国文部分列举了图书 9 种,杂志、报告 36 种,日报 5 种;日文部分列举了 11 种;西洋部分列举了 15 种。日文部分所引文献有:本多静六《本多造林学》,本多静六等《森林家必携》、金平亮三《台湾有用树木志》、竹内叔雄《竹の研究》、坪井伊助《日本竹类图谱》、北海道帝国大学《米材の栞》、神谷辰三郎《显花植物分类学》、东亚同文会《支那省别全志》、大日本山林会《大日本山林会报》、日本林学会《日本林学杂志》、北海道林业会《北海道林业会报》。

　　《历代森林史料及民国林政史料》自序中,说收集史料"已有张福廷之《中国森林史略》(《中华农学会报》七七期),鲁佩璋之《中国森林历史》(《森林》二卷二号),及李代芳之《中国森林史略考》(《林学》第一期)先发其端",作者"惟继三氏之努力略加扩充而已"。此书《参考书报一览》中列举国文部分书籍 91 种,杂志、报告 36 种,日文部分则是帝国森林局《满蒙の森林及林业》1 种,西洋部分也只有 1 种。

　　《中国树木分类学》中"编撰经过及内容概说"说道:"本书开始属稿于民初,在民国六年至十二年从以'中国树木志略'题名,连续登载于《中华农学会报》,嗣于民国十二年将历来所采集之中国树木标本,携往欧美各研究所对校,越三年返国任教金陵大学,曾两次因公赴西南各省,乃得有工余采集及调查汉名之机会,斯时为教学计,遂将积稿整理,编为'中国树木学讲义',数年前勉循中华农学会丛书委员会之请,乃重事更张,增加资料,因成本书。"《本书引用参考数目一览》中分中文、日文、英文、德文、法文、其他 6 部分，其中中文 161 种，日文 42 种，英文 54 种，德文 7 种，法文 7 种，其余 2 种（拉丁语 1 种，荷兰文 1 种）。

　　由此可以确认以上 3 本书都引用了日语和英语等欧美多种语言的图书、杂志。另外，对于编纂过程，《造林学各论》中列举了西洋的同仁，《中国树木分类学》中则列举了欧美研究所的成果。虽然其中没有言及日本，但是按其引用的日语文献的数量可知，尽管比不上欧美的书籍，日本书籍的参考也不在少数。

　　除了陈嵘的著作，其大量发表文章的《中华农学会报》和《农林新报》，也是研究近代中国林学知识的重要史料。因此，笔者在各个研究机构确认史料的收藏状态，收集陈嵘的文章的同时，也力图掌握史料的全貌。其中一个重要的侧面是分析陈嵘积极参与创立和运营的中华农学会以及《中华农学会报》①。根据中华农学会的活动报告，该会和日本农学会从 1926 年开始，每年相互派遣代表参加对方年会，进行学术交流②。1930 年 4 月是曾济宽作为代表参加了日本农学会的年会③。另外，《中华农学会报》上刊登了许多日本学者的论说译文以及有关日本林学界的报道。金陵大学农林新报社在 1924 年创刊的《农林新报》中，

---

① 东京大学东洋文化研究所藏有《中华农学会报》第 69 期（1929 年 4 月）至第 163 期（1937 年 8 月），笔者实际看到了全部收藏。此外，在日本国内森林综合研究所藏有第 31、35、41—47、61—76 期，北海道大学附属图书馆藏有第 35—62、64—77 期。今后有必要亲自调查查阅。

② 陈方济：《本会一年间概况》，《中华农学会报》，1929 年 10 月，第 70 期。

③ 曾济宽、彭家元：《出席日本农学会年会记事》，《中华农学会报》，1930 年 6 月，第 77 期。另外，此时的讲演也刊登在日本的《林学会杂志》上。曾济宽：《广东省に于ける木材の需要供给（昭和五年四月十二日日本农学大会演讲）》，《林学会杂志》，1931 年 3 月，第 13 卷第 3 号。

也刊登了许多金陵大学教职员、学生的农村实习报告,以及陈嵘等中国林学家的文章①。今后,笔者将进一步分析这些史料,探究陈嵘等近代中国林学家是如何把林学知识普及到中国社会中去的。

四、中华人民共和国初期的林业教育和基层社会

本部分以在浙江省建德县山村的田野调查中所获得的采访资料为线索,探索中华人民共和国初期的林业教育与基层社会之间的关系。

首先,我们来简述 1949 年到 1960 年全国以及浙江省的林业教育机构。中华人民共和国成立之初,梁希就任首任林垦部(之后的林业部)部长,直到 1958 年病逝,一直致力于推进森林行政。1952 年,在北京、南京、东北设立林学院作为高等教育机构,而在省、市一级则设立了有关森林的职业专科学校②。如后所述,南京林学院是由金陵大学和南京大学的相关系科合并而成的。

以浙江省为例,有关中等教育,1953 年 9 月,林业部、农业部、高等教育部联名发出调整整顿中等农林学校、设立独立的中等林业学校的通知。由此,浙江省立处州农业学校改为丽水林业学校,衢州农业学校改为衢州林业学校。另外,废止省立金华实验农业职业学校,其教员以及学生被分派到了丽水和衢州的学校。1954 年 10 月 29 日,林业部决定把包括丽水林业学校在

---

① 京都大学人文科学研究所藏有《农林新报》的第 38—192 期(有缺号)的复印版,南京大学图书馆藏有第 215—783 期(有缺号)。

② 上引平野论文。

内的全国共计 19 所中等林业学校直接由林业部集中统一管辖。于是,1955 年 7 月衢州林业学校被并入丽水林业学校。之后,1957 年,林业部把丽水林业学校的管辖权移交给了浙江省林业厅。1958 年 8 月,在"大跃进"中丽水林业学校升格为温州林学院。同年,在宁波、嘉兴、台州成立中等林业学校。1959 年,废止温州林学院,恢复丽水林业学校[①]。

在高等教育方面,一方面 1952 年浙江大学农学院独立出来成立了浙江农学院,另一方面浙江大学农学院森林系则被并入哈尔滨的东北林学院。1958 年成立天目林学院以及温州林学院(由丽水林业学校升格而成,上述),1959 年废止温州林学院,并入天目林学院,1960 年浙江农学院和天目林学院合并成立浙江农业大学林学系,此后,学校之间也多有改废[②]。

如上所述,浙江省成立了中等、高等林业教育机构,而建德县也在 1958 年成立了林业初级中学。在《建德县林业志》(1987年发行)中可以看到对该校概要的介绍[③]。

> 1958 年,根据"教育为无产阶级政治服务,教育与劳动生产相结合"的教育方针,创办建德县初级林业中学,校址设在梅城镇,有学生 28 名,学制二年。学生由人民公社选送,毕业后回公社担任林业技术员。学习课程有语文、政治、数学、物理、化学、植物、造林、森林工业、林产化工、土壤、肥

[①] 上引《浙江省林业志》第八篇第一章第二节。

[②] 上引《浙江省林业志》第八篇第一章第一节。

[③] 姜银森主编,建德县林业局编辑:《建德县林业志》,内部发行 1987 年版,第十一章"林业教育"。

料、测量、树木学等。学生的费用,主要实行勤工
俭学半工半读,以工养学。

　　1959 年,创办建德县农林技术学校,县初级林
业中学并入该校,招收新生,开设林业、农业、畜牧
3 个专业,10 个班级,其中林业 5 个班,有学生 200
人。1961 年,林业班与农林技校分开,单独办林
校,校址迁至乾潭苗圃(今乾潭祖家山)。同年 9
月,因经费困难,学校停办,学生回原单位。在林
业生产中起到重要作用。

　　而建德县山村出身,1959 年到 1960 年在建德县的林业学校
就学的林发樟(1938 年出生)的口述内容[①],则与上述概要在有
些地方存在出入,引起了笔者的兴趣。

　　首先我们通过其他史料来确认一下林氏和林业学校之间的
关系。在建德市档案馆收藏的档案中,保存着建德县初级林业
学校 1959 年度夏期招生报告和正式合格者 45 人、候补合格者 6
人的名单,其中正式合格者第 38 名就是林氏[②]。另外,林氏自家
保存着肄业证书。此证书是"建德林业技术学校"在 1960 年 9
月 17 日颁发给林氏的,在证书正文中记载 22 岁的他"在本校学
习 1 年肄业,今为响应党中央'大办农业、大办粮食'的伟大号
召,经学校批准支援农业生产,特此证明"。[③]

　　林氏的口述内容可以分为:①学校设立的经过、教员组成,

①　笔者于 2013 年 8 月 15、17、19 日在林发樟氏的家里对他进行了采访。

②　建德市档案馆,127-1-14(建德林场,本场关于林业中学的统治、意见总结报告及
上级批示),建德县初级林业学校关于 1958 年度第一学期招生、录取状态报告。

③　肄业证书现保管于林氏家。

②报名动机,③课程、教育内容,④毕业之后的情况[1]。以下,先引用他的采访口述记录,再来和《建德县林业志》的相关记述做比照。

①学校设立的经过、教员组成

问:林业学校的名字叫什么?

答:那个时候是建德县初级林业技术学校。是省林业厅委托建德林场举办的。那时是由省林业厅拨款的,老师的调遣、工资、办公费用。那时的老师里面有好几个都是来自南京林学院,是省林业厅调他们过来的。沈淑琴,还有她的丈夫,周黎清。

问:还有谁?

答:还有省林业厅来的,杨贤灿,还有我们建德县当地的老师,是语文老师,现在已经死了。蔡昌慈,是从乾潭中学调过来的。当时我在 104 班。

②报名动机

问:那你为什么当时会去林校的呢?

答:我听说林校招生,就跑去梅城报名了,那时我们三个人一起去的。

(中略)

---

[1] 林发樟氏口述记录(2013 年 8 月 19 日采访,未定稿)。

问：你去报名的时候，你当时有什么打算吗？

答：因为我原来是小学毕业的，文化程度不够，所以想要再去学习下，就去报名。

（中略）

问：你报名的时候，你对林业有没有兴趣？

答：有的，因为我们山区都是林产。

③课程、教育内容

问：当时一天几节课？

答：上午三节，下午两节。礼拜天是休息的。

问：那当时上什么课呢？

答：我只记得有语文、数学基础课，造林学，土壤学。造林学里面讲怎么播种、种树、育秧苗。那时我们都不交学费，不交伙食费，我们是半工半学的，上面拨一部分钱，我们自己去赚一部分。

问：那你们什么时候去做这些赚钱的工作呢？

答：都是一段时间的。有时是按照林场的工作计划去造林。这个是算在半工里面的，是拿工资的。

（中略）

问：你们当时有几种课本？

答：每门课程都有课本的。数学用的是一般初中的课本。造林学用的课本是省林业厅的版本，是自己办的。

问：那时的课本现在你还有吗？

答：应该找不到了。

（中略）

问：你学习的造林学的内容和以前自己干的农活的知识一样吗？

答：不一样的。学校里面教整地，播种秧苗，盖黄泥，看苗情，施肥。我们这里的山苗没有苗木的，都是扦插的。都是把老树上的两尺多高的新芽砍下来做扦插。扦插的时候是一尺五。那个新芽长得很快的，我们一般都是在泥土里面埋七寸，上面留八寸。

问：扦插是你们农户用的方法？是不是学校里面的方法？

答：不是学校的方法，是我们农户的老方法。学校里面都是用苗圃的。

④毕业之后的情况

问：你在这个学校念了多久？

答：两年不到。我是1959年去的，1960年11月份下放的。

问：下放的意思是回到农村吗？

答：是的。

问：那你们当时回农村的时候，学校解散了吗？

答：没有解散，当时是16岁以下的留下来，又坚持了一年才解散的。1960年学校从余河迁到乾潭。在乾潭的时候是自己造学校的房舍,种梨树、桃树。基本没有读书。房子造了一半我就回来了。

（中略）

问:那你在林校学习到的知识,在回到农村后有没有用?

答:没有,还是用老方法,因为那些种子都是要生产队安排的。

问:那你回来后在生产队里当过林业技术的老师吗?

答:没有,都是他们安排我做什么我就做什么。用扦插的方法种茶叶我做过的,是生产队安排我做的。

在①中有一个值得注意的事情,是林业学校的教员有一部分来自南京林学院。南京林学院是 1952 年由金陵大学农学院森林系和南京大学农学院森林系合并而成的。南京林学院的学生到建德县的很大一部分原因,是中央政府的政策方针。1958年 8 月,中共中央宣传部部长陆定一倡议各个学校要勤工俭学、半工半读,基于这一方针,10 月林业部召开了全国高等林业院校座谈会。会议决定高等林业教育机构的全体教员以及学生需要下放锻炼 1 到 2 年,高等林业教育机构的教员和学生则是下放到农村和林场,用参加生产劳动的方式取代原本在教室授课的方式①。由于这样的背景,南京林学院的专业知识也有了传播到

---

① 上引《中国林业教育史》第一章第三节二(一)。

建德的林业学校和农村的机会。

有关②,《建德县林业志》的记载是说学生由人民公社选拔推荐,但林氏说是自己主动报名的。招生方法很有可能不是严密的。另外,受教育者报名林业学校的动机,除了是对林业本身感兴趣之外,还有提高自己学历这一点。中国社会一般认为提高学历可以带来社会地位的提升,所以对于林氏等农民来说,林业学校招生是一次难能可贵的机会。

从③我们可以知道在林业学校,学生们是通过自编教材,来学习诸如造林学和土壤学等"近代性"知识的;其内容也像苗圃所象征的那样,是有别于农村传统做法的"近代性"的做法。就教材而言,中华人民共和国成立后,中国共产党以及中国政府打着向苏联学习的口号,从1955年开始在北京、南京、东北各个林学院中招聘苏联专家讲课。另外,通过大量引入苏联教材,林业部和高等林业教育机关组织翻译了有关林业以及森林工学等苏联教材①。目前,虽然无法得知从南京林学院来的林学教员在建德县的具体授课内容,但是考虑到知识的传播以及普及途径,可以推测他们的教学知识应该是中华民国时期以来从日本以及欧美引入的,或者是从苏联引入的,抑或是各种来源相混合的。这有待今后进一步求证。

有关④,《浙江省林业志》记载,在林业学校求学的学生本来被期许回到农村担任林业技术员,或者是在农村发挥重要的林业生产作用。对此,林氏在采访口述中说在林业学校学到的知识实际上并没有在农村得以运用,这点值得引起我们的注意。

以上,围绕20世纪50年代建德县的林业学校,比较了地方

---

① 上引《中国林业教育史》第一章第三节二(一)。

志记录和毕业者口述之间的差别。林业学校在某地区设立,传播林学知识,这些林学知识又普及、落实到基层社会,虽然需要把这些问题彼此区分然后各自廓清,但是在教育史研究中考察某种教育给受教育方以及社会带来的影响其实相当困难。在这点上,田野调查中使用采访方式来考察某种教育给人和地方带来的影响,是非常行之有效的。今后,笔者将继续采访调查林业学校的毕业生们,将其成果与文献资料内容相比较,从而更清晰地还原出林业教育给基层社会带来的影响。

五、结语

本文初步考察了陈嵘、金陵大学等有关近代中国林学界的文献史料,以及在浙江省建德县山村进行有关林业学校的田野调查所得资料,为今后的研究指出方向。通过本文我们可以了解到,在探讨中国林学知识的独特性,以及中国林学知识和基层社会之间关系的时候,中国东南部和陈嵘、金陵大学是非常重要的研究案例。今后研究的方向,就像已经反复强调的那样,需要把金陵大学的林学相关课程和实践、陈嵘的著作内容与日本、欧美做比较,分析《中华农学会报》《农林新报》。另外,要理解近代中国林学知识,也必须掌握陈嵘以及近代中国林学家在日本、欧美等留学地方到底学习了什么。今后,笔者将继续搜集日本国内国外各个机构的资料,推进考察和分析。

第八章　对山林资源的传统式共同管理以及近代以来国家的控制与开发

——以福建省为例

山本真

（翻译：隋艺、何雨、杨家鑫、张靖中）

前　言

　　在当今全世界范围内，环境破坏与自然资源的枯竭日益严峻，保护公共资源（commons）[①]的重要性正逐渐为世人所认识。于是，探求环境保护和资源管理的实践方法成为当下的紧要课题。为了给未来创造更好的生存环境，我们需要向过去学习的东西还有很多。比如，在民间社会，经过长时间积淀而形成的习惯中，存在着很多关于管理、利用山林的智慧。笔者认为，对这些智慧的发掘与再次评价，虽说略显迂回，却有十足的意义。

　　以上问题意识在学界不断受到重视。在当今日本，从历史

[①]　此观点请参考以下研究。Hardin, Garrett, The Tragedy of the Commons, Science, 1968, Vol. 162, No. 3859.

学或人类学的角度展开的关于保护山林资源的研究不断取得进展。[①] 其中，民俗学者菅丰对中国的公共资源管理非常关心，他基于中国传统社会构造提出了这样一个问题，即在一直以来被形容为"散沙"的中国社会[②]里，公共资源的管理有着怎样的特征呢?[③]

此外，在传统中国社会中，保全森林与风水思想之间的关系也已有相关研究，比如中国学者关传友的研究[④]就非常重要。在日本，上田信很早就已经将山林利用与山村的生活、风水思想结合起来进行探讨。[⑤] 而研究明清史的森正夫则围绕保护山林的管理主体与利用习惯进行相关研究。[⑥] 基于以上问题和先行研究的成果，本文的前半部分主要是探讨民国时期林业政策对山林破坏的影响，以及民间利用与保护山林资源的习俗。国家在山林的开发和保护中起到非常重要的作用。日本的相原佳之在博士论文中对清朝的山林与国家的关系进行了详细描述。[⑦] 但

---

① 三俣学，森元早苗，室田武：《コモンズ研究のフロンティア》，东京：东京大学出版会 2008 年版，第 1 页。

② 这是孙文《三民主义》中使用的词语，说到中国人的共同性弱点、公共意识薄弱的时候几度被引用。

③ 菅丰：《中国の伝統的コモンズの現代的含意》，载室田武编：《グローバル時代のローカルコモンズ》，京都：ミネルヴァ書房 2009 年版，第 221—226 页。

④ 关传友：《风水景观：风水林的文化解读》，南京：东南大学出版社 2012 年版。

⑤ 上田信：《森和绿的中国史：生态学、历史的尝试》，东京：岩波书店 1999 年版；上田信：《森と緑の中国史：エコロジカル・ヒストリーの試み》，东京：山川出版社 2002 年版；上田信：《風水という環境学》，东京：农山渔村文化协会 2007 年版。

⑥ 森正夫：《地域社会与森林：传统与现代》，《地域与社会视野下的明清史研究：以江南和福建为中心》，南京：江苏人民出版社 2017 年版。

⑦ 相原佳之：《清代中国における森林政策史の研究》，博士学位论文，东京大学，2009 年。

是，关于政府行政力度不断加强的民国时期的山林政策，日本国内几乎没有相关研究，在中国也多以制度史和政策史的研究为主。[①] 因此，政策在地方是如何实施的，当地民众的反应如何等等的实际状况仍存在诸多不明之处。故而，本文以民国时期福建省为例，致力于解析国家对山林资源的控制与开发的实际状况。

在福建省有这样一句话，"八山一水一分田"。[②] 这句话生动地表现了福建省的地势特征，即山地占八成，河流与田地各占一成。根据 1943 年国民政府统计处的统计，可估算出全省的森林覆盖面积占全省面积的 36%。[③] 于是，人们"靠山吃山"，在福建从事林业或与林业相关产业的人很多。因此，探讨这些人利用山林的实际状况是很有意义的课题。并且，福建省宗族关系发达，考察宗族与山林的管理、保护之间的关系，对于思考谁是管理山林的主体这一问题具有重要意义。基于以上考虑，在考证中国的山林管理与利用的状况时，福建省是非常好的事例。

---

① 有关林业法制，参考吴金赞：《中华民国林业法制史》，台北：正中书局 1991 年版。有关制度史、政策史，参考樊宝敏：《中国林业思想与政策史（1644—2008 年）》，北京：科学出版社 2009 年版。有关国民党政府的林业行政，以农林部中央林业试验所为对象进行分析的研究有林志晟：《农林部中央林业实验所的设置与发展（1940—1949）》，国立政治大学历史学系 2011 年版，侯嘉星：《1930 年代国民政府的造林事业——以华北平原为个案研究》，台北：国史馆 2011 年版等。此外还有戴一峰：《区域性经济发展与社会变迁——以近代福建地区为中心》，长沙：岳麓书社 2004 年版。其对理解福建的林业、造林政策也有所帮助。同书刊登的论述福建省木材贩卖、国民政府植树造林的论文，对本稿起到很大的参考作用。

② 唐文基主编：《福建古代经济史》，福州：福建教育出版社 1995 年版，第 502 页。

③ 《国民政府主计处关于战时林业生产状况的调查统计 1948 年 6 月》，载中国第二历史档案馆编：《中国民国史档案资料汇编》第 5 辑第 2 编财政经济（8），南京：江苏古籍出版社 1997 年版，第 487 页。

一、近代福建林业的盛衰

(一)木材的种类、产地、造林状况

　　福建木材的主要品种为马尾松、杉木、樟树。闽江发源于福建西北部,注入福州沿海,其流域的天然林是马尾松的主要产地,作为薪炭木材被广泛使用。而作为建筑木材最重要的是杉木,往往由林业专业户进行人工造林,以 15—20 年为一个周期进行采伐。另外樟树的产量虽不如马尾松和杉木,但作为樟脑的原料具有高经济价值。但是,当时福建并没有人工樟树林,故樟树的木材完全依赖自然林。[①] 日本的东亚同文会编撰的《支那省别全志》,将杉木与松树视为福建林业的主要木材,有以下描述:

　　　　福建产木材的大部分为杉树,松树次之。福建杉作为建筑用木,有防白蚁的特效,与我台湾銮大杉都是世界范围内屈指可数的良木。不仅可用于建筑,茶箱的制造也多有用及。与此相对的松木虽在建宁、泰宁两县多有出产,然主要作为薪炭用木。故而福建木材的代表是杉木。[②]

　　此外,关于樟树的采伐与减少,台湾总督府刊行的《北部福

---

① 林庆元主编:《福建近代经济史》,福州:福建教育出版社 2001 年版,第 88—89 页。

② 东亚同文会编:《支那省别全志 第 14 卷　福建省》,1920 年,第 624 页。

建事情》(1921年)中有如下详细记载：

> 时值明治三十五年(1902)，我三五公司虽将福建各地的樟脑加以出口，但由于樟树渐减，已达停业之地步。樟树在闽江上游的尤溪、沙县等地虽多，然木材搬运便利之地被采伐殆尽。现仅存的，多在交通不便之地。……现存之樟树，既有官有与公有之树，也有因迷信而禁伐的墓树和社祠之树……①

也就是说，在20世纪初，樟树因采伐已不断减少。另一方面，因为民间信仰作为墓树和社祠的大树是禁止采伐的。民国版的《建瓯县志》中记载"樟木有数百年或千年之树，凡村头水尾类皆有之"，由此可知村头与水尾的樟树被完好地保存下来。②有关村头和水尾的风水的概念，将在下一节讨论。

福建省木材的主要产地有，发源于武夷山麓经过南平县注入福州沿海的闽江流域、流经福建西部注入广东东部汕头沿海的汀江流域、发源于福建西南部龙岩并注入漳州沿海的九龙江流域。在林业兴盛的闽江流域，特别是关于其中心地南平县的杉木，在《支那省别全志》中有如下记述：

> 如今，造林业兴盛，以峡阳为中心，其附近不十分险峻的山地处森林都被修整了。这种情况在

---

① 台湾总督府官房调查课：《北部福建事情》，1921年，第64—65页。

② 詹宣猷修、蔡振坚等纂：民国《建瓯县志》卷25实业，1929年印，上海：上海书店出版社2000年重印版。

福建省内的其他地区是很少见的。此地土壤肥
沃，很适合福州杉的生长，加之距离销售市场福州
较近，并且方便搬运也被认为是此地林业发达的
原因。①

从以上资料可知，南平县的杉木主要源于人工造林，其保护
与管理皆由人工进行，然而也可以看出南平县的例子在整个福
建省只是个例。

(二)山林破坏的实际状况

另一方面，其他多数调查记录指出自然林的管理不彻底，乱
砍滥伐现象严重。例如，台湾总督府系的企业三五公司的调查
(1908)中有这样的记录：

福建省的木材可算作第一重要的物产，然因
采伐逐渐减少，恐怕将来的产出会有一时的中断。
中国人的习惯是只注重眼前利益，根本不考虑采
伐过后通过植树造林进行补植。②

然而，植树造林毫无进展，并不单单是福建民众缺乏长远眼
光。民国时期福建地区军阀混战、盗匪猖獗导致社会极度混乱，
故林业发展停滞也与政治、社会的状况相关联。关于这个问题，
从以下引用的东亚同文书院第 20 期学生的调查报告中可以略

---

① 东亚同文会编:《支那省别全志 第 14 卷,福建省》,第 655 页。
② 三五公司:《福建事情实查报告》,1908 年,第 13 页。

见一斑：

> 杉木若不进行植树造林，是无法自然成林的。其他树种的造林计划也因土匪横行而受到阻碍。既无法防止滥砍乱伐，也无法进行新的植树造林。其结果就是除却交通极其不便的山地地区，其他地区都成了秃山。[1]

1913 年到福建西南部的汀江流域旅行的东亚同文书院第 11 期学生，在其旅行记录中描述了福建山林的荒芜景象，"福建的山几乎都是秃山。在见到若干几处有茂密的松树和杉树后，可知植树造林虽并非绝无可能，但大抵也只能用'地硗确'三个字来形容了"。[2] 但是，前一年徒步从福建西部的归化县到沙县的东亚同文书院第 10 期学生却写道"大大小小的树木郁郁葱葱"[3]，留下了与之前的记录迥异的内容。我们该怎样理解这两份记录的矛盾之处呢？关于这个问题，可以关注 1940 年由福建省政府秘书处发行的《福建之木材》的记述："由于河川附近的林地的木材被采伐，河川沿岸的林地已成满目童山。"[4] 也就是说，为了将沉重的木材搬运到市场上去，需要用木筏利用河川顺流

---

[1] 东亚同文书院：《中国调查旅行报告书》第 17 回，第 20 期生，1923 年，东京：雄松堂出版 1996—1997 年重印版；Microfilm，Reel，77，第 15 卷，《南支沿岸　产业贸易》第 42—43 页。

[2] 东亚同文书院第 11 期生编：《沐雨栉风》，上海：东亚同文书院 1914 年版，第 216 页。

[3] 东亚同文书院第 10 期生编：《乐此行》，上海：东亚同文书院 1913 年版，第 198 页。

[4] 翁礼馨：《福建之木材》，福建省政府秘书处统计室 1940 年版，第 7 页。

而下。因此,便会出现便于木材搬运的大河两岸的树木往往遭过度采伐,而采伐不便的内陆的树木被保存得比较完好的倾向。

另外也不能忽略闽江沿岸的滥伐是造成水灾的原因之一。日本外务省的报告书里关于滥伐与水灾的记述也值得关注。

> 由于从以前开始持续滥伐而又不行补植,故(如今)只有闽江上游与江西省接壤之处以及与北部浙江接壤之处还残留着葱郁的山林。其他地方尽皆秃山,或仅生灌木。不考虑水利,夏天闽江之水不时的泛滥也与采伐有密切关系。[①]

加之,农民放火烧山,也是产生秃山的重要原因。例如,山间田地入春之后若弃置一边,则往往被杂草覆盖。所以一到插秧时节便会以火烧之。但强风会把飞散的火星带入山林而引发山林火灾,周边树木尽皆被焚,只留下秃山的惨状。除此之外,为栽植红薯开荒杂木林而进行的焚烧草木,为捡拾薪柴进山的孩童为图好玩而用火柴玩火,进而引发火灾等事也时有发生。[②]民众的疏忽行为也助长了对山林的破坏。

1930 年代以后,福建的林业进入了衰退期。木材的对外出口额急速下降,1930 年为 1300 万元,1931 年下降到 360 万元,1934 年更是降至 200 万余元,木材商也相继破产倒闭。[③] 关于其衰退的原因,台湾总督府热带产业调查会编撰的《南支那的资源和经济》中有如下分析:①滥伐而又不进行补植;②土匪猖獗;

---

①　(日本)外务省通商局:《福建省事情》,1921 年,第 127 页。

②　莹子:《闽北的烧山》,《闽政月刊》,1941 年 4 月,8 卷 4 期。

③　翁礼馨:《福建之木材》,福建省政府秘书处统计室,1940 年,第 6 页。

③交通不便，加之过路税等不当课税不绝；④经济危机；⑤闽北木材的最大顾客是东三省，而东三省的销售变得困难，等等。特别是作为闽北林业中心地的南平县，其木材产量已经衰退到了可以用"一落千丈"来形容的地步。① 但是，从本文的视角出发主要关注第①点。

二、清代到民国福建民间社会的山林资源共同管理

在日本，对维持民众生活有着重要意义的村落共有山林的管理由村落共同体担任。② 那么，在山地面积占多数的福建省，拥有与管理山林的主体是谁呢？福建省发达的宗族与山林资源的管理有着怎样的关系呢？本节将着重考察这些问题。

（一）新编地方志中山林的所有、管理与宗族、村落的关系

《福建省志·林业志》概括性地论述了现代福建的林业，其中有 1951 年山林改革前之山林所有权状况的统计。③ 据此统计可知，山林总面积的 11.03％为地主所有，3.13％为富农所有，19.20％为中农所有，21.10％为贫农所有，0.31％为国有，11.93％为"祭山"，8.65％为"公山"，18.82％为"乡有"。"祭山"

---

① 台湾总督府热带产业调查会编：《南支那的资源和经济》第一卷福建省，南洋协会台湾支部发行 1938 年版，第 425、456 页。

② 《日本混合林野的历史和财产区有林》，载室田武、三俣学：《入合林野とコモンズ》，东京：日本评论社 2004 年版，第 1 章。

③ 福建省地方志编纂委员会编：《福建省志·林业志》，北京：方志出版社 1996 年版，第 132 页。

是指由宗族和村落进行管理的,为了祭祀祖先和庙堂而使用的山林。[1]"公山"可以理解为宗族和自然村落拥有并管理的山林。那么,占山林总面积18.82%的"乡有"指的是什么呢?非常遗憾的是《林业志》中没有关于"乡有"的具体说明。乡有应该是指,国民党政府时期的地方行政机构的乡镇或者保所拥有的山林,而在中华人民共和国成立后,被指定为作为行政区的乡所有。其根据将在本文的第三节和第四节做详细说明。

对于《林业志》统计的正确性仍存疑问。朱冬亮的研究表明,山林改革时的工作粗放,并未界定占有广大面积的无主荒山的权利与所属,因此山林登记面积与实际面积之间存在很大的差异。[2]另外,南平市王台乡的资料也显示,山林改革时调查时间短,粗疏敷衍,农民在自我申告时有疏漏。特别是在乡与乡,区与区,县与县的边界以及交通不便的自然林等地方的调查尤为不准确,山林权的归属上遗留着很大的问题。[3]因此,可以推测《福建省志·林业志》的统计基本没有反映出广大的无主之地的面积,只有极少的一部分作为国有地被统计上去了。尽管如此,通过《福建省志·林业志》统计可以确认,"祭山""公山""乡有"合计起来占山林总体面积的40%左右,这样的非个人所有的山林所占面积相当广阔。

接下来以福建各地的新编地方志为基础,详细介绍1951年

---

[1]　祭山的收益被用于社区的公共祭祀。朱冬亮、贺东航:《新集体林权制度改革与农民利益表达——福建将乐县调查》,上海:上海人民出版社2010年版,第42—43页。

[2]　朱冬亮、贺东航:《新集体林权制度改革与农民利益表达——福建将乐县调查》,上海:上海人民出版社2010年版,第42—43页。

[3]　南平市农业委员会:《王台乡林业合作史》蔡和睦主编:《福建省农业合作经济史料》1卷,福州:福建社会科学技术出版社1988年版,第278页。

山林改革之前的山林所有的实际情形。在福建西南部的龙岩有"姓氏"和"家庭"管理的"祠堂山"(宗族祠堂的山)、"后龙山"(守护龙脉的山),以及"乡村"管理的"风景山"和"水口山"(保护风水和水口的山),还有庙宇、寺院拥有的山林。宗族共有和乡村公有的山林合起来占据山林总面积的85%。[①] 关于在沙县各地的村头、水尾(河流流进或流出村落的地方)的风水林,由地方绅士牵头制定了限制采伐的禁约。对宗族拥有的山林也采取严格的保护措施。[②] 此外,福建北部的福安县也有"禁山护林"的习俗,制定如禁山碑和"吃禁山饭""分禁山饼"等惩罚规则的历史悠久。通常,村落的后山作为封禁的范围,使得水源地得以保全,水土流失得以防止。[③] 就这样,在中华人民共和国成立以前,山林的相当一部分为宗族和乡村所共有,由于受到风水思想的限制,这些山林得以完好地保存下来。

(二)由田野调查得出的宗族与村落的山林所有与管理的实际情形

在此将介绍通过笔者于当地进行的采访调查(一部分是委托调查)所得知的关于民国时期的宗族与村落的山林所有与管理的状况。

①关于宗族共有林的管理

◎山林是有管理者的。杉木是祖先的东西,家长来进行管

---

① 龙岩市地方志编纂委员会编:《龙岩市志》,北京:中国科学技术出版社,第74页。

② 沙县地方志编纂委员会编:《沙县志》,北京:中国科学技术出版社1992年版,第173页。

③ 福安市地方志编纂委员会编:《福安市志》,北京:方志出版社1999年版,第435页。

理。并制定村规,如有违反者,作为惩罚让其分饼(谢 JZ 氏,龙岩市新罗区 Z 镇 LT 村,2010 年 6 月 13 日,委托本地出身的研究生陈氏进行的调查。笔者自身也数次访问过当地)。上述的口述记录中,宗族拥有的山林与村落拥有的山林并不能明确地区别开来。同族村中两者的区别较为暧昧。

◎在上方山(山名)有宗族管理的山,例如"维东",管理很严格。若有违规则,则罚其分饼(谢 YS 氏,1938 年生,龙岩市新罗区 Z 镇 ZX 村,2010 年 6 月 10 日,委托本地出身的研究生陈氏进行的调查。笔者自身也数次访问过当地)。

在民国前期的 1915 年,龙岩市 Z 镇的 L 姓宗族创建了崇林实业公司,在上方山的西部开设林场。次年,谢、赖、陈三姓宗族合资创建维东公司,经营林场(杉木)。两家公司在上方山西部实行"封山育林",配置专业人员进行巡回管理。[①] 这就是宗族通过创建林业公司将宗族拥有的山指定为林场,并将林业资源进行严格管理的事例。

②关于村落的共有林或无主林

◎山地的所有权分祠堂所有、私人所有、自然村所有(公山)等形式。各村的山之间有边界,而边界(界限)为村民们所共识[陈 XG 氏,80 岁(访问时年龄),原小学教师,上杭县旧县乡 HD 村,2006 年 8 月 1 日采访]。

◎新中国成立前各村之间有边界(界限)。山林与土地都界限分明[罗 GX 氏,80 岁(访问时年龄),退休教师,龙岩市新罗区雁石镇 YK 村,2006 年 8 月 5 日采访]。

---

① 龙岩市新罗区适中镇志编纂委员会编:《适中镇志》,北京:华夏出版社 2008 年版,第 172 页。

以上两份口述资料指明了村的公山以及村落是存在边界的。日本的满铁在华北实施的例行调查中却指出村落的共有地较少，且不存在边界。日本的研究者也将共同性不足看作是中国村落的特点。[①] 但是福建山村存在村落共有山林及边界。这个问题会在第三节利用文献资料加以探讨。

③关于对风水林的限制

◎崇文书院背后的风水林未被破坏。水口的山林也未被破坏。一般来说，"大跃进"的"大炼钢铁"时期，交通较为便利之地的山林都被砍伐殆尽。但是，水尾和水口的树木之中，被挂以红布的树一般都未遭砍伐（谢 YS 氏，1938 年生，龙岩市新罗区 Z 镇 ZX 村，2010 年 6 月 10 日，委托本地出身的研究生陈氏进行的调查。笔者自身也数次访问过当地）。

◎在风水林中砍伐、开垦、种植红薯均被禁止。风水林从新中国成立前到现在都是村里的公有用地（陈 XQ 氏，1936 年生，退休教师，古田县 D 镇 HY 村人，2010 年 8 月 14 日于古田县城进行的访问）。

如以上的介绍，在笔者的实地调查中可以确认，存在宗族拥有、管理、收益的山林以及村落管理的风水林等。其中尤其值得注意的是与风水相关的树木在社会主义"大跃进"时期的乱砍滥伐中被保全下来。尽管社会主义时期进行过破除封建迷信运动，但风水观念仍得以维持，其结果是使树木和环境得到了一定的保护。

---

① 例如，请参考旗田巍：《中国村落と共同体理论》，东京：岩波书店 1973 年版。

(三)族谱与社会调查等文献资料所记载的山林资源的所有与管理

有关清代福建省的山林资源管理,乡村制定的利用限制不仅涉及乡村共有地,有时也涉及宗族共有地和私人所有的山林。例如,龙岩市新罗区 Z 镇 L 姓族谱记载了各姓代表制定有如下内容的禁约:

> 立合同人陈林赖谢四姓人等,今因东山一带山场坟墓宅攸关,畴灌溉源泉出焉,近来山木既被斧斤,萌芽复遭牛羊,泉失荫而缺少,而无知之辈又横行挖石,遂至地裂山崩,一遭雨淋,沙流壅淤,横溢田间,禾稼尽被毁坏,贻害无穷。乃募同里乐捐需费,在东山庵立约,严行禁止开辟火围演戏,闻知其禁例,俱载在簿,各宜遵禁,但该处山场原系各人契界物产,日后树木森茂,倘有朽坏树木,凭公佑卖,众得六部,山主得四部。①

由此资料可以得知,山林保护与整个地方社会的公共秩序密切相关,往往几个宗族共同立约,其限制甚至涉及宗族及私人的土地使用。

接下来介绍民国时代山林所有和管理习俗的事例,即毛泽东在临近福建西南部的江西省南部寻乌县的《寻乌调查》:

---

① 《四十五年庚子春与各姓家长立东山禁约》,龙岩林姓《长林世谱》本族大事记,1931 年。

> 山地则因其生产力小，通常一姓的山（一姓住
> 在一村），都管在公堂之手。周围五六里以内，用
> 的公禁公采制度。所谓"公禁"者，不但禁止买卖，
> 而且绝对地禁止自由采伐。除非死了人，"倒条把
> 子树，搭墓棚"，才得许可。为公共利益使用，如作
> 陂，开圳，修桥梁，那是可以的……以上是家族主
> 义山林"共产"制度，还有地方主义的山林"共产"
> 制度。多半以村为单位，由村内各姓人等公举禁
> 长。严禁私采，定期开山等等，都与家族共产的山
> 林一样。（中略）寻乌的山地约作如下的分配：一
> 姓公山占百分之十五、一乡公山百分之五，私山百
> 分之十，离人家远开发不到任其荒废的所谓"荒
> 山"，则占了百分之七十。①

上述的资料显示乡村共有的公山的管理主体是"由村内各
姓人等公选禁长"。这表明山林资源是由该地域社会生活中利
害关系一致的各宗族推选代表进行共同管理的。

那么，宗族和乡村的"公山"与荒山之间又有怎样的关系呢？
作为线索，下面的关于福建北部屏南县的资料是颇值得玩味的：

> 每乡均各有其相沿旧习之乡界，凡界内之荒
> 山荒地，多为最早土著之氏族所占有（其实是山属
> 于国有）日后遇有异姓迁入，一切垦荒葬墓，均须

---

① 毛泽东：《寻乌调查》，第4章(7)山林制度，毛泽东：《毛泽东农村调查文集》，北
京：新华书店1982年版。

缴纳地价……本县荒山荒地未经私人经营或契买者，当视为国有地，①但在本县则却有乡界之旧习，如某一村地，为某姓先开基，(即最早建屋移住者)其子孙繁衍成乡，则乡界周围以内之荒地，即视为其族所有，②凡异姓异乡在界内葬墓造林，均须缴纳山租(算为租借地)，于是逐渐将国有荒地变转入乡有或族有。①

　　如①下划线所示，在资料中明确记载存在有被称为"乡界"的乡村分界线。这与第二节中介绍的田野调查的内容一致。另外，毛泽东也指出，以村为单位，在此居住的宗族代表共同管理境内的山林资源。

　　下面介绍关于山林的所有与共同管理的另一个事例。在地处福建省西北部武夷山南麓的建阳县印山村，1950 年代初实施的调查有如下记述。印山村是包括了 7 个自然村落的行政村。林地面积占全村面积的 81%。林地的 49% 是天然林，51% 是经济林。全村共有林地的面积占林地总面积的 31%，共有林中无主林占了 74%。无主林的 8 成是天然林。这些无主林除了提供全村人的薪柴之外没有特别的经济价值。宗族林占共有林的 17%，多是如杉木之类有经济价值的树木。庙林占共有林的 6%，由全村人所共有，禁止私人任意采伐，只可用于桥梁、道路、水闸、庙宇的修建。风水林占共有林的 2.6%，完全禁止采伐。因为采伐会破坏风水。②

---

① 周冕：《屏南农业环境与农业建设计画》，《闽政月刊》，1940 年 2 月，5 卷 6 期。
② 华东军政委员会土地改革委员会编：《福建省农村调查》，1952 年，第 123—125 页。

由以上资料可以确定，①村内的无主林地实际上是全村人的共有林，村民可以自由取柴，但几乎没有实行管理。②村民共有地中的庙林和风水林的管理很严格。此外，在之前介绍的屏南县相关资料中的下划线②，描述了其他宗族或外村人如果在村境内修建坟墓或造林的话，需要缴纳山祖（通"租"）。因为可以修建坟墓或造林的土地具有经济价值，所以需要实行排外性的管理。

（四）国家对荒山的认识与管理的实际情况

上述《寻乌调查》中明确了无主荒山的大量存在。那么，国家对无主地是怎样认识和管理的呢？对于这个问题，福建省政府秘书处发行的《福建之木材》做出了以下说明。福建省官有荒山约 5000 多万亩，过去官山的收益多归于附近乡村。历代政府采取"山泽之利当与民共之"①的放任政策，一向不予干涉。因此官山渐渐变成了村民的共有物，经过多次破坏，已经极其荒废了。② 也就是说，无主的荒山在观念上被视作官山，实际上却被村民占有利用。日本法制史家仁井田陞指出，后世的记录中虽有"官山""官地"文字的出现，但与其说是官有地，更多的情况下是指非私人所有或非共同体所有的土地的总称。③ 另外，研究清朝森林政策的相原佳之给出这样说明，因为官方不直接管理，亦非私人所有，所以谁都可以利用的山也被称作"官山"。④ 由此可

---

① 《春秋左传正义（昭公）》卷四十九。
② 翁礼馨：《福建之木材》，福建省政府秘书处统计室 1940 年版，第 223 页。
③ 仁井田陞：《中国法制史研究　奴隶农奴法·家族村落法》，东京：东京大学出版会 1962 年版，第 697 页。
④ 相原佳之：《清代中国における森林政策史の研究》，博士学位论文，东京大学，2009 年，第 132 页。

见，"官山"实际上是谁都可以利用的无主的山林。

此外还有一些民国时期的资料是描写"公用地悲剧（trage-dy of the commons）"①之类的情况的。"公用地悲剧"这个词是由 Garrett Hardin 提出的，是指资源在共有、不属于任何人的情况下，因为谁都可以利用，所以被无节制竭取，导致枯竭且无人负责的情况。

> 此等官山因历史的关系，使用收益多归属于附近乡村，而历代国家因采取山泽之利与民共之政策，向不加以干涉，习惯相沿，官山遂变为乡民共有物。<u>其始也，斧斤不时滥樵采，及至地童秃，不得不争夺草皮，以供饲料肥料之使用。刈草便利之处彼此争相采取，放牧便利之处彼此争放牲畜。其刈草放牧稍见不便者，则又弃而不顾。</u>②

特别是像下划线部分叙述的那样，村落附近的官山（无主山）虽然是周边农民的共用地，却无人管理，任其荒废。

三、国民党政府的山林管理与开发政策

研究清朝森林政策的相原佳之认为，清代已经开始认识到木材枯竭和森林的过分利用的问题，也积累了应对的知识。然

---

① Hardin, Garrett, The Tragedy of the Commons, Science, 1968, Vol. 162, No. 3859. 秋道智弥：《コモンズの人類学》，人文书院 2004 年版，第 29 页。
② 谢申图：《整理本省官山方案》，《福建农报》，1938 年，11、12 期。

而，其森林政策总体而言在对森林的干预方面是比较薄弱的。[1]
但是近代以来，国家对天然林和荒山等国土资源愈发重视。本
节主要是探讨国民党政府的山林资源管理的相关方针政策及其
实践。

（一）孙文和蒋介石的大方针

中华民国成立之后，中央政府设立农商部林务局专管林务。
1915年设立植树节，虽然根据大总统令要求各省实行植树，但因
为处于军阀割据的时局而没有可行性。[2] 彼时孙文在1924年发
行的《三民主义》的"民生主义"中就关注森林对防止水患的作
用，提出以下观点：

> 现在人民采伐木料过多，采伐之后又不行补
> 种，所以森林便很少。许多山岭都是童山，一遇了
> 大雨，山上没有森林来吸收雨水和阻止雨水，山上
> 的水便马上流到河里去，河水便马上泛涨起来，即
> 成水灾。所以要防水灾，种植森林是很有关系的，
> 多种森林便是防水灾的治本方法。……所以对于
> 吃饭问题，要能够防水灾，便先要造森林，有了森
> 林便可以免去全国的水祸。我们讲到了种植全国
> 森林的问题，归到结果，还是要靠国家来经营；要

---

[1] 相原佳之：《清代中国における森林政策史の研究》，博士学位论文，东京大学，
  2009年，终章。

[2] 邓云特：《中国救荒史》，上海：商务印书馆1937年版，第488页。有关北京政府
  时期的森林、林业政策的梗概，请参照樊宝敏：《中国林业思想与政策史（1644—
  2008年）》，北京：科学出版社2009年版。

国家来经营,这个问题才容易成功。①

　　清代开始人们就已经认识到森林的砍伐是土壤侵蚀和洪水的主要原因。② 但直到民国时期,才有留学欧美的林业学者们对当时洪水多发是由于森林的破坏,提出了科学根据并发出警告。③ 孙文在《三民主义》中关于森林和水灾的关系的议论也是以学者们的讨论为背景的吧。而且《三民主义》强调国家积极着手植树造林的必要性,这一点也是值得关注的。

　　关于国家进行调查和开发这一点,孙文也在《建国方略》的第 5 计划中谈论到:"地质探验,当与地图测量并行,以省费用。测量工事既毕,各省荒废未耕之地,或宜种植,或宜放牧,或宜造林,或宜开矿,由是可估得其价值,以备使用者租佃,为最宜之生产。"④接着 1924 年写成的《国民政府建国大纲》的第 11 条中也规定,山林、川泽和矿产、水力带来的利益全部归地方政府所有。⑤ 因为地方政府进行自治,需要创造自己的财源。

　　蒋介石也继承了孙文的森林政策和开发方针。在 1936 年 1 月发表的《中华民国二十五年元旦告全国军民同胞书——国民自救救国之要道》中⑥,蒋介石谈论到为救国进行经济建设的必

---

① 孙文:《三民主义》,《民生主义第四讲》。
② 例如,请参考王淑芬:《清代治山防洪环保策略之探讨:以长江流域为中心》,《国立台北教育大学学报》,2006 年,第 19 卷第 1 期。
③ 凌道:《论近日各省水灾之激烈欠乏森林实为一大原因》,《东方杂志》,1917 年,14 卷 11 期;韩安:《造林防水意见书》,《农商公报》,1918 年,4 卷 7 期。
④ 孙文:《孙中山选集》,北京:人民出版社 1981 年 2 版,第 350 页。
⑤ 孙文:《孙中山选集》,北京:人民出版社 1981 年 2 版,第 602 页。
⑥ 蒋介石著、秦孝仪主编:《先总统蒋公思想言论总集》卷 30,《书告》,台北:中国国民党中央委员会党史委员会 1984 年版,第 195—197 页。

要性。之后他讲到,土地是一切生产的根本,必须尽可能地开垦公有和私有的荒地,为此必须动员国民进行"义务劳动",开发交通、修建水利、培育森林、开垦荒地。由此动员人们参加"义务劳动"成为推进植树造林事业的重要手段。接着在1936年3月12日,蒋介石出席植树节并发表了以下主题的演讲:

> 造林不仅可以调节气候,预防水旱,还可以增美风景,使我们的生活艺术化;间接促进社会的文明,更可以使空气新鲜,寒暖适度,间接保障一般人民的健康。植树造林,既然是这样的需要,有这样大的利益,所以我们全国的同胞从今以后,每年人人要种树,家家都要造林,只要大家能够切实努力,并不要费资本,就可以使国家富起来。[1]

上述的演讲也主张,植树造林不仅能使国家富裕,还可以改善环境问题,促进社会文明化,对保障健康也有帮助。于是根据孙文和蒋介石的经济开发大方针,中日战争时期,国民党的技术官员们制定了具体的政策。[2]

(二)国民党政府控制山林的具体方针

1932年制定的《森林法》将森林分为国有林、公有林以及私

---

[1] 蒋介石:《植树造林增进国家财富》,1936年3月,同前,卷14,演讲,第148—149页。

[2] 姚传法:《民生主义的森林政策》,中华林学会:《林学》,1941年,1卷7期;姚传法:《森林与建国》,《林学》,1943年,1卷10期。姚传法是中华林学会理事会主席。

有林。1945 年 2 月修正公布的《改订森林法》中添加了"森林以国有为原则"这一点。即其方针是，除了被认可的个人所有林地，县、乡镇、保等所有的公有地（关于这一点后文有述）以外，原则上都是国有地。1948 年的农林部令规定"森林用地之编定，由林业管理机关商同地政机关负责推行，林业管理机关实施森林用地编定时，应会同地方政府机关调查荒山荒地之所有权及他项目权理方位及荒废情形，择其合于森林用地之标准者，通知所有权者或他项目权理人同往测量，并绘具略图，载明面积地形及定著所有权等事项"。① 就这样，通过林地调查与登记，推进了控制森林资源的方针的法制化。

（三）战时的山林开发与"乡镇造产"事业

中日战争时期，国民党政府实施所谓的"新县制"，通过设置县级以下的乡（镇）级、保级基层行政单位，来整备地方行政制度。然后为了导入地方自治制度，把县、乡（镇）认定为能够保有独自财产的法人。② 在此基础上奖励县和乡（镇）积极开发管辖区域内的资源。关于这一点，以下引用自战时农林业官僚发表的，主张开发地方资源的重要性的论文。

　　　　就战时动员来说，在长期艰苦的抗战中，每一分人力和地力不应该让它废弃，而充分地开发运用，以增长国家的力量。公共造产将运用闲空的劳力、地力和物力，化无用为有用。这不仅在国防

---

① 吴金赞：《中华民国林业法制史》，台北：正中书局 1991 年版，第 362 页、第 374 页。

② 张俊显：《新县制之研究》，台北：正中书局 1988 年版，第 96—97 页。

生产上有积极的意义，而且在战时措施上更富动
员的作用。①

基于以上的政策理念，作为战时经济开发的一部分，1942年
3月行政院发布了《乡镇造产办法》。其中与本文主题相关的规
定有：虽然是以乡镇为单位对公有山地进行开垦，以及栽植茶、
桐、桑、竹等各类其他树木，但必要时也可分摊给各保加以实
施。② 根据这项规定，作为行政单位的乡镇、保就正式拥有了山
林的所有权和管理权。

"国民工役"无偿征用居民的劳动力，进而推动了乡镇造产
事业。该法规即《国民工役法》(1937年7月公布)，规定18到
45岁的男子每年需要履行3天时长的义务工役。③ 基于蒋介石
的命令，农林部更在1942年10月，命各省主席在乡镇设置林
场，动员民众植树造林。④ 接着在1943年总结了更加具体的指
令，制定了《强制造林办法》。这项规定强制要求各乡镇的林场
每年至少植树5000株，每户居民每年至少植树3株。⑤

此后，1943年的《农林部林业施政方针及五年造林实施纲
要》制定了以下几个方针：①推进土地的合理利用，使可以植树
造林的原野迅速恢复成森林；②努力实现林产自给自足，保障民

---

① 施中一：《公共造产之认识与推行》，《农业推行通讯》，1940年，2卷10期。

② 《乡镇造产办法》行政院院令(1942年3月)，台北：国史馆藏，国民政府档案，
026000004249A。

③ 梁桢：《国民工役》，上海：商务印书馆1941年版，第119页。

④ 《农林部关于战时林业建设概况报告(1943年7月)》，《中华民国史档案资料汇
编》第5辑第2编财政经济(8)，第487页。

⑤ 《强制造林办法》，台湾省政府农林处编：《台湾农林法规汇要》，1948年，第58
页。

生安宁；③在天然森林的整理、保护的同时进行开发利用；④提高林业产量以供抗战建国之需；⑤各省以森林法为基础，编定森林用地，同时按公、私有林登记办法进行登记等。[①]

国民党政府为了掌握国土资源情况，在孙文和蒋介石所示方针的基础上，对国有林和县市乡镇的公有林的定义以及等级制度等进行了整顿。当然，不能否认有理念领先于现实的情况。但是，笔者认为批判国民政府的林业行政目标是完全不切实际的纸上谈兵也并不合适。在第四节，将以福建省为事例，对相关政策实施的实际情况加以考察。

四、福建省政府控制与开发山林的尝试

（一）福建省的地籍整理方针与林地

国民党以孙文的《三民主义》的"民生主义"中提及的土地整理方针为基础，对全国农业用地实施了土地陈报（基于土地所有者的自我申报的简易地籍整理）。福建省也开始了简易的土地调查。根据1936年的《福建省地政局土地陈报编查暂行实施规程》，土地类型分为公有和私有二类，土地名目分为果、田、农、宅、荡、汶、林、杂八种。其中关于林地，满足下述条件之一的就可认定为私有地。①有正当证明材料的土地；②明确判决为私有的土地；③现在或者过去缴纳钱粮的土地；④私人开垦的荒地，并且明确占有多年的土地。而没有所有权者或占有者、管理

---

① 《农业部林业施政方针及五年造林实施纲要》（1943），"中央研究院"近代史研究所档案馆，农林部档案，20—23—001—05。

者的土地，暂定为无主地或公有荒地。[1]

（二）福建省政府的荒山调查

福建省政府 1939 年的《福建省农业改进工作报告》提出，为了积蓄长期抗战之力量，迎接最后胜利以及成功建国，在山地较多的福建省采用立体农业，提高战时的生产。[2] 该报告也显示了，因为历代政府一向采取放任政策，对官山的利用不加以干涉，以致其最终变成乡民共有物，极度荒废。[3] 在这样的危机感之下，1938 年 12 月政府组织成立了荒山调查队。不过由于战时省政府人力财力有限，因此采取了先从林业的中心南平县开始，再向闽江下游流域沿江 2 里以内的荒山推进，按顺序进行调查的方针。[4] 此后一年间，从南平县的樟湖坂到古田县的水口一带完成了勘测，其结果表明荒山的面积为 5 万 297 市亩。此外，勘测了南平进贤乡的荒山 7000 余亩，还种植了油桐树。但是由于政府经费的枯竭，1940 年调查队被其他机关合并。[5] 这之后，1941 年农林部农产促进委员会的勘测团勘测了沙县的林区[6]，

① 苏宗文：《福建省办理土地陈报之经过》，萧铮主编：《民国二十年中国大陆土地问题资料》，台北：成文出版社 1937—1977 重印版，第 20181—20292 页。

② 福建省政府《福建省农业改进工作报告》(1939)，中国国民党党史委员会编：《革命文献 第 105 辑 抗战建国史料 农业建设(四)》，台北：中央文物供应社 1986 年版，第 147 页。

③ 福建省政府《福建省农业改进工作报告》1939 年，中国国民党党史委员会编：《革命文献 第 105 辑 抗战建国史料 农业建设(四)》，台北：中央文物供应社 1986 年版，第 136 页。

④ 翁礼馨：《福建之木材》，福建省政府秘书处统计室 1940 年版，第 223 页。

⑤ 《福建省林务专业报告》(1947 年 6 月)，中央研究院近代史档案馆，农业部档案，20-00-039-07。

⑥ 福建省地方志编纂委员会编：《福建省志 林业志》，北京：方志出版社 1996 年版，第 407 页。

除此之外,似乎就没有实施大规模的山地调查了。战时财政的窘迫给资源调查带来深刻的负面影响。关于这一点,1943年福建省地政局的机关杂志刊载的论文有如下表述:

> 当前所感觉最困难之问题,即为本省山地未经勘测调查,全省各县实际上生熟山地究竟有多少,原有林地若干,山地之权属如何,山地之土宜、交通、水利、地势等情形又若何,均无法知其详。是以不能作有计划之垦植。若欲本省山地使用尽利,则山地之勘测调查,实不容一刻稍缓。[①]

(三)福建省的育苗造林事业与荒山的开发

20世纪30年代,地方政府主导的造林事业进展缓慢。实施植树造林之前,首先要育苗。福建省在1935年成立农林改良总厂,正式开始育苗事业。具体是在福州和林业中心南平县设省立苗圃。省立苗圃用于栽培政府植树所使用的苗木,以及政府向自发植树的民众配发的苗木。此外,也设立了县和区(行政督察区=管辖几个县的行政区)级苗圃。1935年以前,只有4个道(北京政府时期的行政区划)立苗圃,基本没有设置县级苗圃。1935年后设置了4所行政督察区立苗圃,8所县立苗圃。1936年县立苗圃增加至28所,1937年增加至41所。又在省北部的建阳县和省西部的连城县设立省立第一及第二中心苗圃。[②] 因

---

① 宣益豪:《促进山地利用之管见》,《地政通讯》(福建版),1943年,44、45期合期。
② 夏之骅:《农业事业在本省(中)》,《闽政月刊》,1939年,4卷3期。

此 20 世纪 30 年代到 1942 年期间的育苗株总数逐年增加。中日战争后期的 1943 年至 1946 年期间,虽然数量减少,但育苗事业仍在实施。[1]

下面介绍征用民力实施的植树造林事业。1937 年公布了《福建省各市县区公有林管理及保护暂行办法》,将公有林分为国民劳役公有林、总理纪念林、国民公役公路林三类。[2]

①国民劳役公有林(荒山造林)

利用农闲期征用民力实施植树造林是从 1936 年开始的。第一年植树 460 万株,播种 270 斗。在 21 个县实施,面积达 2 万 4000 余亩,征用民工 11 万人。1937 年植树 1127 万株,播种 75 斗 660 斤,造林面积达 3 万 1600 余亩,征用民工 18 万 7400 人。该年实施植树造林事业的县达到了全省的 80% 以上,共 51 个县。1938 年虽然受中日战争影响,但造林事业仍在继续实施。同年造林 479 万 9000 株,播种 1636 斗,实施面积达 4 万 6200 余亩,征用民工达 8 万 8900 人。实施的县减少到了 43 个县。为了抗战,沿海各县的民工被动员去参加建设防御工事。像这样 1936 年到 1938 年的 3 年间,动员民工进行荒山植树的成果记录为:合计种树 2000 万株,播种 2600 斗 1800 余斤,面积达 10 万余

---

[1] 1935—1938 年的育苗事业根据《福建之木材》第 224 页。1939—1941 年根据《福建省林务专业报告》(1947 年 6 月),"中央研究院"近代史研究所档案馆,农林部档案,20-00-039-07。1942—1946 年根据《国民政府主计部关于战时林业生产状况的调查统计 1948 年 6 月》,《中华民国史档案资料汇编》第 5 辑第 2 编财政经济(8),第 483 页。

[2] 《福建省各市县区公有林管理及保护暂行办法》(1937 年),翁礼馨:《福建之木材》,福建省政府秘书处统计室 1940 年版,第 242 页。

亩,征用民工 37 万 6700 余人。[①] 1939 年到 1946 年的成果记录为:合计种树 2 亿 3381 万 5980 株。[②]

1940 年发布的《福建省各县乡(镇)保实施造林暂行办法》规定,各乡(镇)、保所植森林,若为全保或全乡(镇)共有,则以"某某保"公有林或"某某乡(镇)"公有林命名,如为私有则由乡(镇)长或保长和业主协商,基于收益协定其分配额度。[③] 由国民劳役和公共造产所植林地成了乡(镇)和保的公有林。不过如前文所述,保并不具备法人资格,由保管理的山林应当划归为乡(镇)所有。笔者还认为乡(镇)所有地在中华人民共和国建国后成了乡有地。

②总理纪念林

如前文所述,南京国民党政府成立后,在每年 3 月 12 日举行植树典礼,这周也被定为植树造林运动的宣传周,所植林地被称为总理纪念林。根据福建省政府的《福建省农业改进工作报告》,1930 年植树 15 万 8000 株,1932 年植树 40 余万株,1934 年植树 28 余万株,1935 年达 64 余万株,1936 年达 88 万 4000 余株,1937 年为 68 万 9000 余株。[④] 中日战争时期的状况在《福建

---

① 福建省政府《福建省农业改进工作报告》1939 年,中国国民党党史委员会编:《革命文献 第 105 辑 抗战建国史料 农业建设(四)》,台北:中央文物供应社 1986 年版,第 134 页。

② 1939—1941 年根据《福建省林务专业报告》(1947 年),"中央研究院"近代史研究所档案馆,农林部档案,20-00-039-07。1942—1946 年根据《国民政府主计部关于战时林业生产状况的调查统计 1948 年》,《中华民国史档案资料汇编》第 5 辑第 2 编(8),第 485 页。

③ 翁礼馨:《福建之木材》,福建省政府秘书处统计室 1940 年版,第 236 页。

④ 福建省政府《福建省农业改进工作报告》1939 年,中国国民党党史委员会编:《革命文献 第 105 辑 抗战建国史料 农业建设(四)》,台北:中央文物供应社 1986 年版,第 134 页。

省志·林业志》中有如下记载，1938 年植树 68 万 3101 株，种植面积 3366 亩，1939 年 28 万 5363 株，种植面积 1365 亩，1940 年 92 万 4249 株，种植面积 1 万 518 亩，1941 年 24 万 1316 株，种植面积 1408 亩。[①] 然而，1942 年以后的植树成果尚未明确。

③公路造林

《福建省农业改进工作报告》还提到，公路造林不仅能强固土壤，增加美观，军事上还可以达到针对飞机隐蔽道路的效果。于是，1936 年在 69 个县征用劳动力 4 万 5000 人，植树 26 万 4000 余株，距离达 1000 千米。1937 年在 42 个县征用 2 万 7600 人，植树 46 万 6000 株，距离达 1000 千米。1938 年在 37 个县征用 1 万 1000 人，植树 34 万 6000 余株，距离达 1140 千米。[②] 之后《福建省志·林业志》由各类统计汇集而成的数据为：1939 年植树 15 万 5904 株，1940 年 11 万 6505 株，1941 年 1 万 9529 株。[③] 另外据《福建省林务专业报告》记载实施公路造林的成果为：1942 年 123.25 千米，1942 年 82.3 千米，1944 年 429.45 千米，1945 年 215.098 千米。[④]

④明溪县的事例

这里要介绍明溪县的植树造林的实施状况。1935 年，福建

---

① 福建省地方志编纂委员会编：《福建省志·林业志》，北京：方志出版社 1996 年版，第 77 页。

② 福建省政府《福建省农业改进工作报告》1939 年，载中国国民党党史委员会编：《革命文献 第 105 辑 抗战建国史料 农业建设（四）》，台北：中央文物供应社 1986 年版，第 134 页。

③ 福建省地方志编纂委员会编：《福建省志·林业志》，北京：方志出版社 1996 年版，第 77 页。

④ 《福建省林务专业报告》(1947 年 6 月)，"中央研究院"近代史研究所档案馆，农林部档案，20-00-039-07。

省中部的明溪县政府发表《告明溪民众书》,动员民众种植杉树和松树 14 万 1700 株。1941 年县政府拟定造林实施计划,制定种植县有林、乡有林、保有林、合作社有林、私有林、(总理)纪念林等的造林方针,并编成督导团致力于普及造林技术。其成果是,该年种植县有林 83.3 亩,乡有林 256.6 亩,保有林 1564 亩,合作社林 112.6 亩,总理纪念林 25 亩。1943 年将重点放在种植乡有林,共种植油桐、油茶、乌桕等经济林 1219 亩。1935 年至 1949 年全县共造林 1 万余亩。[①] 但也有批评指出,造林运动仅止于植树,而后的苗木保护工作并不完善。[②] 例如,长汀县的报告指出,"虽经出示保护,并责成保甲长保管,遵办一般民众居多重私轻公,任意蹂躏攀折,或以种植方法不良,土质失宜,并炎夏烈日受晒枯萎成活无几"。[③] 尽管如此,政府致力于将荒山作为乡(镇)公有林(地)来开发和管理这一点是非常重要的。

(四)福建的山林保护政策及社会反响

1939 年的《福建省农业改进工作报告》记载,森林火灾在福建省是常见的现象,民众放火烧山已成为习惯。政府如果不禁止这种恶习,全省的山林都将变成秃山。但实际在此之前政府就已经公布了各种禁止放火烧山的办法。如,1935 年的《福建省保甲长办理禁止烧山奖惩办法》督促保甲长参与护林工作。[④] 并

---

① 雪峰林:《明溪植树造林史考》,载《明溪文史资料》6 辑,1989 年,第 19—20 页。
② 李树桐:《福建荒地垦殖与平均地权的研究》,《新福建》3 卷 3 期,1943 年。
③ 《连城县农业概况》,载福建省政府统计处编:《福建省各县区农业概况》,1942 年,第 4756 页。
④ 福建省政府《福建省农业改进工作报告》1939 年,载中国国民党党史委员会编:《革命文献 第 105 辑 抗战建国史料 农业建设(四)》,台北:中央文物供应社 1986 年版,第 135 页。

明确写道"福建省政府为预防本省境内一切国有公有及私有之森林火灾起见特制本办法。本办法施行后凡省境内民众不得放火烧山"①。此外,1937 年的《福建省管理松木暂行办法》禁止民众乱伐的同时,还强制命令山林所有者在树木砍伐旧地补植苗木。② 尽管如此,山林火灾的防治仍旧困难重重。

因此,为了让民众理解保护森林的重要性,不能只依靠颁布法令,教育和宣传也非常重要。例如,国民党"中央宣传部"的中国文化服务社所刊行的启蒙书《中国林业建设》中有"森林和水旱天灾的关系"一章。③ 此外,中日战争时期,福建省中心学校将森林对防止水害的价值纳入小学部高年级的教材中。④ 当然,通过法令、学校教育以及社会教育,国民党政府的森林保护政策被民众理解到何种程度、能向社会渗透到何种程度是很难准确地测定的。尽管如此,在地域社会中围绕森林、树木的权利发生纠纷的时候,借用政府的森林政策及资源开发的口号使自己的行为正当化的请愿时有发生。此类事件可以通过以下介绍的农业部档案史料来证实。从中可见至少基层社会的指导层是了解政府政策的。

〔事例 1〕屏南县薛氏宗祠保管墓林的代表在 1944 年向农林

① 《修正福建省保甲长办理禁止烧山奖惩办法(1935 年)》,载翁礼馨:《福建之木材》,福建省政府秘书处统计室 1940 年版,第 245—246 页。

② 福建省政府《福建省农业改进工作报告》1939 年,载中国国民党党史委员会编:《革命文献 第 105 辑 抗战建国史料 农业建设(四)》,台北:中央文物供应社 1986 年版,第 135 页。

③ 郝景盛《中国林业建设》青年文库,重庆:中国文化服务社 1944 年版。

④ 《甲 福建省的森林 森林的价值》,载徐君梅:《福建省森林矿产和渔产》(福建省地方教育乙种之四),福建省政府教育厅 1943 年版,台北:中国国民党党史馆,一般档 506/284.4。

部请愿,以森林法等法规为依据控诉军队的乱伐进而保护墓林的案件:

> 重庆农林部部长沈钧鉴。窃森林有关国民经济并战时生产至钜。中央颁布森林法并森林保护法规在案。足见我政府注重林政之意。代表等支祖兄弟坟墓均在本邑城西,土名溁下洋,地处与县城仅隔一衣带水不及两里之遥。自祖先世留墓林二所迄今本支茂盛蔚然可观。讵来军队过境不免受其蹧跶。如不禁止,深恐损害代表等一姓之墓林尚小,而破坏国家之林政、蔑视政府之法令为害尤大。不已电请准予出示保护墓林并令屏南县随时饬警禁止砍伐……
>
> 屏南县薛氏宗祠保管墓代表薛云官、薛云钧鉴,薛敬训、薛敬渊、薛敬濂冬天电器叩。①

上述请愿中,薛氏宗祠的代表者,以中央政府的森林法以及森林保护法规为依据,谴责军队对墓林的蹧跶。这个请愿是以政府的法规为盾牌,主张保护森林和传统风水的事例。

〔事例2〕内部揭发平和县双溪天利植牧场场长乱伐森林的案件:

> 平和县双溪天利植牧场的技术员,向农林部

---

① 《据屏南县薛云官等呈请出示禁止砍伐墓林等情查照转饬查明严禁示知照由》(1944年8月),《各方请求护林》,"中央研究院"近代史研究所档案馆,农林部档案,20—23—034—24。

长告发以下事件。天利植牧场是被政府登记的农场,抗战爆发以来,农场的全体职员致力于生产、富足民生、坚决抗战。但是<u>场长赖某,不顾国家民族的大义,为了筹集庆祝自己 60 岁生日的资金,雇佣流氓,将农场 20 年间苦心栽培的林木砍伐变卖。</u>农场的资本虽是私人所有,但是森林之所以繁茂是源于政府的保护以及邻里、乡民的齐心协力。因而,从森林得来的利益不应该被少数资本家占有。并且,抗战以来,中央政府颁布了保护农林、控制民众利用的非常时期的法令。对过分获利进行课税。但是,场长没有对此进行申报,砍伐后也没有进行补植。因此,场长的行为是对政府实业政策的破坏,<u>场长没有国家民族的观念。此次木材贩卖的收益应用于补植森林及地方公共事业。</u>①

这个资料是告发场长违反政府法令、随意砍伐树木的文章。特别是下划线部分,将独占砍伐树木的利益和缺乏国家民族观念相结合,对场长进行谴责,突显出这个时期的爱国意识,意味颇深。请愿者更以政府对森林保护为由,要求应该将采伐所得利益用于公共事业,进一步表明了请愿者熟知并利用政府政策的理念。

〔事例 3〕福州南门郊外阳岐乡圣庙公有林的保护案件:

---

① 《福建省平和双溪天利植牧场林木遭砍伐》(1941 年 10 月),《各方请求护林》,"中央研究院"近代史研究所档案馆,农林部档案,20－23－035－06。

　　位于福州南门郊外的阳岐乡圣庙有片公有林。数百年来松树、柏树繁茂,在石碑上刻有禁止砍伐的规定。但是由于阳岐乡势力弱小,邻近的台屿乡的地痞在夜间偷偷砍伐树木的事件频繁发生。1941 年日军占领福州之际,台屿乡的地痞趁着混乱公然砍伐了 2 万株圣庙的树木,甚至要破坏圣庙的神像,并且重伤了阻止其破坏的阳岐乡乡民。于是,阳岐乡的乡民要求处罚台屿乡的地痞,同时向社会广泛地控诉台屿乡暴徒的恶行,广发请求援助的文书。并且,在向当地分发的告发文中,补充说明了阳岐乡是按照政府造林的意向来保护松树的。①

　　像这样庙的树木被邻乡人盗伐的案件,在当时是比较常见的纠纷。但是值得注意的是,呈文强调了其邻乡的行为违反了政府造林方针,并以此为由向主管森林行政的重庆农林部长寻求援助来解决问题。

　　通过以上 3 个事件,可以看出地方指导层以有关森林保护的政府法令为依据,将自身的主张正当化。即政府的森林政策至少下达到了乡村的指导层即知识分子,在一定程度上被这些人所理解。但是,一般民众是否充分理解政府的森林保护方针,又是另外的问题,有必要进一步探讨。

---

① 《呈为地痞两度乘机劫掠乡间恳请转饬派队拿办以安闾闾由》(1941 年 9 月);《为台屿乡暴徒两度趁机劫掠财物捣毁文庙圣像损失达二十万元吁请各界人士暨邻乡父老兄弟援助书》(年份不详)。及《各方请求护林》,"中央研究院"近代史研究所档案馆,农林部档案,20-11-133-15。

结　论

　　民国时期的福建林业因以杉树和松树为中心的木材贩卖而繁荣，特别是在 20 世纪 20 年代达到巅峰。但是，伴随着木材需求的增加，便于砍伐及搬运的沿江地区的树木遭遇了严重的乱伐。（无法自然再生）需要人工栽培再生的杉木，其采伐后的苗木补植也十分不充分。到了 20 世纪 30 年代，由于世界经济危机波及中国，以及省内的治安问题，中国东北地方被占领导致的销路减少，乱砍滥伐造成森林资源的枯竭等，林业走向衰退。

　　有关传统社会中的山林的所有形态和管理方式，可以明确以下内容：历史上，由政府认定为官山的无主山林占据了山地面积的大部分。此外的宗族和村落的共有林也占有比较广阔的面积。在宗族或村落的共有地及关系到地方环境的山地的利用与管理中，乡规民约发挥着规范行为的作用。特别是与风水相关的林地、树木受到了地方民众的特别保护。福建的乡村存在着边界，村民可以在境界内的无主山地自由拾薪。而异姓、外乡人在乡界内建造坟墓、从事造林活动则被要求缴纳山祖（通"租"）。可以说虽然乡村境内的无主山地没有被充分管理，但还是有一定程度的开发限制的。

　　但是，民国时期由于对木材的需要急剧增加，对无主天然林的乱伐也更严重了。即使是在管理之下的人工林，也发生了植树造林不能弥补过度砍伐的状况，因而森林资源持续减少。并且民众在山林中不慎引起火灾的恶习也是一个问题。因此，国家意识到有必要介入并且管理在乡村、宗族共同管理之外的无主荒山。

有关国家的森林政策和对山林资源的控制与开发,可以明确以下内容:在国民党政府时期,民国前期的学者、孙文等人讨论的山林保护政策,与控制和开发国土资源的目的相结合,由专门官僚阶层付诸实践。中央政府根据此方针整备森林法以及与山林权利相关的法规,推进无主地国有化、县乡公有林设置的法制化。中日战争时期,为了支援战争,开发山林资源成为紧迫的课题,政府越来越关心对官山(无主地、荒山)的调查和造林等问题。

在中日全面战争时期,有效利用国土资源成为持续抗战的关键。因此,国民党政府尝试动员民众荒山造林,其收益成为乡(镇)、保开展自治事业的财源。福建省,实施了初步的荒山调查,推进了荒山造林、总理纪念林造林,新的公有林诞生了。然而,虽然广大的旧官山(无主地)根据《森林法》被确定为国有,但除了极少部分地区外,都没能实施调查与所有权登记。为此,虽然政府有意管理,但广阔的作为国有林的山林没能被政府掌握,仍被搁置。另一方面,国民党政府提出的山林保护策的理念,至少渗透到了基层社会的指导层并且被他们所理解。因此,他们在面临有关山林的纠纷时,尝试着援引政府提出的口号,将自己的主张正当化。但是,政府理念是否渗透到了广泛的大众中去,是否为他们所理解,这又是另一个问题。并且,不得不说,就像无法根治放火烧山一样,让民众遵守山林保护的法令并非那么容易。

至于,山林改革以后,在自古以来管理山林的宗族与村落的关系不断变化的过程中,国家是如何进行山林管理的? 是如何让民众理解国家意图并遵从法律的呢? 关于 20 世纪 50 年代以后，国家对森林资源的保护、管理以及民众利用山林的实际情况，有必要对共产党政府主导的山林改革以后的社会状况进行进一步的探讨。

附录:史料介绍编

京都大学人文科学研究所收藏《农林新报》重要报道目录

宫原佳昭、佐藤仁史、菅野智博

一、本文背景

本书主要是基于佐藤仁史主持的 2013—2016 年度科学研究费基盘研究 B"关于近现代太湖流域农山渔村自然资源管理的当地调查"的成果而编写。在共同研究的过程中,我们将主要精力放在对以浙江省建德市为中心的浙江省山区的田野调查上。然而,从项目开始时我们也意识到:要是想理解近代中国林业以及林学从欧美传播到中国的过程,我们有必要对相关史料以及文献进行调查。因此,宫原和佐藤二人于 2013 年 12 月、2014 年 12 月、2015 年 12 月前往浙江图书馆、浙江大学图书馆、南京图书馆、南京大学图书馆、南京农业大学图书馆、南京农业大学中国农业遗产研究室、南京林业大学图书馆等机关,对其相关资料进行了调查①。在这个过程中，我们了解到南京农业大学中国农业遗产研究室收藏了一部分金陵大学农学院以及中央大学图书馆的藏书，这些资料在研究民国时期的农业和社会经济上能够起到非常重要的作用②。

在调查过程中，我们发现以金陵大学农学院为主体创办的农林新报社所发行的《农林新报》可以说是最基本的史料。通过调查我们也了解到：该资料 20 世纪 30 年代以后的部分基本上收藏在南京大学图书馆和南京农业大学中国农业遗产研究室；这些资料现在也能通过资料库《全国报刊索引》得以利用。然而，该资料 20 世纪 20 年代的部分除了京都大学人文科学研究所图书室之外，其他机关都没有收藏③。笔者们认为，这样一套珍贵的史料处于这样分散的情况，十分不便于相关学者的利用。所以我们将其 20 世纪 20 年代部分的重要报道做成目录，并收录在本书之中。

以下，首先介绍利用《农林新报》时所需要的最基本信息，即金陵大学农学院、农林新报社以及《农林新报》的概要。其次对 20 世纪 20 年代的《农林新报》所刊登报道的特征进行简单的探讨。

---

① 调查的日程是，2013 年 12 月 22 日、27 日，2014 年 12 月 22 日、23 日，2015 年 12 月 20—23 日。

② 值得大书特书的是，南京农业大学中国农业遗产研究室收藏了从南京农业大学成立到 20 世纪 80 年代所展开的中国农业史以及社会经济史研究的相关史料摘录。在现代，我们很容易利用种种资料库快速地检索报刊、期刊的全文。然而，这些经过对其史料性质的思考、判断而被收集的摘录，对于我们的研究也十分重要。

③ 宫原和佐藤于 2015 年 6 月 14 日对京都大学人文科学研究所收藏的《农林新报》进行了调查。

二、金陵大学农学院的概要

金陵大学农学院的主要特征是,它与美国,尤其是与当时以农学而知名的康奈尔大学有着很密切的关系。在论述其特征之前,首先在这里简述一下金陵大学的成立过程。如同下述,金陵大学农学院成立于 1930 年,在此之前该学院主要分为"农科"和"农林科"这两个学科。为了方便,本文除了有必要区分论述的地方之外,将其统称为"农学院"。

金陵大学成立于 1910 年,在 1952 年的"全国高等院系调整"与南京大学合并之前,是一所创办了 40 多年的著名私立大学。① 金陵大学的前身是美国基督教会在南京创办的三间书院。这三间书院分别是:美以美会于 1888 年创办的汇文书院、美国基督会于 1891 年创办的基督书院、美国北长老会于 1894 年创办的益智书院。大学创办之时,董事会本部设立在纽约,分部设立在南京。大学的经费以及教师都由美以美会、基督会、北长老会提供,其教学计划也是以美国大学为模式而制定的。金陵大学的第一任校长(1910—1927)由美国人包文(A. J. Bowen)担任。由于北伐时期国民政府成立在南京,在"收回教育权运动"中金陵大学也转变为由中国人主办。因此,金陵大学的毕业生陈裕光(1893—1989)被聘为校长,直到 1951 年他都担任这一职务。创办时的学科只有文科,后来又设置了医科和农科。国民政府公布《大学组织法》后,金陵大学也于 1930 年按照该规定重组,成立了文学院、理学院、农学院。

---

① 以下主要参见张宪文主编:《金陵大学史》,南京:南京大学出版社 2002 年版,第 1、2、3 章。

金陵大学农学院前身的农科在 1914 年由裴义理(J. Bailie, 1860—1935)创办①。裴义理一直以来有志于中国的农业改良,曾于 1911 年组织了义农会。农科成立的第二年又加设了林科,两科在 1916 年合并为农林科。农林科后来逐渐扩充,在 1918 年设立了蚕桑系,又在 1921 年设立了农业经济系。1930 年农学院成立之后,院内主要整理为 7 系 1 部(农业经济系、农艺系、植物系、森林系、园艺系、乡村教育系、蚕桑系、推广部)。

从 1914 年的农科成立到 1916 年的农林科成立,一直由裴义理担任学科长的职务。裴义理在 1916 年的秋天辞去职位之后,学科长一职则由芮思娄(J. H. Reisner,1888—?)担任。芮思娄是康奈尔大学的博士,从 1914 年起在金陵大学担任农艺学的教学。1925 年秋天,芮思娄由于身体上的问题返回美国,康奈尔大学的农学硕士过探先(1886—1929)继承他的职务,被招聘为农学科的学科长。1929 年春天过探先去世,康奈尔大学的农学硕士谢家声(1887—1983)从同年的秋天开始担任学科长。伴随着 1930 年的农学院成立,谢家声也成了农学院院长。由于抗日战争,1938 年农学院转移到成都,之前担任副院长的章之汶(1900—1982,字鲁泉)成了院长。

当时的农学院拥有着十分丰富的师资力量,其中包括美国人以及有过海外留学经验的中国人等多位著名学者。例如,美国的农业经济学者卜凯(J. L. Buck,1890—1975)于 1921—1935 年在金陵大学农业经济系担任教授兼主任,美国的土壤学者罗德民(W. C. Lowdermilk,1888—1974)于 1922—1927 年

① 以下主要参见"本院概况","一、沿革",载私立金陵大学农学院院长室编辑:《私立金陵大学农学院概况 民国二十三年至二十四年》,私立金陵大学农学院 1934 年版;张宪文:《金陵大学史》,第 5 章。

期间在金陵大学任教;至于林学专家有:耶鲁大学的林学硕士凌道扬(1888—1993),由东北帝国大学农科大学林学毕业的陈嵘(1888—1971)①等等。另外,细看20世纪30年代前半期的教师的话,我们可以发现很多金陵大学农学院的毕业生也加入教师队伍之中②。

　　金陵大学农学院的主要工作分为研究、教育、推广三个部分,其中最受重视的是研究。20世纪30年代前半期的经费分配分别是,研究50％、教育30％多、推广10％多③。金陵大学农学院的教师以及学生分别参加各自专业领域的研究、教育、推广的工作,而本文所介绍的《农林学报》就是他们发表成果的期刊。

三、农林新报社以及《农林新报》

　　《农林新报》于1924年1月1日在南京创刊,后来受中日战争的影响将出版地迁至成都,于1946年4月停刊。该杂志由金陵大学农学院农林新报社编辑出版,自创刊到1933年一共发行了300期。为了纪念第300期的发行,该期也刊登了专题文章《农林新报三百期》,这也使我们很容易了解到《农林新报》之前的发行情况以及围绕《农林新报》的种种情况④。以下,依据该专题文章中的"过去概况",对农林新报社以及《农林新报》的概要

---

① 有关卜凯和罗德民与金陵大学的关系,参见久马一刚:《中国土壤学の近代化に寄与した二人のアメリカ人:John Lossing Buck と Walter Clay Lowdermilk》,《肥料科学》,2012年,第34号。

② 《本院教职员一览表》,载《私立金陵大学农学院概况(民国二十三年至二十四年)》。

③ 《本院概况》,《五、事业》,载《私立金陵大学农学院概况(民国二十三年至二十四年)》。

④ 《过去概况》,载《农林新报》,1933年10月,第300期。

进行简单的介绍。

有关《农林新报》的创刊动机，当时担任金陵大学农林科学科长的芮思娄在《发刊词》中做了以下的叙述。

> 我们金陵大学的农林科，创始在公历 1914 年，到现在差不多 9 年了。在这 9 年中间，虽然也把吾们研究得到的结果，印刷了书本，贡献一般社会。但是因为限于经济的缘故，不能够尽量传播，这是很抱歉的。我们农林科所办专门的科目，现在有农林、蚕桑、棉作、玉蜀黍、小麦以及各种有用的农具，不过按着社会上目前需要的先行开办。以后还当逐步进行，力图发展。自今以后，把吾们研究得到的关于农业森林农民生活上面，切合实用的各种重要方法，在这农林新报上尽量登载，传播全中国，使中国底农林业有发达的机会，庶几不负裴先生创办的苦心，这是鄙人所希望的。

农林新报社从创刊到 1929 年，直接由农林科学科长管辖，办公室也附设在农林科长办公室。农林新报社于 1929 年被编入推广部，其办公室也迁移到推广部办公室之内，之后于 1930 年在农学院内设置了单独的办公室。徐正铿、章之汶、李积新、李映惠等人相继担任编辑，与此同时他们还兼任了农学院秘书或教育职务等工作。此后，王荫槐于 1929 年，李醒愚于 1930 年分别担任了编辑。1932 年，农学院院长从各个系中指派 1 名专家担任编撰委员，并由这些专家组成了编撰委员会。可是由于各位委员的工作繁忙，这样的编撰委员会也慢慢地解散，又恢复到原来的形式。农林新报社的主要工作是定期编辑、发行《农林新报》。除此之外，由于1928年农林研究会的创建，以至会员数超出了社员数，因此每天都会有很多问答需要处理。这些工作也都由农林新报社负责。

创刊初《农林新报》以半月刊的形式发行，第49期（1926年1月1日发行）以后改为旬刊。关于格式，第84期之前是以报纸，即以对开报纸印成四开式两张的形式发行。第85期（1927年1月1日发行）—第192期是用四开报纸印成八开式四张的形式，第193期（1930年1月1日发行）之后是以折成十六开的书本式发行的。关于价格，自创刊到1930年末，报费（含邮费）为1年3角，除此之外还需要1年4角的会费。伴随着版面的扩充，1931年报费涨价为1年6角，会费也改为1年8角。然而，在当时仅仅是杂志的印刷费和发行费，1年就需要7角7分钱。

关于销路，《农林新报》蒙古、宁夏、新疆、青海、西康、西藏等地除外的国内24省区都有销售。关于海外的销路，包括了日本、美国、加拿大、古巴、秘鲁、南洋各埠、越南、法国等国家地区。1924—1933年的国内总销售部数为11069部，其中江苏最多，有3372部，其次是浙江，有1095部，以下分别是福建、河北、山东、安徽等地，热河最少，只有18部。在海外9年间共销售了71部，其中香港15部，其次是大连、南洋、美国，日本也有5部。按年份的话，1925年的销售部数最多，有1547部，1927年最少，有715部，其他年份都在1200—1300部。除此之外，农学院的农业推广员携带着《农林新报》前往各推广区域，在讲授农业知识的同时将《农林新报》发给听众，在此9年间这样散发的大概有15万部以上。

四、《农林新报》初期的特征

（一）《农林新报》的结构以及作者

杂志包括了农林消息、分类索引、院闻、新农村、浅说、问题研究、耕余、农林问题等栏目，其主要内容是有关农林学的有学术性、有科学性的方法，主要目的是普及种种与农林学有关的知识，以及推进农村改良①。上述专题《农林新报三百期》中收录了《本报三百期中各材料一览表》，我们可以从中了解到该杂志刊登了什么样的报道，各个报道的篇数又是多少②。我们先看一下表1。

表1 《农林新报》创刊号—第300期的报道分类

类别	下位分类及篇数	统计篇数
总论类	农业 43、农民 25、农村 10、农艺 36、农蚕 13、农学 5、民食 8	140
作物类	总论 35、稻作 15、麦作 29、棉策 81、其他作物 25	185
园艺类	总论 10、果树 67、蔬菜 34、花卉 14	125
森林类	总论 86、造林通论 51、各论 39、中国林业 39、世界林业 16	231
蚕桑类	总论 27、养蚕 113、栽桑 50、丝业 14	204
畜养类	总论 27、养蜂 57、养鸡 22、其他 14	120
病虫害类	总论 8、病害 25、虫害 46	79
教育类	总论 13、农业教育 51、乡村教育 116	180

---

① 以上概要依据《期刊导航》，见资料库《全国报刊索引》。

② 《本报三百期中各材料一览表》，载《农林新报》，1933 年 10 月，第 300 期。

类别	下位分类及篇数	统计篇数
农业经济类	总论 27、合作 44、租佃 12、土地利用 5、调查统计 12	100
农村社会类	结论 34、状况 56、改良 78	168
农业推广类	总论 13、纪实 83	96
农产制造类	无下位分类	14
土壤类	无下位分类	17
肥料类	总论 15、天然肥料 15、人造肥料 9	39
农具类	无下位分类	8
水利类	无下位分类	10
气象及时令类	无下位分类	20
农场类	无下位分类	28
农业书报类	无下位分类	40
农林法规类	无下位分类	13
杂类	农林技术 53、编者小言 43、本报 36、农家歌谣 40、戏剧 8、小说 13、其他 50	243

注释:该表依照《过去概况》所载《本报三百期中各材料一览表》制作,载《农林新报》,1933 年,第 300 期。

我们从表 1 中可以看出以下 3 点特征:①关于农学报道的多样性;②引进森林学的过程;③乡村教育和乡村改良所受到的重视。我们就此 3 点特征再详细地看一下其内容。首先是①关于农学报道的多样性。我们从"作物类""园艺类""蚕桑类"中可以看出,其内容包括了有关粮食生产知识的研究和普及。除此之外,"蚕桑类""畜养类"中还包括了很多有关经济作物以及畜牧业的知识。这些说明《农林新报》希望通过报道能够培养多样的农学知识。很有趣的是,当时农村和农业被视为与国家存亡危机有着直接关系,在这样的情况下,在"病虫害类"中有很多发现"害虫"的报道①。其次是②引进森林学的过程。我们从各个分类的总篇数就能很容易看出,20 世纪 20 年代的农林学中林学、林政所受到的重视。不仅刊登了介绍海外森林情况以及林学的文章,还有很多有关中国国内森林情况的评论。另外,值得瞩目的是《农林新报》还刊登了很多陈嵘年轻时的文章。众所周知,陈嵘后来成了中国著名的林学专家②。最后是③乡村教育和乡村改良所受到的重视。我们从"教育类""农村社会类""农业推广类"等的报道篇数和其内容可以了解到,报道农村社会的改良以及传授改良方法可说是农林新报社的主要活动之一。最为有名的应属以乔启明为中心而推进的乡村教育运动。关于这一点,我们在下面再详细分析。

表 2 《农林新报》报道的事例

期(发行日期)	栏目	文章题目	作者
54 期 (1926 年 2 月 21 日)	论著	旧历新年中对于宗教信仰上几句忠告的话	李积新
	论著	割草时不要砍树苗的好处	任承统
	论著	希望农民的倒戈和自新	泽村李映惠
	论著	农民团结的必要及方法	金天铎
	学术	开荒与栽桑	明
	学术	家畜各种疾病治防法	李铭侯
	新闻	日本最近自作农地租案	明

① 有关这一点,濑户口明久的讨论颇有启发性。参见濑户口明久:《害虫の诞生:虫からみた日本史》,东京:筑摩书房 2009 年版。

② 例如有,陈嵘:《世界林业之沿革及其趋势》,载《农林新报》,1927 年 11 月 11 日,第 116 期。

发行日期	栏目	文章题目	作者
130 期 (1928 年 4 月 1 日) 《森林专刊(一)》		改革植树节的办法以造成城市的风景林	林 刚
		清明植树节	任承统
		古历三月份季节和古谚的解说及农家应注意的农事	
		如何方不辜负了今年江苏的植树节	姚传法
		世界森林之分布	周国华
	农业研究会讲稿摘录	江苏省柴火问题与田野林(续)	任承统
		本校农林科森林系研究事业大纲	李德毅
		本校农林科农民服务社的进行	乔启明
192 期 (1929 年 12 月 21 日)	专载	中国棉业问题(续)	刘钦晏
	害虫	江苏武进西乡之螟灾情形	金絜纲
	报告	本校农林科十八年秋季进行概况(二续)	李经农
	演讲	我国办理高等农业教育应有之目的	中央研究院博物馆馆长钱天鹤讲演
	农谚	云南昆明的农谚	褚守庄
	特载	丹麦之农业教育及农业合作社	谢申图
	教育	湖北黄陂兴隆集私立日新农村小学校开幕经过(续)	罗文晶
	乡村社会小说	青天科长(十续)	刘惟一

注释:该表依照《农林新报》,1926 年 2 月 21 日第 54 期,1928 年 4 月 1 日第 130 期,1929 年 12 月 21 日第 192 期制作。

　　表 2 是京都大学人文科学研究所收藏的《农林新报》第 53—192 期中,初期、中期、后期的重要报道一览。仅仅是简单地观察

这 3 期的目录,我们就能发现作为农林学专业杂志的《农林新报》所报道专题的扩展性以及多样性。另外,如同第 130 期的《农林专刊》一样,《农林新报》往往还会编辑一些专刊。这样的专刊有:《经济专刊》《乡村服务专刊》《棉作专刊》《农业经济专刊》《推广专刊》《蚕桑专刊》《中国农业书报专刊》《作物专刊》《教育专刊》等等。

将 20 世纪 20 年代有标明作者的重要报道做统计,在该期间段内发表有 10 篇以上文章的作者有:乔启明 24 篇,李映惠、章之汶各 15 篇、李积新 13 篇、陈雪尘、李德毅、任承统各 11 篇、唐希贤、刘惟一各 10 篇,发表 5 篇以上的有谢申图、林刚、万国鼎、金逢辰、王荫槐、吴振钟、徐澄、徐乐三、孙文郁、罗德民、李师吉[①]。另外,我们有必要注意的是,有标明"明"或"新"的文章,这些也都是由乔启明和李积新所写的文章。不用多说,加上这些的话,他们的文章篇数应该更多。

我们从《农林新报》的创刊背景就能很容易地联想到,有标明名字的作者大多数都是金陵大学农学院的教师和学生。在这里最有代表性的就是乔启明(1897—1970)。有关乔启明,我们会在下面探讨。除此之外,还刊登了教师演讲的口述笔记以及由记者所写的文章。另外,还有像"场长葛汉成"一样,附属林场场长等实践工作人员的文章[②]。

作者中值得瞩目的还有,"湖北通城王自强投稿""北通潞中

---

① 20 世纪 30 年代的主要作者有:徐宪章、邵仲香、马成春、胡昌织、曹世积、谢芳藻、周伯生、君勉、施中一、周明懿、潘志农、汪子瑞、崔毓俊、郭敏学、蒋杰等人。这些作者与本文探讨的 20 世纪 20 年代作者有着很大的区别。

② 葛汉成:《津浦铁路林场造林计划书》,载《农林新报》,1928 年 9 月 1 日,第 145 期。

学农学教员亨德"等由毕业生以及相关人士投稿的文章。很有趣的是,《农林新报》还刊登有像"金大太平门农村小学校小学生国海"一样,由附属小学的学生所写的文章。① 从这一点我们也很容易看出他们试图普及初等教育的目的。另外,从像"日本鹿儿岛高等农林学校吴旸谷投稿"一样的文章中,我们也能了解到以农学林学为专业领域的中国留学生的情况。② 相关机关以及团体的作者的文章也有刊登。例如有:"江苏省昆虫局主任技师吴福桢""江苏省农民银行刘振群"等地方政府的相关人士,"益群养蜂研究会投稿季显叔""益群养蜂报特约编辑员阜宁趣园廖瑞庵"等相关团体的人士。③

　　一篇文章提到,《农林新报》最重视的是解答无名读者提出的有关生产的种种问题。从创刊到第 300 期,《农林新报》回答了 600 多个读者的疑问,还刊登了大量无名作者的文章。④ 本文无法对这些文章的内容进行个别的分析,希望今后能够探讨这些"无名作者"的身份和来历,以及他们与读者阶层之间的关系。

---

① 　湖北通城王自强投稿:《为什么有这样的大旱(续)》,载《农林新报》,1926 年 7 月 1 日,第 67 期;北通潞中学农学教员亨德:《养鸡须知》,载《农林新报》,1929 年 10 月 11 日,第 185 期;金大太平门农村小学校小学生国海:《总理诞辰开会记》,载《农林新报》,1928 年 12 月 21 日,第 156 期。

② 　日本鹿儿岛高等农林学校吴旸谷投稿:《混交林之我见》,载《农林新报》,1926 年 12 月 21 日,第 84 期。

③ 　江苏省昆虫局主任技师吴福桢:《蝗虫问题(转载)》,载《农林新报》,1928 年 8 月 1 日,第 142 期;江苏省农民银行刘振群:《我也来和诸位谈谈乡村信用合作社》,载《农林新报》,1928 年 9 月 1 日,第 145 期;益群养蜂研究会投稿季显叔:《北通县城郊养蜂植物调查表》,载《农林新报》,1928 年 12 月 1 日,第 154 期;益群养蜂报特约编辑员阜宁趣园廖瑞庵:《凌霄为夏秋善良之分泌源》,载《农林新报》,1928 年 12 月 21 日,第 156 期。

④ 　《期刊导航》,见资料库《全国报刊索引》。

(二)初期《农林新报》报道的特征

1. 农学

笔者至今还未能找到《农林新报》的创刊号。在现存资料中最早的是第 38 期,所以我们只能从第 38 期以后来确认初期的内容。从现有的资料中,我们可以确认到第 38—145 期的报名"农林新报"是由著名的张謇(1853—1926)题字的[①]。那么这又代表着什么呢? 可以说这样的题字代表了以张謇为代表的立宪派精英对清末民初新式农学引进的支持。

张謇在新式农学中起到的作用在此无需多言。在他的相关实业中包含了盐垦公司,也已有研究指出其公司经营方式的特征是以分治为基础[②]。有关盐垦,李积新颇为关注,也写下了《盐垦公司议棉花租之方法》《江苏盐垦》《苏盐垦区土壤中盐分之研究》等多篇文章[③]。

虽然没有直接的报道,但是 20 世纪 20 年代初期到中期正是地方精英和知识分子阶层的新旧交替急速进展的时期,也就是从像张謇一样受科举教育后来接受西方文明的过渡期精英,交替到受新式教育后来加速引进西方文明的新式精英的时期[④]。

---

① 第 146 期以后由冯玉祥题字。

② 中井英基(《张謇と中国近代企业》,北海道:北海道大学图书刊行会 1996 年版,第Ⅲ部第 2 章《民国初の垦牧公司と盐垦公司》)指出,盐垦公司以及其前身的垦牧公司在民国期处于一种泡沫状态。

③ 李积新:《盐垦公司议棉花租之方法》,载《农林新报》,1926 年 3 月 11 日,第 56 期;李积新先生演讲农专张龙图笔记:《江苏盐垦》,《农林新报》,1926 年 3 月 21 日,第 57 期;李积新:《江苏盐垦区土壤中盐分之研究》,《农林新报》,1926 年 11 月 1 日,第 79 期。

④ Joseph W. Esherick and Mary B. Rankin. *Chinese Local Elites and Patterns of Dominance*, Berkeley: University of California Press, 1990.

在张謇题字的《农林新报》上刊登了受过近代农学教育的专家张謇所推进的盐垦的报道,这也直接反映了这一变化。另外,在利用1920年中期的《农林新报》时,我们也有必要注意这些问题及其背景。

2. 林学、林业

仅仅是从各个分类的总篇数中我们就能很容易看出,20世纪20年代的农林学中林学、林政所受到的重视。而且《农林新报》不仅刊登了介绍海外森林情况以及林学的文章,还有很多有关中国国内森林情况的各种评论。

例如,有几篇有关山西森林的文章。当时的山西被称是当时的中国森林荒废最为严重的地方。这些文章都是由任承统(1898—1973)写作或翻译的①。任承统1923年从金陵大学毕业后,自1924年到1930年在金陵大学担任助教以及讲师的职务。之后1930年任职绥远萨拉齐县新农试验场主任,1938年任职经济部中央农场实验所技正,1940年任职黄河水利委员会简任技正,1942年任职农林部专门委员,1947年农林部农业推广委员会专门委员等,作为土壤以及水利的专家和技术人员历任了各种要职。中华人民共和国成立后,在西北军政委员会农林部、中国科学院西北农业生物研究所和中国农业科学院陕西分院等机关担任了水土保持的工作。

1920—1950年任承统留下有很多相关业绩,其中有关他本人出生地山西森林的文章有以下几篇。

①任承统:《山西沁源县的社山》第58期(1926年4月1日)

②任承统:《山西沁源县的社山(续)》第61期(1926年4月

---

① 任承统书记的著作有:《森林与人生之关系》,南京:金陵大学农学院1928年版。

21 日）

③罗德民著,任承统译：《山西森林之滥伐与山坡土层之剥削》第 111 期（1927 年 9 月 21 日）

④任承统：《山西林业刍议（四续）》第 113 期（1927 年 10 月 11 日）

⑤任承统：《山西林业之现状及其问题》第 131 期（1928 年 4 月 11 日）

其中《山西森林之滥伐与山坡土层之剥削》是金陵大学美籍教授 W.C.罗德民（Walter Clay Lowdermilk,1888—1974）所写,由任承统翻译的文章。罗德民也是发现任承统才华的人。除了山西之外,任承统《江苏省柴火问题与田野林》（1928 年 3 月 21 日,第 129 期）是探讨有关没有山区的江苏省的田野林与燃料问题的文章。这些文章是追踪处于成长期的近代中国林学的珍贵资料。

另外,值得关注的是在第 128 期（1928 年 3 月 21 日）刊登了后期成为著名林学家的陈嵘的文章《菩提树与养蜂》。陈嵘在1932—1940 年还在《农林新报》上刊登了《大水灾后树木被害状况之调查》《森林与造纸事业》等文章①。

3. 乡村改良

我们从《农林新报》的刊登总篇数中可以看出,金陵大学农学院将农村建设、农村改良以及作为改良手段的农村教育视为重点而展开活动（参照表 1）。在"农村社会类""农业经济类"中,刊登了与当时农村社会的土地关系以及试图通过合作社来克服

---

① 有关陈嵘的著作参见本书宫原论文。

土地问题有关的文章,还有介绍农民各种"迷信"情况的文章①。除此之外,在"教育类"中有介绍推进农村教育情况,"农业推广类"中也汇报了各种有关知识和农业教育活动情况。

　　众所周知,在金陵大学农学院推进的农村改良中,乔启明起到非常重要的作用。乔启明于 1897 年在山西省猗氏县出生。1924 年从金陵大学农学院农业经济系毕业后留校任教,一直到1942 年(在此期间去康奈尔大学留学,并获得硕士学位)。自1938 年在行政院农产促进委员会兼任职务,1942 年之后在农产促进委员会以及农林部农业推广委员会等机关担任农务官员。中华人民共和国成立后,1949—1958 年担任中国人民银行总行农业金融局副局长的工作,1958—1970 年任职山西农学院副院长。在"文化大革命"期间受到迫害,并于 1970 年去世②。

　　乔启明于 20 世纪 30 年代以后所参与的农村改良运动广为人知,所以在这里就不做详细说明了。很有趣的是,我们从 20世纪 20 年代的《农林新报》相关文章中可以追踪到他在 1934—1941 年作为金陵大学农学院农业经济系主任开始推广开展改良运动的轨迹。《江苏昆山南通安徽宿县农佃制度之比较以及改良农佃问题之建议》分为 4 期刊登在《农林新报》上。从他对农佃问题的研究,以及分为数期刊登的《农村调查》中,我们可以看出他从早期就意识到需要对农村进行科学调查的必要性。另外,多次投稿的《本校农林科农民服务社的进行》也显示了他在

---

① 例如有,一农:《塘坊桥唐家巷信用合作社成立之经过》,载《农林新报》,1928 年12 月 1 日,第 154 期。

② 郭敏学:《赤镀煎熬的牺牲者:乔启明教授》,载郭敏学编:《金陵大学建校百周年纪念特刊》,台北:金陵大学校友会 1982 年版。

作为有实践性的农民服务社中所起到的领导作用①。这些文章可以提供给我们思索 20 世纪 30 年代以后农民改良运动连续性的重要线索。

五、京都大学人文科学研究所收藏《农林新报》重要报道目录

期（发行日期）			
	栏目	文章题目	作　者
38 期（1925 年 7 月 16 日）			
		中国现在的重要农业经济问题	徐　澄
		论中国之度量衡制度	孙文郁
		农业的出产要以人力为基础	乔启明
		农谚	华伯雄
53 期（1926 年 2 月 11 日）			
		乡村教育设施计划的商榷	李积新
		划分农村社会与乡村服务的关键	乔启明
		细菌系对于乡村服务者之贡献	郑　庚
		农家物产展览会与竞赛会之办法	
	新闻	世界新产棉地与日本之大举移民	明
54 期（1926 年 2 月 21 日）			
	论著	旧历新年中对于宗教信仰上几句忠告的话	李积新
	论著	割草时不要砍树苗的好处	任承统

---

① 乔启明：《本校农林科农民服务社的进行》，载《农林新报》，1928 年 2 月 1 日，第 124 期。

续表

期(发行日期)		栏目	文章题目	作　者
		论著	希望农民的倒戈和自新	泽村李映惠
		论著	农民团结的必要及方法	金天铎
		学术	开荒与栽桑	明
		学术	家畜各种疾病治防法	李铭侯
		新闻	日本最近自作农地租案	明
56 期(1926 年 3 月 11 日)				
		论著	种棉如何才能获利	李积新
		论著	用播种几种棉的好处	章鲁泉
		论著	我向农人一个提议	章鲁泉
		论著	本校改良华棉"百万华棉"的优点	李铭侯
		论著	怎样才是好棉花	明
		学术	种棉法	章之汶
		学术	推广棉作的方法	章之汶
		学术	盐垦公司议棉花租之方法	李积新
		演讲	利用当地官产办理当地事业	章之汶先生(演讲)、农专唐希贤(笔述)
57 期(1926 年 3 月 21 日)				
		论著	中国农业经济问题	御　仲
		论著	请各农会于省县附近公设农场	宁乡邓竺村(投稿)
		学术	肥料分析	朱公怀
		学术	肥料之配合计算法	李铭侯
		学术	各种作物所需肥料之公式表	新(译)
		调查	直隶农村调查报告	崔毓俊

续表

期（发行日期）

		栏目	文章题目	作　者
		演讲	江苏盐垦	李积新先生（演讲）、农专张龙图（笔记）

58 期（1926 年 4 月 1 日）

		论著	植树节	叶雅各
		论著	山西森林保存问题之商榷	罗德民（作）、李德毅（译）
		论著	中国造林史之一瞥	李继侗
		论著	山西沁源县的社山	任承统
		学术	女贞（冬青）播种之适当时期	陈　嵘
		学术	松毛虫侵害森林的情形及其防除的方法	林　刚
		学术	造林上选择树种问题及方法	李继侗

59 期（1926 年 4 月 11 日）

		论著	中国荒地问题	李积新
		论著	中国农业经济问题（续）	御　仲
		论著	山西森林保存问题之商榷（续）	罗德民（作）、李德毅（译）
		学术	竹林之经营	林　刚
		学术	怎样将旧式蜂箱的蜂群移入新式蜂箱	明
		常识	森林算学	铭

61 期（1926 年 4 月 21 日）

		论著	对于英国退还庚款用途意见	李积新
		论著	英国纱锭与用棉	
		论著	忠告农家致富和永富的秘诀	泽村李映惠
		论著	山西沁源县的社山（续）	任承统

期(发行日期)		栏目	文章题目	作　者
		学术	高粱粒黑穗病和防除的方法	博德(著)、俞大绂(译)
		学术	蚜虫防除的方法	博德(著)、俞大绂(译)
		杂俎	农林新报的解剖观	陈达(投稿)
63 期(1926 年 5 月 21 日)				
		论著	农业之革新	万国鼎
		论著	农佃问题纲要	乔启明
		论著	宣传"改良农业"最妙的方	郑荣波(投稿)
		学术	杀虫剂与杀菌剂之成分及其配合法	李积新
		学术	廿亩地的种棉法	唐希贤(投稿)
		调查	南京养蜂事业之调查	槻(译)
		杂俎	农家改用阳历的好处	储锐锋(投稿)
64 期(1926 年 6 月 1 日)				
		论著	改良乡村经济的建议	徐　澄
		学术	土壤改良法	丁松麞
		学术	初次买蜂所应留意的	明
		调查	福建罗源县农林状况	林敏功(投稿)
		农话	耕余闲谭	寄　农
		常识	各种土壤特性	李铭侯
65 期(1926 年 6 月 11 日)				
		论著	劝告乡村服务同志到暑期学校的几句话	过探先
		论著	本校农业推广系对于本届暑校之计划	周明懿
		论著	乡村信用合作社与"乡村改良"的关系	徐　澄

续表

期（发行日期）		栏目	文章题目	作 者
		论著	中国果园之需要及开办之程序	奉天高昌智
		杂俎	今年的暑期学校	匜
		常识	栽培要则	李积新
67 期（1926 年 7 月 1 日）				
		论著	创办浙江省立植棉试验场计划书	孙枋（拟）
		学术	浴蚕种之方法及其功效	赵忠滨
		学术	为什么有这样的大旱（续）	湖北通城王自强（投稿）
		调查	江苏盐垦	李积新
		常识		新
69 期（1926 年 7 月 21 日）				
		论著	我对于改良农业之意见	郑镕成（投稿）
		学术	适用农场簿记法（续）	孙文郁
		学术	普通作物害虫及治防用药	植物病害虫系
		学术	为什么有这样大旱（二续）	湖北通城王自强（投稿）
70 期（1926 年 8 月 1 日）				
		论著	米荒问题的讨论	孙中均（投稿）
		学术	乡村社会区划的方法	乔启明
		常识	防牛身上法	英医士马林
		常识	防苍蝇法	英医士马林
72 期（1926 年 8 月 21 日）				
		论著	浙江桑蚕茧丝绸近况（续）	
		论著	浙江桑蚕茧丝近况调查录（续）	
		学术	肥料试验指南（续）	江汉罗

期(发行日期)

	栏目	文章题目	作 者
73 期(1926 年 9 月 1 日)			
	论著	浙江桑蚕茧丝绸近况(续)	
	学术	本校改良大豆事业及其方法	王 绶
	学术	肥料试验指南(续)	江汉罗
75 期(1926 年 9 月 21 日)			
	论著	森林与河流之关系	康 瀚
	学术	小青表演农场的办法	唐希贤
	学术	为什么有这样的大旱(续 69 期)	湖北通城王自强(投稿)
	常识		新
	谈数	对乡村服务者说几句话	积 新
76 期(1926 年 10 月 1 日)			
	论著	浙省桑蚕茧丝绸近况(再续)	
	学术	枇杷之栽培法	何雄涛
	杂俎	地心温度	匜
	常识	各种作物病害之种类病因病状及其治防法(续)	新
79 期(1926 年 11 月 1 日)			
	论著	这样养蚕可以得到最大的利益	顾 莹
	学术	桑树有秋耕的必要	孙中均
	学术	为什么有这样大旱(续 75 期)	湖北通城王自强(投稿)
	研究	江苏盐垦区土壤中盐分之研究	新
	常识	各种作物病害之种类病因病状及其治防法	新

续表

期（发行日期）				
		栏目	文章题目	作　者
		杂俎	长沙农家之天气占谚	明
80 期（1926 年 11 月 11 日）				
			乡村道路建筑的方法	乔启明
			农民金融的问题	金天铎
			养蚕合作与蚕业经济	孙中均
84 期（1926 年 12 月 21 日）				
		论著	徐海道内的几个重要问题	任承统
		论著	如何往乡村去服务	新
		学术	秋麦冬牧的方法	泽村李映惠
		学术	乡村娱乐	郭仁风（编）、孙枋（译）
		学术	混交林之我见	日本鹿儿岛高等农林学校吴旸谷（投稿）
85 期（1927 年 1 月 1 日）				
			民国十六年的新希望	过探先
			要和我国乡村领袖所商榷的几点	徐　澄
			本月农事一览	
			二十世纪之主人翁	章之汶
			去年我国农业中可喜可悲的事	李积新
			主人翁之自觉	章之汶
			编辑闲谈	新
87 期（1927 年 1 月 21 日）				
			养蜂与小学教育	徐受谦

期(发行日期)		栏目	文章题目	作　者
			经营村有林的好处和办法(续)	任承统
			本月乡村公众行事一览	
			桑树施用肥料的研究	金逢辰
			福建推广农业开发农村运动草案	陈培锴
		农谚		弱　丝
		常识		新
		新闻	本校蚕桑系湖桑苗木畅销	辰
92期(1927年3月11日)				
			小学教师和农村	吴中量
			研究林木生长之要素(续九十期)	谷
			本月乡村学校农学教材一览	
			台湾农林业概要(续九十期)	谢申图
			乌江农产买卖信用合作社概况	范期愉(投稿)
		常识	木本植物开花次序表	执
93期(1927年3月21日)				
			中国目前输入外邦木料之情形(节译密勒氏评论报)	君　武
			人工造林与天然造林之得失	树　农
			十二个月养蜂简历	徐受谦
			王梨(又名凤梨)栽培法	耕　民
			本月乡村公众行事一览	
			苹果树害虫(续九十一期)	李积新
			台湾农林业概要(续)	谢申图
			福建推广农业开发农村运动草案(续八十七期)	陈培锴

续表

期（发行日期）				
		栏目	文章题目	作　者
		常识	花坛花草各月开花次序表	执
94 期（1927 年 4 月 1 日）				
			农民的庆祝	殿　仁
		森林专刊	十种主要林木之性质与其适宜之风土	林　刚
		植树律	雷德拍氏植树律	树　农（译）
		植树律	清明植树节的我见	吴中量
			本月农事一览	
			日本之防止冲刷	罗德民（著）、任承统（译）
			混交林之我见	吴旸谷
96 期（1927 年 4 月 21 日）				
			平均地权的意义与方法	
			要养蚕成功第一要用好种	
			本月乡村公众行事一览	
			懒惰是养蚕失败的要因	
			清洁是养蚕成功的要素	
			蚕种保护法	
			购买改良蚕种应注意的几件事	
			台湾农林业概要（续）	谢申图
97 期（1927 年 5 月 1 日）				
			雨水之保存	罗德民（著）、李鲁航（译）
			本月农事一览	
			本科推广系之新计划	周德懿、唐希贤（拟）

续表

期(发行日期)	栏目	文章题目	作　者
		乡村社交堂的商榷	唐希贤
		台湾农林业概要(五续)	谢申图
98 期(1927 年 5 月 11 日)			
		中国农民运动	唐启宇
		本月乡村学校农学教材一览	
		南京蜂群之越冬	徐受谦
		栽培乌桕	罗振基
		台湾农林业概要(续)	谢申图
		医治猫病灵验古方之验明	吴君衡
100 期(1927 年 6 月 1 日)			
		中国农民运动(续第九十八期)	唐启宇
		本月农事一览	
		对于江苏省食粮平准办法草案之管见	康　瀚、李积薪、唐启宇
		培养苗木的方法	吴宗量
		种稻新法	叶基桢
		江苏省食粮平准办法草案	
101 期(1927 年 6 月 11 日)			
		江苏昆山南通安徽宿县农佃制度之比较以及改良农佃问题之建议	乔启明
		本月乡村学校农学教材一览	
		江苏省训政时期建设事业实施程序刍议	姚传法
		农民种树的利益	张伯纶
		台湾农林业概要(续)	谢申图

续表

期（发行日期）

	栏目	文章题目	作　者
		江苏省农工厅来函	
102 期（1927 年 6 月 21 日）			
		解决农民知识问题之商榷	李积新
		我们要不要有佃租制度	启　宇
		本月乡村公众行事一览	
		江苏昆山南通安徽宿县农佃制度之比较以及改良农佃问题之建议（续）	乔启明
		养蚕浅说	范维深
		台湾农林业概要（续）	谢申图
103 期（1927 年 7 月 1 日）			
		棉花下种的预备	孙恩麐
		江苏昆山南通安徽宿县农佃制度之比较以及改良农佃问题之建议（三续）	乔启明
		晴雨表（一名气压表）	抱　一
		本月农事一览	
		选择棉种的法子	王养元
		组织兵工造林军官训练处意见书	姚传法
		台湾农林业概要（续）	谢中图
110 期（1927 年 9 月 11 日）			
		棉田除草的法子	秦国献
		江苏昆山南通安徽宿县农佃制度之比较以及改良农佃问题之建议（续完）	乔启明
		九月份乡村学校农学教材一览	
		武进农村现状之我见	金亮粥
		丹徒县上党镇附近庙集表	唐希贤

期（发行日期）

	栏目	文章题目	作　者
111 期（1927 年 9 月 21 日）			
		山西森林之滥伐与山坡土层之剥削	罗德民（著）、任承统（译）
		九月份乡村学校农学教材一览	
		山东恩县管家庄恤贫合作社之组织	管辅东
		安徽和县乡村组织之一斑	林茂长
		江苏昆山乡村组织之一斑	顾炎华
		徐州乡村组织之一斑	胡方山
		金陵大学农林科推广系之组织及事业	周　惕
113 期（1927 年 10 月 11 日）			
		山西林业刍议（四续）	任承统
		甘薯之栽培法	樊星阶
		十月份乡村学校农学教材一览	
		分别生丝等级新法	考活（著）、杜树桐（译）
		乡村养蜂改良法（三续·完）	徐受谦
		本校农林科森林系之组织及事业	周　惕
		本校农林科生物系之组织及事业	周　惕
114 期（1927 年 10 月 21 日）			
		四季栽桑与四季养蚕之经验	林侠农
		乡村小学	李映惠（著）
		本月乡村公众行事一览	
		月季花栽培法	李积新
		森林调查纲要	周树农（译）
		本校农林科农民服务社缘起和目的	泽村李映惠

续表

期（发行日期）				
		栏目	文章题目	作　者
			本校农林科生物系之组织及事业（续）	周　惕
			本校农林科农艺系之组织及事业	周　惕
116期（1927年11月11日）				
			世界林业之沿革及其趋势	陈　嵘
			乡村小学领导农民爱国和联络农民感情的实施	泽村李映惠
			本月乡村学校农学教材一览	
			猪之寄生虫	少鸣豪浪（译）
			吴江县区业佃仲裁委员会暂行条例草案	
			吴江县第几区业佃仲裁委员会暂行条例草案	
			本月乡村学校农学教材一览	
117期（1927年11月21日）				
			中国森林之概况	林　刚
			乡村小学农业课程的需要和农业教材收集的方法	李映惠
			本月乡村公众行事一览	
			关于肥田粉之解释	
119期（1927年12月11日）				
			中美农民生活程度之比较	乔启明
			十二月份乡村学校农学教材一览	
			种子的重要和获得纯良种子的方法（续）	李映惠
			十二月份乡村学校农学教材一览	
			华北农业消息	张子华

期(发行日期)		栏目	文章题目	作 者
			西北垦务消息	张子华
120期(1927年12月21日)				
			中华改良作物史略	王 绶
			种子的重要和获得纯良种子的方法(续)	李映惠
			本月乡村公众行事一览	
			江阴长寿育蚕指导所报告	缪寿俊
			吉敦路沿线林产调查	
122期(1928年1月11日)				
			十种主要树木造林法	林 刚
			柞蚕饲育林造成法	鲁慕胜(述)
			古历正月份乡村改良和农民运动应注意的事项	
			本校蚕桑系无锡育蚕指导所报告	马 进
			本校农林科农民服务社的进行	乔启明
		新闻	推广记载	周明懿
123期(1928年1月21日)				
			农林推广的几个先决问题	张一心
			下乡去	唐希贤
			二月份乡村小学重要家庭设计应研究的问题	
			本校农林科推广系之历史	周明懿
			推广杂录	李师吉
			本校蚕桑系无锡育蚕指导所报告(续)	马 进
			本校农林科农民服务社的进行	乔启明

续表

期（发行日期）

	栏目	文章题目	作　者
		组织蔬菜种植研究会的动机和办法	乔启明
		本校乡村教育系第二农村小学元旦游艺会纪	曹明智

124 期（1928 年 2 月 1 日）

	栏目	文章题目	作　者
		推广农业的中坚份子	李映惠
		下乡去（续）	唐希贤
		古历二月份季节和古谚的解说及农家应注意的农事	
		推广农林计划	徐开元
		推广杂录（续）	李师吉
		本校蚕桑系无锡育蚕指导所报告（三续）	马　进
		本校农林科农民服务社的进行	乔启明
		蔬菜种植研究会第一次开会记录	乔启明
		本校农场工友运动会纪要	

125 期（1928 年 2 月 11 日）

	栏目	文章题目	作　者
		农人自己保守纯种的方法	王　绶
		十种主要树木造林法（续）	林　刚
		古历二月份乡村改良和农民运动应注意的事项	
		推广农林计划（续）	徐开元
		试用肥田粉的报告	唐唯一
		本校农林科农民服务社的进行	乔启明
		记本校乡教系第二农村小学的休业会	李泽村

期(发行日期)

	栏目	文章题目	作 者
126 期(1928 年 2 月 21 日)			
		欢迎词	过探先
		江苏省农民协会代表曾省演说辞	周惕(记)
		为什么要组织农民协会	曾 省
	新春农业研究会日程纪要		李映惠
		三月份乡村小学重要家庭设计应研究的问题	
	农业研究会讲稿摘录	乡村领袖	徐 澄
		农业研究会的农歌摘录	
		十种主要树木造林法(三续)	林 刚
127 期(1928 年 3 月 1 日)			
		欢送词	周明懿
		江苏农工厅设计委员唐启宇博士演说辞	周惕(记)
	农业研究会日程纪要(续)		李映惠
		古历闰二月季节和古谚的解说及农家应注意的农事	
		农业研究会筹备处报告	张心一
	农业研究会讲稿摘录	种树的问题	林 刚

续表

期（发行日期）

	栏目	文章题目	作 者
	本校农林科农民服务社的进行	农民服务社新春之新计划	乔启明

128 期（1928 年 3 月 11 日）

	栏目	文章题目	作 者
		本校蚕桑系十六年度报告	顾莹
		古历闰二月乡村改良和农民运动应注意的事项	
		桑树栽培法提要	青 虹
		扑杀天牛幼虫的简易法	金逢辰
	农业研究会讲稿摘录	种树的问题（续）	林 刚
	本校农林科农民服务社的进行	组织蔬菜买卖合作社	乔启明
	新闻	一封黑省农林概况的写真信	李纪如

129 期（1928 年 3 月 21 日）

	栏目	文章题目	作 者
		养蚕前的预备	顾 莹
		四月份乡村小学重要家庭设计应研究的问题	
		桑树栽培法提要（续）	青 虹
		桑树最新的嫁接法	金逢辰
	农业研究会讲稿摘录	江苏省柴火问题与田野林	任承统

期(发行日期)			
	栏目	文章题目	作　者
	本校农林科农民服务社的进行	农民野外同乐会之组织	乔启明
130 期(1928 年 4 月 1 日)			
		改革植树节的办法以造成城市的风景林	林　刚
		清明植树节	任承统
		古历三月份季节和古谚的解说及农家应注意的农事	
		如何方不辜负了今年江苏的植树节	姚传法
		世界森林之分布	周国华
	农业研究会讲稿摘录	江苏省柴火问题与田野林(续)	任承统
		本校农林科森林系研究事业大纲	李德毅
		本校农林科农民服务社的进行	乔启明
131 期(1928 年 4 月 11 日)			
		江苏省森林政策之商榷	叶雅各
		菩提树与养蜂	陈　嵘
		森林和自然经济社会的关系	周树农
		古历三月乡村改良和农民运动应注意的事项	
		山西林业之现状及其问题	
	农业研究会讲稿摘录	江苏省柴火问题与田野林(续)	任承统

续表

期（发行日期）

		栏目	文章题目	作　者
		本校农林科农民服务社的进行	农民同乐会之盛况	乔启明
		新闻	安亭徐公桥乡区改进农村生活工作近闻	贤

133 期（1928 年 5 月 1 日）

			弁言	万国鼎
			古农书概论	万国鼎
			农业杂志概论	陈祖槼
			古历四月份季节和古谚的解说及农家应注意的农事	
		农业书报解题	叙言	万国鼎
			古书一　齐民要术十卷	万国鼎
			杂志一　中华农学会丛刊	陈祖槼

134 期（1928 年 5 月 11 日）

			我国农作物种子改良及推广方法刍议	沈宗瀚
			农人自己保守纯种的方法（续一百二十五期）	王　绶
			古历四月份乡村改良和农民运动应注意的事项	
		农业书报解题	古书二　农桑衣食撮要	万国鼎
			玉蜀黍之贮藏及发芽试验	翁德齐
			农友补助推广小麦之实例	唐希贤
			本校城外农场一九二七年之概况	徐乐三

续表

期(发行日期)			
	栏目	文章题目	作 者
135 期(1928 年 5 月 21 日)			
		乡村小学应该这样的做去	李映惠
		要根本改造中国须从乡村教育入手	章元玮
		六月份乡村小学重要家庭设计应研究的问题	
	农业书报解题	杂志二 新农业季刊	陈祖槐
		乡村补救教育的需要和办法	李映惠
		乡村小学的困难和解决的方法	金亮弼
		谈谈乡村间的教育	李清和
		炭酸铜粉防除大麦坚黑穗病的成效	唐希贤
		推广报告	李师吉
136 期(1928 年 6 月 1 日)			
		救济春旱的方法	王 绶
		我国农作物种子改良及推广方法(续一百三十四期)	沈宗瀚
		古历五月份季节和古谚的解说及农家应注意的农事	
	农业书报解题	古书三 泽谷农书	万国鼎
		种稻育秧的好处	李映惠
		杭州龙井茶树之研究	鲁慕胜
137 期(1928 年 6 月 11 日)			
		好种子才得好庄稼	沈宗瀚
		古历五月份季节和古谚的解说及农家应注意的农事	

续表

期(发行日期)

		栏目	文章题目	作　者
			农民教育的补救方法	程寿庵
		农业书报解题	杂志三　森林	陈祖槻
			试拟儿童种植竞进团的组织和办法	唐希贤
			试验种子优劣的方法	蒋荫松
			本校城外农场一九二七年之概况(续)	徐乐三
		本校农林科暑期学校通告书		
			皖桐东乡陈家洲推广报告	钱叶云

138 期(1928 年 6 月 21 日)

		栏目	文章题目	作　者
			农场之选择及购置	孙文郁
			七月份乡村小学重要家庭设计应研究的问题	
			徐公桥乡村改进上可能的几点	程寿庵
		农业书报解题	新书一　农业全书	万国鼎
			昆虫传病	吴振钟
			林木种籽的研究	罗振基
			广生油厂调查录	唐希贤
			直隶沧县乐善园学校十六年度农村事业的概要	邢春甲

139 期(1928 年 7 月 1 日)

		栏目	文章题目	作　者
			自然界植物研究之普通智识	蒋　英
			推广农业的方法	周明懿

续表

期(发行日期)				
		栏目	文章题目	作　者
			古历六月份季节和古谚的解说及农家应注意的农事	
			杂志四　休宁县农会杂志	陈祖棻
			农产品之销售法	孙文郁
140 期(1928 年 7 月 11 日)				
			养蚕的方法	顾青虹
			古历六月份乡村改良和农民运动应注意的事项	
		农业书报解题	杂志五　农社年刊	陈祖棻
			选择农芸应注意的几点	孙文郁
			农产品之销售法(续)	孙文郁
			除螟方法	张巨伯
			福橘栽培法	陈泰毓
141 期(1928 年 7 月 21 日)				
			农业与其他职业之比较	孙文郁
			养蚕的方法(续)	顾青虹
			八月份乡村小学重要家庭设计应研究的问题	
			造林上树木性质的研究	罗振基
			推广报告	李师吉
			常熟耿泾乡岳庙儿童菠菜种作竞进团团务报告	唐希贤
142 期(1928 年 8 月 1 日)				
		论说	来安县卫田升科之我见	尸复子
		论说	对于土地局之意见(转载)	

续表

期(发行日期)

栏目	文章题目	作者
论说	蝗虫问题(转载)	江苏省昆虫局主任技师吴福桢
	金陵大学农林科农林研究会简章	
学术	开凿自流井的经验谈(转载)	
学术	蝗灾中之迷信谈(转载)	王僧如
学术	戏菩萨	徐仲英
教育	校长资格	鲁泉
建设	来安县南乡水口镇创办警钟记	鲁泉
新闻一束	农事新闻	

143 期(1928 年 8 月 11 日)

栏目	文章题目	作者
论说	蝗虫问题(续)	江苏省昆虫局主任技师吴福桢
论说	对于土地局之意见(续)	恬庵
教育	吾为县教育局进一言	章鲁泉
教育	对于改进来安县立第二小学之我见	章慕梁(投稿)
建设	来邑水口镇创设公园记	章鲁泉
新村	农村组织之我见	尸复子
新村	阎锡山请实行村制之提议	
短剧	乡村学究	章光达

145 期(1928 年 9 月 1 日)

栏目	文章题目	作者
论说	我也来和诸位谈谈乡村信用合作社	江苏省农民银行刘振群
论说	发展棉业之我见(续)	黄龙骧
论说	冤苦的农声	程寿庵

续表

期(发行日期)		栏目	文章题目	作　者
		教育	修业的方法	章光庭
		建设	五中全会冯玉祥之建议案	
		调查	安徽省来安县公田之沿革	鲁　泉
		造林	津浦铁路林场造林计划书①	场长葛汉成(投稿)
		养蜂	新法养蜂四季管理纲要	南京益美养蜂研究会编辑部
146期(1928年9月11日)				
		论说	改良小麦之价值	郝钦铭
		教育	桐城东乡钱氏族学筹款意见书	钱野芸
		教育	皖来县立二高举行秋季始业式	记者
		建设	五中全会冯玉祥之建议案(续)	
		调查	农村社会调查	乔启明
		调查	南京南乡近况一瞥	周明懿
			还是乡间好	章鲁泉
		造林	津浦铁路林场造林计划书(三)	场长葛汉成
		养蜂	新法养蜂四季管理纲要(续)	南京益美养蜂研究会编辑部
		新闻一束	校内	王佐邦
		新闻一束	冯总司令参观本校太平门外农场记	曹明智
150期(1928年10月21日)				
		小言	量入为出	鲁　泉

① 该组文章陆续发表于第145,146,152,153,154期上,但序号不连续,且有错漏,
　原文如此。

续表

期(发行日期)

	栏目	文章题目	作　者
	论著	农业统计之效用	金陵大学农林科农业经济系讲师孙文郁(译)
	家禽	鸡病之研究	孙虎臣
	园艺	设立家庭园之切要	章文才
		本专修科与农民	周　惕
		农村与教育	黄植庭
		庙产兴学的实例	杨锡类
		短编戏剧　谁是我们的同盟者	闲元玮
		参观昆山嘉定等县村政乡教纪略(续)	杨达昌

151期(1928年11月1日)

	小言	哀哉小民	鲁　泉
	特载	来安县全体民众因卫田缴价升科事上县政府呈文底稿	
		乡民的痛苦和呼吁	过探先
	园艺	菊花栽培法	汤　易
	园艺	介绍十种鉴赏灌木	健　初
	会员信箱		
		我对于改良乡村的一点意见	刘振群
		建设新农村计划大纲	乔启明
		江宁县新林市保卫团成立典礼记	严恒敬
		来安水口镇庆祝国庆纪念之盛况	记者

152期(1928年11月11日)

	小言	人民怎样才能安居乐业	鲁　泉

续表

期(发行日期)				
		栏目	文章题目	作 者
		特载	题赠南京金陵大学农林科	薛笃弼
		森林	天然林之抚育法	李寅恭
			津浦铁路林场造林计划书(五)	葛汉成
		家禽	鸡病之研究(续)	孙虎臣
		园艺	感谢寄赠果实标本	
		报告	推广报告	李师吉
			改良农村的根本办法	隋英林
			爱国悲剧 爱国儿女	程寿庵
			开办乞丐收容所募捐启	杨锡类
			乡村学校应说一中心武术会	吴敬亭
153 期(1928 年 11 月 21 日)				
		小言	一个剿匪的妙法	鲁 泉
		特载	赠金陵大学农林科序	穆湘玥
		特载	对于广西农业改良问题之建议	邹秉文
		园艺	草花栽培法	金志文
		调查	农村社会调查(四)	乔启明
		造林	津浦铁路林场造林计划书(六)	葛汉成
		会员信箱		
			我友的乡村谭	刘振群
			建设新农村计划大纲(三)	乔启明
			改良农村的重要工作	黄植庭
			本专修科农村生活改进会简章	
154 期(1928 年 12 月 1 日)				
		小言	我国乡村社会前途的危机	鲁 泉

续表

期(发行日期)

		栏目	文章题目	作　者
		特载	题赠金陵大学农林科	易培基
		特载	对于广西农业问题之建议(续)	邹秉文
		造林	津浦铁路林场造林计划书(六)	葛汉成
		报告	青旸育蚕指导所报告(一)	金逢辰
		报告	塘坊桥唐家巷信用合作社成立之经过	一　农
		养蜂	北通县城郊养蜂植物调查表	益群养蜂研究会季显叔(投稿)
		会员信箱	淮属农民生活概况	杨国藩
		会员信箱	本专修科概况(一)	周　惕
		会员信箱	组织乡村公断处的意见	鲍尚贤
		会员信箱	训练乡村地保的意见	吴敬亭
		会员信箱	强盗和县知事	施书麟
		会员信箱	参观金陵女子大学附小的报告	黄植庭
		会员信箱	参观清凉山小学的报告	杨怀珍
		会员信箱	农友们你对得起你的子女吗	李清河

155期(1928年12月11日)

		小言	南北统一以后的新希望	鲁　泉
		造林	利用果实之栗树造林法	王叔周
		报告	华北的几个展览会	北通张子华
		报告	青旸育蚕指导所报告(二)	金逢辰
		会员信箱	淮属农民生活概况(续)	杨国藩
		会员信箱	本专修科概况(二)	周　惕
		会员信箱	参观无锡孤儿院记	杨锡类
		会员信箱	你晓得农民的防除病害是怎样?	吴敬亭

期(发行日期)

		栏目	文章题目	作 者
		会员信箱	A 农村小学里面有一位 B 先生	李玉山
		会员信箱	革命化与农村服务	施书麟
		会员信箱	训政时期的农村工作	胡坤荣
		会员信箱	樵歌	闵元玮
		会员信箱	农村生活	李玉山
		会员信箱	桐城东乡小枫林建筑圩堤会议之经过	钱野芸
156 期(1928 年 12 月 21 日)				
		小言	怎样是乡村化?	陈■皋
		森林	对于江苏省行道树选择法之意见	张福良
		演讲	冯部长训话	金逢辰
		垦荒	垦荒最难问题——土馒头	邵种艿
		园艺	果树剪定之原理	金志文
		植棉	太仓县县立棉作场进行计划	徐敦仁
		养蜂	凌霄为夏秋善良之粉蜜源	益群养蜂报特约编辑员阜宁趣园廖瑞庵
		会员信箱	问答四则	顾瑞农
		会员信箱	一封要求的信和答覆	章文才
		会员信箱	南京特别市西区实验小学参观记	朱迪人
		会员信箱	金陵大学太平门农村小学校史	曹明智
		会员信箱	金大鼓楼农村小学校史	程岐鸣
		会员信箱	太平门小学参观记	朱迪人
		会员信箱	总理诞辰开会记	金大太平门农村小学校小学生国海

续表

期（发行日期）				
		栏目	文章题目	作 者
			独幕剧	陈养真
168 期（1929 年 4 月 21 日）				
			为过探先先生建筑墓前纪念物公启	
		论说	怎样能解决中国谷类作物生产问题	孙虎臣
		专载	江苏之新棉区及其发展计划（续）	孙恩麐
		来件	兵工造林计划书（续）	皮作琼
		会员信箱	问答一则	会员邵紫初
		经济	推行农村信用合作之实际问题	严恒敬
		教育	对于农民教育的贡献	孙友农
169 期（1929 年 5 月 1 日）				
		专载	改良推广河南棉作计划书	王荫槐
		来件	兵工造林计划书（续）	皮作琼
		农艺	轮种在农业上之价值及其方法	蒋荫松
		会员信箱	维持土原状方法	会员吴毅
		特载	中央大学区汤山农民教育馆办法	孙 枋
		经济	推行农村信用合作之实际问题	严恒敬
		教育	对于农民教育的贡献（续）	孙友农
170 期（1929 年 5 月 11 日）				
		专载	改良推广河南棉作计划书	王荫槐
		造林运动	中央宣传部颁布造林运动宣传纲要	
		农艺	轮种在农业上之价值及其方法（续）	蒋荫松
		养蜂	养蜂琐问	徐受谦
		特载	中央大学区汤山农民教育馆办法（续）	孙 枋
		乡村社会	武进乡村社会之弱点及其改良方法之我见	李华农

期(发行日期)

		栏目	文章题目	作　者
		经济	合作社社员应当怎样用他的借款	刘振群
		经济	农民银行和农村合作运动	毛邦汉
171 期(1929 年 5 月 21 日)				
			本科科长过探先先生传略	
		专载	改良推广河南棉作计划书	王荫槐
		造林运动	中央宣传部颁布造林运动宣传纲要(续)	
		造林	中山陵园造林设计草案	林祐光、李寅恭
		栽桑	种桑的救急方法	刘世臣
		特载	无锡中学乡师改造乡村事业的既往和最近的将来	蒋世刚、张久如
		经济	中国农民运动的经济背景(转载)	张镜予教授(讲演)、黄耕苍(笔记)
		教育	乡村小学的几个根本问题	赵璧
		新村文艺	(一)国旗歌	戴季陶
		新村文艺	(二)新历节令歌	立法院
173 期(1929 年 6 月 11 日)				
		时论	改良我国棉种之方针及方法(续)	陈燕山
		专载	改良推广河南棉作计划书(续)	王荫槐
		土肥	肥田粉与泥土(续)	周拾禄
		蚕桑	条桑养蚕之利益	张富春
		农艺	小麦选种的简单方法	徐乐三

续表

期(发行日期)		栏目	文章题目	作　者
		特载	河北定县翟城村概况(节录村治月刊吕振羽君著北方自治考察记中之一段)	
		经济	中国农民运动的经济背景(续)	张镜予教授(讲演)、黄耕苍(笔记)
		教育	今后小学导师应注意的几点	于洪生
174期(1929年6月21日)				
		时论	改良我国棉种之方针及方法(续)	陈燕山
		专载	改良推广河南棉作计划书(续)	王荫槐
		造林	首都附近造林之重要树种	陈　植
		养蜂	本校人工王育之经过	吴振钟
		特载	浙江萧山县衙前村自治概况	钱幼琢
		经济	中国农民运动的经济背景(续)	张镜予教授(讲演)、黄耕苍(笔记)
		教育	塾师考试的经过和我见	蒋耆英
		新村妇女	妇女解放与农业	康继魁
180期(1929年8月21日)				
		时论	发展首都附近各县林业意见书	陈　嵘
		稻作	江苏省优良稻种之选择与推广	高文炳
		畜病	猪鸡几种普通病及其治疗法	刘荣基
		养蜂	初次养蜂所应留意的	吴振钟
		害虫	治蝗浅说(续)	江苏省昆虫局
		会员著作	绥远后套农事应行改良之管见(续)	许大可
		农谚	江苏溧阳农谚(续)	鲍尚贤

期(发行日期)		栏目	文章题目	作　者
		特载	浙江萧山县衙前村自治概况(七续)	钱幼琢
		经济	运销合作社有积极提倡的必要	朱蕴涛
		教育	推广农村教育之管见	杨锡类
181期(1929年9月1日)				
		时论	改良我国农业刍议	沈宗瀚
		专载	江苏盐城县县立农场进行计划书	吴联生
		调查	江苏南部森林概况	陈雪尘、李德毅、任承统
		害虫	治蝗浅说(续)	江苏省昆虫局
		特载	浙江萧山县衙前村自治概况(八续)	钱幼琢
		经济	资本主义与农村	童玉民
		教育	乡村小学之过去与未来	沈继农
		文艺	农民新五更	心镜
182期(1929年9月11日)				
		专载	改进中国蚕业之第一步	葛敬中
		调查	江苏南部森林状况(续)	陈雪尘、李德毅、任承统
		养蜂	本校蜂群之敌害	吴振钟
		会员信箱	一封从日本来的信	
		特载	浙江萧山县衙前村自治概况(九续)	钱幼琢
		经济	农用珠算之简便法	时镕成
		教育	无锡徐来小学实施乡村教育的状况	徐振新
		乡村社会小说	青天科长(续)	刘惟一

续表

期(发行日期)				
		栏目	文章题目	作 者
183 期(1929 年 9 月 21 日)				
		专载	江苏淮阴县立农场进行计划书	宋龙田
		调查	江苏南部森林状况(续)	陈雪尘、李德毅、任承统
		农艺	黄豆计数器制造及施用法	徐乐三
		会员著作	农田经营浅说	张果
		农谚	江苏溧阳农谚(续一百八十期)	鲍尚贤
		特载	中山陵园内新农村之计划	
		经济	合作运动与小学教师	曹竹屏
		教育	无锡徐来小学实施乡村教育的状况	徐振新
		乡村社会小说	青天科长(二续)	刘惟一
184 期(1929 年 10 月 1 日)				
		专载	再述水灾根本救治方法	凌道扬
		调查	江苏南部森林状况(四)	陈雪尘、李德毅、任承统
		养蚕报告	青旸育蚕指导所报告(续一百七十七期)	李莘农
		养蚕	选择鸡种与多生蛋的关系	郑永存
		会员著作	农田经营浅说(续)	张果
		特载	晓庄学校改进乡村社会事业之努力……农民运动的一斑	张真如
		经济	中国农村经济贫乏的由来	邵宾
		教育	河北冀县孟岭村小学计划	李振纲
		乡村社会小说	青天科长(三续)	刘惟一

期(发行日期)	栏目	文章题目	作 者
185 期(1929 年 10 月 11 日)			
	专载	再述水灾根本救治方法	凌道扬
	调查	江苏南部森林状况(五)	陈雪尘、李德毅、任承统
	园艺	山东大白菜之调查	葛庭焜
	病害	大麦坚黑穗病防治法	戴芳澜
	养鸡	选择鸡种与多生蛋的关系	郑永存
	特载	晓庄学校改进乡村社会事业之努力……农民运动的一斑(续)	张真如
	教育	农民休闲教育底理论和设施	钱恢福
	乡村社会小说	青天科长	刘惟一
186 期(1929 年 10 月 21 日)			
	专载	采用西洋农具应注意的几点	卜凯(著)、张履鸾(译)
	调查	江苏南部森林状况(六)	陈雪尘、李德毅、任承统
	棉作	棉花之收获与调制	徐宪章
	养蜂	人工举行的蜂王交尾法	吴振钟
	养鸡	养鸡须知	亨德北通潞中学农学教员
	会员著作	潼关附近急宜造林的管见	吴毅
	特载	江苏昆山县徐公桥新村调查纪略	孙世勋
	经济	中国农村经济生活及其救济方策	姜文宝
	教育	农民休闲教育底理论和设施(续)	钱恢福

续表

期(发行日期)		栏目	文章题目	作　者
		乡村社会小说	青天科长(四续)	刘惟一
187期(1929年11月1日)				
		专载	采用西洋农具应注意的几点(续)	卜凯(著)、张履鸾(译)
		调查	江苏南部森林状况(七)	陈雪尘、李德毅、任承统
		害虫	提倡秋蚕声中之"白蚕问题"	祝汝佐
		书报	整理古农书	万国鼎先生在农业专修科(讲)、褚守庄(记录)
		水利	山东凿井防旱意见	刘福
		特载	江苏省立南汤山农民教育馆妇孺部计划大纲及各项简章	
		经济	中国农村经济生活及其救济方策(二续)	姜文宝
		教育	创办探先乡村小学之经过	静观
		乡村社会小说	青天科长(五续)	刘惟一
188期(1929年11月11日)				
		专载	我国电力溉田之近状	沈嗣芳
		调查	江苏南部森林状况(八)	陈雪尘、李德毅、任承统
		棉作	我国试种美棉品种考略	李醒愚
		养鸡	养鸡须知(续)	亨德
		报告	本校农林科十八年秋季进行概况	李经农

期(发行日期)

		栏目	文章题目	作 者
		特载	苏州青年会农村服务处第一年工作情形	
		经济	中国农村经济生活及其救济方策(三续)	姜文宝
		乡村社会小说	青天科长(六续)	刘惟一

189期(1929年11月21日)

		时论	吉林屯垦问题	栗 直
		调查	江苏南部森林状况(九)	陈雪尘、李德毅、任承统
		棉作	我国试种美棉品种考略(续)	李醒愚
		养蚕	蚕种之冬藏	池田荣太郎(著)、李莘农(译)
		养鸡	养鸡须知(二续)	亨 德
		特载	苏州青年会农村服务处第一年工作情形(续)	
		经济	平方公尺或平方米突数改算市用制亩数简法	孙虹顾
		经济	湖南田租概状	农
		教育	湖北黄陂兴隆集私立日新农村小学校开幕经过	罗文鼎
		乡村社会小说	青天科长(七续)	刘惟一

190期(1929年12月1日)

		时论	中国棉业问题	刘钦晏

续表

期（发行日期）	栏目	文章题目	作者
	调查	江苏南部森林状况（十）	陈雪尘、李德毅、任承统
	园艺	菊花栽培法　种菊三十年之经验谈	李契善
	养蜂	中国新式养蜂事业之现状	冯焕文
	养鸡	养鸡须知（三续）	亨德
	特载	绥远旅行纪	阎克烈
	经济	江苏农村合作事业之现况及山东合作事业之进行	黄干桥
	乡村社会小说	青天科长（八续）	刘惟一
191 期（1929 年 12 月 11 日）			
	专载	中国棉业问题（续）	刘钦晏
	调查	江苏南部森林状况（续）	陈雪尘、李德毅、任承统
	报告	本校农林科十八年秋季进行概况（续）	李经农
	特载	今年河北的农业展览会	北通张子华
	经济	江苏农村合作事业之现况及山东合作事业之进行	黄干桥
	教育	湖北黄陂兴隆集私立日新农村小学校开幕经过（续）	罗文鼎
	乡村社会小说	青天科长（九续）	刘惟一
192 期（1929 年 12 月 21 日）			
	专载	中国棉业问题（续）	刘钦晏
	害虫	江苏武进西乡之螟灾情形	金絜纲

期(发行日期)

		栏目	文章题目	作　者
		报告	本校农林科十八年秋季进行概况(二续)	李经农
		演讲	我国办理高等农业教育应有之目的	中央研究院博物馆馆长钱天鹤(讲演)、张恺(笔记)
		农谚	云南昆明的农谚	褚守庄
		特载	丹麦之农业教育及农业合作社	谢申图
		教育	湖北黄陂兴隆集私立日新农村小学校开幕经过(续)	罗文鼎
		乡村社会小说	青天科长(十续)	刘惟一

建德西坞第一生产队账本资料介绍

王丹萍

人民公社时期,中国社会尤其是农村社会发生了巨大的变化。人民公社制度深刻地改变了中国的乡村面貌,并影响了农民基本的生活和生产方式。过去学术界对于人民公社的研究主要着眼于宏观的国家制度政策,以人民公社社员为中心的"自下而上"的研究占少数。张乐天的《告别理想:人民公社制度研究》一书是国内最早开始利用翔实的基层文献对人民公社制度进行研究的作品。[①] 张乐天利用浙江省海宁市联民村的详细账本资料以及生产队会计的工作日记,从大队层面,利用外部冲击——村落传统的模式对人民公社制度作出了一个横向的剖析。另一项"自下而上"的代表性研究是 2009 年由斯坦福大学出版社出版的《中国乡村纪事:集体化和改革的微观历程》。[②] 李怀印通过对江苏瀛东人民公社从集体化到改革开放期间的长时段研究,集中讨论了"中国农民在不同制度设置下的动机和行为的复杂性和多样性""国家和乡村的关系,基层干部与村民的关系"这两项对立关系,以及"集体化时期的经济激励与农业效率问题"。

近年来,学术界对于底层研究开始逐渐重视,许多学者将目光逐渐集中到乡村资料的搜集以及整理上。其中,最为典型的是由行龙主持的山西大学中国社会史研究中心和由张乐天组织的当代中国社会生活资料中心。山西大学中国社会史研究中心

---

① 张乐天:《告别理想:人民公社制度研究》,上海:上海人民出版社 2012 年版。

② 李怀印:《中国乡村纪事:集体化和改革的微观历程》,北京:法律出版社 2010 年版。

在过去十几年中,考察搜集了山西农村集体化时代一百余村庄的上千万件原始档案资料。2011年10月,由行龙、马维强以及常利兵利用收集到的典型档案合作完成的《阅档读史——北方农村的集体化时代》由北京大学出版社出版。复旦大学当代中国社会生活资料中心成立于2011年10月,由张乐天担任中心主任。在过去的八年里,该中心搜集整理了数十万件基层文书资料以及数十万封个人书信。而由张乐天主编的《中国当代社会生活资料长编》系列从2015年起开始出版。

2013年8月,日本一桥大学历史系佐藤仁史教授与浙江大学历史系地方文书编纂与研究中心合作,在浙江省建德市大洲村开展有关近当代浙江山林经济的田野调查。在调查过程中,发现了大洲村西坞村村民林发樟先生保存的建德西坞第一生产队1962年至1981年的账本资料、两次人口普查数据以及林发樟先生用于记录每日工作生活内容的历书等资料。林发樟先生在集体化时期担任了该生产队会计一职。这一类型资料大多都是由当时的会计或生产队队长保存,也有部分由大队保管。由于年代久远,保管人重视程度不够、保护不当等,保存至今的账本资料已为数不多。绝大多数的账本资料在过去的几十年中遭到破坏,被当作柴火焚烧或用作废纸出售。这套发现的账本保存完好,具体内容包括生产队每年的粮食和经济分配表、分类账、分户账、现金账、劳动工分账以及各类单据等等。像这样保存完好的长时段生产队的账本此前鲜有发掘。这类资料一经发现、整理和保存,将成为人民公社时期农村生产、农村经济生活以及农村家庭相关研究的珍贵一手资料,对进一步了解人民公社时期农村面貌有着极为宝贵的价值。笔者曾于2013年至2015年以研究助理的身份参与建德的田野调查,对这批材料有一定理解与认识，也曾在本科阶段利用这批新发掘的资料研究当地农民家庭在人民公社时期的经济生活面貌。本文将着重介绍这批账本的具体内容及其学术价值。

1. 背景介绍

建德西坞第一生产队在人民公社时期隶属于浙江省建德县大洲人民公社大洲大队。大洲大队即为现在的大洲行政村。大洲行政村下辖三个自然村，分别为芳山村、西坞村和大洲村。从地理上来说，大洲行政村位于建德市的北部，属于浙西山区地带，地势北高南低，山坡坡度较大，素有"九山半水半分田"之称，属于浙江省重要林业基地之一。

1961年大洲公社成立之初，下分七个生产队；其中，西坞村下分两个生产队，芳山村下分三个生产队，大洲村下分两个生产队。本文介绍的账本资料来自西坞第一生产队，也就是人民公社时期的大洲大队生产一队。根据档案资料记载，1983年西坞村共有85户家庭，共366个人。[①] 根据此次发现的账本记载，西坞第一生产队1964年共有25户家庭，138个人。1979年家庭数量上涨至40户，共计185个人。根据《建德农业志》的记载，建德县1966年至1971年，个人人均收入为80元至90元，而到了20世纪70年代中期，个人人均收入攀升到110元左右。[②] 从账本内容来看，同一时期西坞第一生产队的个人人均收入稍稍高于建德县的平均水平。总体上来说，我们可以将西坞第一生产队看作浙西山村典型生产队代表。

在进一步考察账本内容之前，笔者将先结合西坞当地的历

---

① 建德县地名委员会：《建德县地名志》，出版机构不详，1985年，第136页。

② 建德市档案馆藏，183—1—4，183—2—2；183—2—3；183—2—4；183—2—5；183—2—6；183—2—7；183—2—8；183—2—9，《大洲公社农业统计报告表》。

史对乡村集体化以及人民公社制度的建立和变迁做一个简单的梳理。1952 年到 1957 年，国家组织乡村开展农业集体化运动。中国乡村的集体化运动经历了"互助组""初级社"和"高级社"三个阶段。1951 年 12 月 15 日，中共中央颁布了《关于农业生产互助合作的决议》，强调互助组要建立在"自愿"和"互利"两大原则之上。① 互助组成员在农忙季节自发地组织相互帮助，加快农活进度。互助组组长负责召集成员，并协调生产。记账员负责记录各家帮工的具体时间。如果各家的帮工时间大致相同，则无须支付额外的帮工费用。这一形式与农村传统的帮工模式大体相同。因此，该形式受到多数农村家庭，尤其是生活水平较低的农村家庭的欢迎。这种合作模式解决了农民在农忙时期由于缺少劳动力而影响劳动生产的问题。

1954 年春，全国开始创办"农业生产合作社"。合作社期间，社员须将私有土地上交至合作社。在社员仍持有土地的私有权的前提下，土地由合作社社员集体进行耕种。在这一模式下，社员的主要收入来源于集体的土地分红。西坞村在 1954 年至 1955 年成立西坞农业生产合作社。农民将自己的农具折价作为股份加入合作社，入股后的农具归合作社所有，社员拥有使用权，估价由社长、会计和乡干部集体完成。收归合作社的生产资料，按照田亩数量进行平均分摊。②

尽管初级社已经实现了一定程度的集体化，但仍然不符合毛泽东对于社会主义的期望。1956 年，在中央的号召下，全国各地开始成立高级社。高级社时期，土地和大型农具全部集体化。

---

① 中国农业委员会：《农业集体化重要文件汇编（一九四九——一九五七）》，北京：中共中央党校出版社 1981 年版，第 95—105 页。

② 林发樟，2013 年 8 月 15 日上午，建德市大洲村西坞村林发樟家。

每个高级社大约拥有 250 户成员家庭，社员的收入取决于需求和劳动投入，而非生产资料和生产工具的私有权。[①] 根据林发樟回忆，1956 年，大洲成立三星高级农业生产合作社。三星高级社由三个初级社合并而成，下分七个生产队。三个初级社合并后的田地由高级社进行集中管理，山林和田地全部归集体所有，而具体的耕种形式还是和初级社时相同。[②]

1958 年，在高级社的基础上，人民公社在全国农村范围内广泛地建立。这一时期的"自上而下创办的大公社，以无偿占有农村基层生产资料和农民生活资料为其所有制的基础；以'政社合一'高度集中的'组织军事化、行动战斗化、生活集体化'为管理模式；以吃饭不要钱的公共食堂和供给制为其主要分配方式，创建了中国乡村千年未有的新制度"[③]。"一大二公"是 1958 年至 1960 年"大公社"期间人民公社最鲜明的特征，而这一特征也被认作是通往社会主义的桥梁。

"大跃进"运动的结束以及三年自然灾害宣告了"共产风"的大公社模式的失败。中央于 1961 年颁布了《农村人民公社工作条例（草案）》（简称"农业六十条"），否定了"一大二公"的大公社经济制度，确立了"三级所有、队为基础"的公社新体制。这一体制一直延续到改革开放，也是人民公社最重要的制度之一。生产队作为"基本核算单位"，其经营的好坏直接关系到每一个社员的生存情况。尽管大队和公社不直接对生产队的劳动进行管

[①] 中国农业委员会：《农业集体化重要文件汇编（一九四九——一九五七）》，第 564—588 页。

[②] 林发樟，2013 年 8 月 15 日上午，建德市大洲村西坞村林发樟家。

[③] 辛逸：《农业六十条的修订与人民公社的制度变迁》，《中共党史研究》，2012 年第 7 期，第 40 页。

理,但是会不时地向生产队提出指示与命令。根据林发樟回忆,西坞第一生产队从1961年开始作为基本核算单位,在此之前由大队统一记账。他本人在1961年至1981年期间担任西坞第一生产队会计一职。本文介绍的即是这个时期遗留下来的生产队账本。

2. 账本内容

总体而言,生产队账本资料主要包括三个部分:账簿、单据以及收益分配(到户)方案。从这套账本的内容来看,尽管主要的记账思路保持一致,60年代初和60年代后期至80年代人民公社解体前的生产队具体记账方法和账簿名称略有不同。1962年,西坞第一生产队的账本内容主要包括现金粮食日记账、社员往来分户账、分类账以及各类单据;1963年主要包括分户账、分类账、劳动工分账、现金日记账、年终分配方案以及各类单据;1964年主要包括分户账、劳动工分账、分类账以及各类单据;1965年主要包括分配收益分配决算方案、分类账、社员分户账以及各类单据;1966年以后记账方法和内容较为一致,每年的账本内容包括现金收付账、实物收付账、工分肥料登记簿、投资预支登记簿(1972年后改为实物预支登记簿)、现金收付月结表(1973年后改称收付存余额表)、社员分户账、多项分类账、收益分配方案以及各项单据。

在这次发现的资料中,笔者发现了于1966年出版的《生产队简明收入账和记账方法(改革草案)》。这一草案旨在指导生产队会计记账,以达到账面通俗易懂的效果。在草案颁布后,西坞第一生产队的记账方法逐渐固定下来。下文将以草案为参照,具体介绍这套账本的主要内容。

草案规定生产队会计在工作中应贯彻"六十条"和"二十三

条"规定的勤俭办队，自力更生和财务民主的方针，公开记账，并接受贫下中农的监督审查，实行现金和实物分开记账，实物实付，统一核算。草案同时要求各生产队的账簿包括"二账三单二簿"，即现金收付账、实物收付账；劳动工分清单、土肥投资清单、实物预支清单；社员分户登记簿以及固定财产登记簿。

从西坞第一生产队的账本来看，其实际操作大体遵循草案的规定，但同时也存在些许出入。按草案规定，现金收付账专记现金的收入、付出和结存情况，按照单据顺序记账，账上的结存数须与经济保管员结账一次，核对一次，并由经济保管员在账页上盖章；实物收付账顾名思义，专记粮食和其他产品收入、付出和结存情况，按照单据顺序记账，并实行按季分品名收付结存数量公布。由于西坞第一生产队所有粮食产出都用于上交国家农业税、集体提留以及社员分配，有部分年份只有现金收付账而不单独做实物收付账，在 1973 年以后，两个账目合并为收付日记账。

按规定，社员工分清单须按照社员劳动力姓名记工分，每天记每天公布，每月结出合计与社员核对；土肥投资清单按照每户社员肥料投资情况逐笔登记，计算出粮食数量，做到每天记，每天公布，每月结出合计粮食与社员核对；实物预支清单按每户社员在预支实物时的登记数量，并按实物品名、单价，折出金额和算出本单合计金额。现存账本中并没有找到逐日记载的工分和土肥投资清单，而只发现了工分肥料登记簿。其中工分仍旧以个人为单位逐月进行记录，肥料投资则以户为单位进行记录。值得一提的是，尽管绝大多数工分都是记录在各个劳动力名下，一小部分工分包括采茶叶、砍树、放牛等，则记录在各户而非个人名下。

　　草案还规定,社员分户登记簿的正面为工分肥料登记簿,背面为投资预支登记簿。投资预支登记簿根据现金收付账分月登记,实物折价根据实物预支清单登记,预支粮食分季按品名数量登记,一个品名登记一笔,并分别结出金额和累计金额;固定财产登记簿则要按名称、按件登记,可以折金额,也可以登记数量不折金额。实际生活中,西坞第一生产队从1972年以后就不再单独制定社员投资预支登记簿,而是改为制定实物预支登记簿。现金投资与现金预支部分则统一记录在分户账之中。现金投资的情况在人民公社时期并不常见,其来源主要是生产队队员从事手工业等副业的现金收入。在现有的生产队账本中并未找到相应的固定财产登记簿。

　　除了上述的"二账三单二簿",草案还规定各生产队制定分类账以及月结表。根据草案,一般情况下生产队分类账可以下设以下十个类别:生产收入(包括农、林、牧、副、渔等生产收入和其他收入)、成本开支(包括农、林、牧、副、渔等生产成本和管理费开支)、税款(包括农业税和副业税等税款)、公积金(包括提存公积金和交纳生产费股金等收付)、公益金(包括提存公益金和储备金等收付)、贷款(生产队向国家银行和信用社借、还贷情况)、暂收款(临时性借入或未确定收入的款项)、暂付款(临时性借出和未确定开支的款项)、社员投资(社员投资现金或结转上年分配找账款项)以及社员预支(社员平时预支或结转上年社员分配超支款项)。各个生产队可以根据自身的情况增加或减少相应栏目。而为了检查现金收付有无纰漏,生产队会计每月都须收付结算一次,记在现金收付月结表中。正常情况下,月结表一式三份,一份代分类账,一份连同单据由会计装订保管,另一份交由经济保管员保管,在审查核对后须由审查人员盖章。西坞第一生产队分类账和现金收付月结表的实际登记情况与草案规定的无较大出入。现金收付月结表在 1973 年后改称收付存余额表，实际功能不变。需要单独指出的是，根据林发樟回忆，公积金算作生产队集体财产，主要用于购置大型农具，按照每年收入的 3% 进行提留，实际操作中部分集体收入不好的年份不提留公积金。公益金则主要负责生产队的公益开支，包括修路费、广播费、电影费等等，通常情况下占纯收入的 1%。如果第一年提留的公益金没有用完，自动结转到下一年，如果第二年仍有存余，第三年就暂时不提留公益金。[①]

各类单据是人民公社时期生产队账本的另一大组成内容。按照草案规定，现金和实物的收付都要根据单据记账，同一类的单据可以数张合并记一笔账，没有单据不能记账，所有单据按照收付时间先后进行编号，记账后按月装订成册。从实际账本内容来看，单据主要分为队内和外来单据。外来单据多数来源于供销社、森工站、粮油局、茶叶收购站、粮食加工厂与农业信用合作社。队内的单据主要包括收款单、付款单以及农民书写的预支条。人民公社时期，农民生活中需要现金时，须向生产队打预支条。通常情况下，由各户的户主主笔，内容包括预支人姓名、预支理由、预支金额以及日期等信息。在预支请求得到生产队队长的同意与盖章后，预支人去经济保管员处领取相应金额，并将预支条上交至生产队会计以作留底。常见的预支理由包括家庭经济困难、木匠和篾匠工资、购买生活必需品、购买高价米、外出开会、子女教育、看病、定亲、结婚、生子、葬礼、节日开销以及还账等等，具体金额不定。

---

① 林发樟，2014 年 8 月 16 日上午，建德市大洲村西坞村林发樟家。

由于各类单据的数目繁多，为了方便记账，生产队会计通常会在积累一定数量的单据之后进行汇总，将已有的单据按照时间和门类进行划分，统一登记在记账凭证上。记账凭证包括记账时间、记账凭证编号、总账科目（分类账上的具体页数）、账目摘要以及收入和支出的金额。记账凭证和相应的单据会编订成册。分类账、社员分户账以及收付日记账一般也会标明每一笔账的具体记账凭证编号，以方便社员或是审查人员进行核对与审查。从现有的账本来看，林发樟并非每一年都按上述的方式登记账目。有些年份，林发樟并没有制定记账凭证，而是将各类单据进行编号（有时同一类别的单据有统一编号），以该编号来填写分类账、分户账以及收付日记账。

除了各类账簿与单据之外，人民公社时期生产队账本资料的最后一项重要内容就是每一年的收益分配方案。按照草案规定，每一年度各生产队都要进行春季、水稻、秋收预分和年终结算分配。在预分和决算时，实物要统一折价与现金一起进行分配。顾名思义，预分方案是在生产前预先计划的分配方案，而决算分配方案则是根据实际的生产产出进行制订。生产队分配的内容包括粮食和经济两大部分，从西坞第一生产队的账本内容来看，正常情况下分配方案包括春花（水稻、晚秋粮）粮食分户方案（预分与决算）、春花经济分户方案、春花分配到户方案（包括粮食和经济）。

生产队年终分配到户方案中记有详尽的生产队信息，包括生产队及每户家庭的人口、口分、工分数、应分口粮（包括基本口粮和工分粮）、应分口粮品种及数量、应分现金、预支粮食折价以及预支现金、年底盈亏情况，有时还包括家庭阶级成分。生产队收益分配方案中则有翔实的经济数据，包括全队全年的总收入、总支出以及总体分配情况。

从分配方案中我们发现，生产队进行粮食分配时主要遵从三个原则。收益分配的首要原则是"先国家，后集体"。生产队在进行社员分配之前首先要完成国家的征购任务，其中征指的是国家的农业税，购则是指收购农民的余粮。收益分配的第二项原则是要留足集体的。集体提留主要包括种子、饲料粮以及储备粮等。粮食分配的最后一项原则是在社员分配时兼顾好按劳和按需的比例。根据分配方案的记载，在除去国家征购以及集体提留之后，剩下的粮食85％按照家庭基本口粮分配，剩余15％按照工分数量进行分配。家庭基本口粮在农民的表述中也作口分，每户家庭的口分根据家庭成员的年龄、性别进行评定。

与粮食分配不同，经济分配完全依据各户的工分数量进行。该年度生产的总收入减去生产支出、管理费、集体提留以及国家农业税以后，除以当年生产队的工分总和就是每一个工分对应的现金额度。每个家庭能够获得的现金分配，则是该家庭当年年度工分总和乘以每个工分的折价金额，再扣除集体实物分配折价以及年中预支的现金金额。

3. 学术价值

西坞第一生产队1962年至1981年的生产队账本包含了极为丰富、详细的经济生活信息，是研究农村经济、农民生活和农民家庭不可多得的珍贵一手材料。这批账本是人民公社期间农村经济生活最原始的记录，能较为客观地反映当地20年间经济社会活动的真实情况。比如从收益分配方案中，我们可以充分了解该生产队的主要收入来源（比如西坞第一生产队的主要收入包括农业与林业收入，其中林业收入是其现金收入的最主要来源）、该队当年的农林业情况、国家税收以及集体提留占总体可分配收入的比例，以及每年工分的折价金额等等。这些信息能够帮助学者形成对该生产队、该地区经济情况的基本了解，进而从地方层面理解人民公社制度的内容与实际运作情况。

更为难得的是这套账本中保存完好的各类账本以及数万张交易单据。通过这些集中或零散的账目记录，我们真正可以尝试着去重现人民公社时期西坞第一生产队的经济活动，近距离且生动地还原各户家庭的经济与生活。这些看似繁杂的记录，是我们得以打开通向人民公社时期农村生活大门的钥匙，帮助我们更为准确地把握人民公社时期农村经济以及农民生活的特征。比如结合分户账以及对生产队队员预支条的时间与内容的整理，我们可以梳理出各户家庭每一年的生活开支情况。这批账本能够帮助我们进行合理的历史想象。通过对账本的解读，我们可以重建起中国农民在人民公社时期如何经历生老病死、婚丧嫁娶的生活图景，从而更好地书写农民的历史、人的历史。

除了这批账本资料，此次调查还发现了其他珍贵的民间材料，包括多本林发樟用来记录日常生活的历书、人民公社时期印发的宣传文件与学习资料等等。这些文献的发掘不仅给学者提供了新的史料，更能促进学者以新的视角来研究人民公社时期的乡村历史。

后 记

　　本书的起点可以说是 2007 年 8 月在浙江的田野调查。虽然中途经历了 3 年的中断，但直到 2016 年夏天我们调查团队在当地一共进行了 8 次田野调查。光阴似箭，现在回想起来我们在盛夏之时流下的汗水、盛在木桶里的米饭的独特风味等等都是调查中美好的回忆。让我记忆最为深刻的是 2013 年的夏季调查。那年夏天十分炎热，最高气温连续 5 天超过 40 度，其中还有两天达到 41 度。在这样炎热的天气里，我们调查还是依然进行。有一天我们请一位老人带我们去参观他所管理的山地时，我忘记了戴帽子。结果如同大家想象的一样，在之后的一个星期里我一直受到头部被晒破皮的困扰。然而，也正是这样的经验使得我们对浙江山区有了更深刻的了解。

　　就像我在前言中叙述的那样，我们的调查还在进行中，要想得到最终结论我们还需要一定的时间。我们有必要花费更多时间去分析已经收集到的大量的一手资料和地方文献，并通过团队成员之间反复的交流和讨论进一步深入对问题的理解。另外，我们会以这几年在共同调查中获取到的经验以及知识为动力继续进行调查。虽然本书可能只是一种中间报告论文（working paper)的聚集体,但是我们诚恳地希望能够触发与各位专家的对话和交流,以促使该调查团队研究的进展。

关于今后的调查,笔者在编辑本书的过程中发现了以下三个课题。第一个是关于方法和视角的课题。我们将共同研究的重点设定为对研究较少的山区的田野调查。因此,我们把大多数的时间都花费在基础知识的理解以及资料收集等基本工作上。这样导致我们没能充分地引进环境史的研究方法,也没能达成从地域共同资源(local commons)论的角度进行分析的最初目标。今后,如何从地域共同资源论的角度理解该地域的山区社会乃至中国山区的特征,可以说是我们一个重要的课题。我们在最初之所以设定这样的课题,主要是因为我们的问题意识是理解山村社会的共同性。然而这样的问题设定却导致我们过于从静态去理解山区社会史,没能充分地探讨如下问题:即伴随着近代土地所有权确立和地方财政的形成,在国家和地方,以及具有多层性的地方社会内部之中所发生的纠纷和矛盾。今后我们还需要从这些角度对该问题进行更深入的分析。

第二个是我们需要多种多样的对话。在讨论山林资源和山民的时候,需要与林业学者以及人类学者等专家进行跨学科的对话。虽然我们在共同研究的过程中邀请了环境经济学的专家来给我们讲授专业知识,但是我们还是十分缺少跨学科的讨论。另外,我们研究团队主要由中国史学者构成,里面包含有古代史、近代史等研究不同时代的成员。今后应该有意识地讨论如何从各个研究角度来理解长期变动。在共同研究中,我们总是会把大多数的时间花费在田野调查上,因此导致我们很难有充分的时间进行分析和讨论。希望今后我们能更加注重两者的平衡,以便能够把在田野调查中得到的见解带到研究中,而为该领域的发展做出贡献。

第三个是对史料的整理和分析。很可惜我们还没能充分地整理和分析在当地收集的地方文献和个人文书。在运用这些史料的时候，需要与以档案为主的文献，以及其他受访者的口述记录进行对照。我们暂时还未能深入地进行这步工作。为了加深对中国基层社会史研究方法论的理解及运用，我们也急需整理和分析这些已经收集到的珍贵史料。我们也希望在此基础上，对能够就支持这些史料的方法论和理论进行讨论。

自 2007 年开始田野调查起直到本书的出版，在此过程中我们得到了众多相关人士的支持和帮助。首先要感谢的是已经过世的冈元司教授（当时为广岛大学准教授）。冈教授作为科研计划"东亚海域交流与日本传统文化的形成"（研究代表人为小岛毅，东京大学教授）中田野调查部门"围绕海域的地域社会"的主持人，对钱塘江流域水上居民调查给出了很高的评价，并一直支持我们的调查。对于刚刚开始调查没有多久，甚至还处于摸索阶段的调查团队来说，冈教授的支持给予了我们很大的自信和勇气。其次，在这里要感谢的是推荐笔者成为当地调查团队成员的京都大学的太田出教授。从 2004 年的夏季调查一直到 2014 年的夏季调查，在此 10 年间的江南以及浙江山区、水上居民的调查中，我在各个方面得到了太田教授的指教。对于本来与该课题无缘的笔者来说，这 10 年间的调查不仅仅让我对这一课题以及该地域有了深深的理解，也让我从中学到了许多宝贵的知识。接下来要衷心感谢的是中山大学的吴滔教授。对于外国学者来说，无论是在语言方面还是在文化方面，当地调查时都面临很大的困难。在这样的情况下我们的口述调查还能取得出乎预料的成果，应该归功于吴滔教授卓越的田野调查能力以及精心安排。

在当地调查中,沈萌、潘斐弘、夏一红、陈天勤、徐芳、钱丰、伍珺涵、李星毅、王丹萍、彭滢燕等诸位研究生担任了我们的方言与普通话的翻译以及其它相关工作,在此对他们的帮助表示感谢。在与他们相处的过程中,他们旺盛的好奇心也给我们带来了很多启发。

共同调查合作人杜正贞与笔者几乎在同一时期,作为访问学者在香港中文大学历史人类研究中心访问 1 年。在此期间我们多次去旁听以科大卫教授为首的该中心所组织的专题演讲,与相关领域的专家们就各个课题深入讨论。能同时在这种自由自在讨论的气氛里进行研究,这样宝贵的经历给我们编辑本书带来了很多启发以及贡献。这样时机上的巧合,也是本书能够编写而成的一个重要的背景。除了以上之外,在田野调查以及研究的过程中,我们还得到了众多相关人士的帮助,本书的出版也得到了浙江大学历史系的支持,在这里向他们表示深切的感谢。

佐藤仁史

2018 年 4 月

于樱花散落的一桥大学小平宿舍

作者简介

编者

杜正贞

1976 年出生。香港中文大学历史系哲学博士。现为浙江大学历史系教授。主要研究方向为中国社会史、法律史。著作有《村社传统与明清士绅：山西泽州乡土社会的制度变迁》（上海：上海辞书出版社，2007 年），《近代山区社会的习惯、权利和契约：龙泉司法档案的社会史研究》（北京：中华书局，2018 年）。论文《上海城墙的兴废：一个功能与象征的表达》《地方传统的建构与文化转向——以宋金元时期的山西泽州为中心》《地方诉讼中的契约应用与契约观念》《"异姓为嗣"问题中的礼、法、俗——以明清浙南族规修订为例》《区域社会中作为信仰、制度与民俗的"社"》等。

佐藤仁史（SATO Yoshifumi）

1971 年出生。日本庆应义塾大学大学院文学研究科博士后期课程毕业。历史学博士。现为日本一桥大学大学院社会学研究科教授。主要研究方向为中国近现代社会史和口述史。著作有《近代中国の乡土意识：清末民初江南の在地指导层と地域社会》(东京：研文出版，2013年，获得第一届井筒俊彦学术奖，中文版为《近代中国的乡土意识：清末民初江南的地方精英与地域社会》，北京：北京师范大学出版社，2017年)、《嘉定县事：14至20世纪初江南地域社会史研究》(广州：广东人民出版社，2014年)等。

作者

村松弘一(MURAMATSU Koichi)

1971年出生。日本学习院大学大学院人文科学研究科博士后期课程毕业。博士(史学)。现为日本淑德大学人文学部历史学科教授。主要研究方向为中国古代环境史。著作有《中国古代环境史研究》(东京：汲古书院，2016年)，论文有《中国古代关中平原的水利开发与环境认识——从郑国渠到白渠、龙首渠》、《自然与人为互动：环境史研究的视角》(台北：中央研究院丛书，2008年)、《中国古代的山林薮泽——人类和自然的关系历史》、《中国历史上的环境与社会》(北京：生活·读书·新知三联书店，2007年)。

唐立宗

1970年出生。政治大学历史学博士。现为暨南国际大学历史学系副教授。主要研究方向为明史、明清社会经济史。著作有《在"盗区"与"政区"之间——明代闽粤赣湘交界的秩序变动与地方行政演化》(台北：台湾大学文学院，2002年)、《坑冶竞利——明代矿政、矿盗与地方社会》(台北：政治大学历史学系，

2011 年）等作品，近年则致力发掘史志文献价值，陆续发表《晚明〈铅书〉修撰及其矿冶开发史料探析》《相期成信史：钱澄之与康熙〈建宁府志〉纂修略论》、《晚明清初李开先〈盘餐录〉笔下的乱世经历》等论文。

相原佳之（AIHARA Yoshiyuki）

1974 年出生。日本东京大学大学院人文社会研究科博士后期课程毕业。博士（文学）。现为日本公益财团法人东洋文库研究员。主要研究方向为中国明清时代环境史。论文有《清代中期，贵州東南部清水江流域における木材の流通构造—〈采运皇木案牍〉の记述を中心に》（《社会经济史学》72—5，2007 年）、《清代贵州省东南部的林业经营与白银流通》（张新民主编《探索清水江文明的踪迹》，成都：巴蜀书社，2014 年）、《锦屏文书与刑科题本》（高其才、王奎编《锦屏文书与法文化研究》，北京：中国政法大学出版社 2017 年）等。

山本英史（YAMAMOTO Eishi）

1950 年出生。日本东京大学大学院人文科学研究科博士课程毕业。博士（文学）。现为南开大学历史学院讲座教授。主要研究方向为明清史和法律史。著作有《清代中国の地域支配》（东京：庆应义塾大学出版会，2007 年），《赴任する知县：清代の地方行政官とその人间环境》（东京：研文出版，2016 年），中国近世法制史料读解ハンドブック》（东京：公益财团法人东洋文库，2019 年）等。

山本真（YAMAMOTO Shin）

1969 年生。1999 年日本一桥大学大学院社会学研究科博士课程退学。2004 年获得社会学博士学位(一桥大学)。现为筑波大学人文社会系副教授。主要研究方向为中国近现代史、中国社会史。著作有:《近现代中国における社会と国家:福建省での革命、行政制度化、戦時動員》(创土社,2016 年),论文有《中日战争时期的福建省战时体制、粮食管理与严家淦》、《转型关键:严家淦先生与台湾经济发展》(台北:国史馆,2014 年)。

宫原佳昭(MIYAHARA Yoshiaki)

1977 年出生。日本京都大学大学院文学研究科博士后期课程毕业。博士(文学)。现为日本南山大学外国语学部副教授。主要研究方向为中国近代教育史。论文有:《袁世凯政权期の学校教育における"尊孔"と"读经"》(《东洋史研究》第 76 卷第 1 号,2017 年)、《民国初期地方教育界人士关心的问题——湖南省教育会与易克桌的教育主张》(载石川祯浩主编《日本京都大学中国研究系列 3:二十世纪中国的社会与文化》,北京:社会科学文献出版社,2013 年)。

菅野智博(KANNO Tomohiro)

1987 年出生。日本一桥大学大学院社会学研究科博士后期课程毕业。社会学博士。现为中山大学历史系(珠海)副教授。主要研究方向为东北亚史、中国近现代社会史。论文有《近代南满洲における农业劳动力雇佣:劳动市场と农村社会との关系を中心に》(《史学杂志》,第 124 卷第 10 号,2015 年)、《近代南满洲における农业外就业と农家经营:辽阳县前三块石屯の事例を中心に》(《东洋学报》,第 98 卷第 3 号,2016 年)、《分家からみる近代北満洲の農家経営：绥化县蔡家窝堡の苍氏を中心に》（《社会经济史学》，第 83 卷第 2 号，2017 年）等。

王丹萍

1993 年出生。麻省大学阿默斯特分校历史学硕士课程毕业。本科毕业于浙江大学历史系。本科和硕士期间主要研究人民公社时期以及改革开放初期浙江地区农民经济生活以及个人生活写作。现就读于哥伦比亚大学，攻读历史学博士学位。

译者：

吴修喆

1983 年出生。东京大学大学院综合文化研究科博士课程毕业，博士（学术）。现为日本帝京科学大学非常勤讲师。

魏郁欣

1984 年出生。日本庆应义塾大学大学院文学研究科博士后期课程毕业。博士（史学）。现为庆应义塾大学文学部非常勤讲师。

田由甲

1984 年出生。大阪大学大学院文学研究科博士后期课程满期退学。修士（文学）。现在从事翻译工作。

隋艺

1986 年出生。筑波大学大学院人文社会科学研究科博士课程毕业、博士（文学）。现为筑波大学研究员。

何雨

1995 年出生。中央民族大学毕业。现为筑波大学大学院人文社会科学研究科硕士生。

张靖中

1995 年出生。吉林大学毕业。现为筑波大学大学院人文社会科学研究科硕士生。

杨家鑫

1995 年出生。西華大学卒毕业。现为筑波大学大学院人文社会科学研究科硕士生。

图书在版编目（CIP）数据

山林、山民与山村：中国东南山区的历史研究 / 杜
正贞，（日）佐藤仁史主编 . —杭州：浙江大学出版社，
2020.12
ISBN 978-7-308-20041-7

Ⅰ.①山… Ⅱ.①杜…②佐… Ⅲ.①华东地区－地
方史－研究 Ⅳ.①K295

中国版本图书馆 CIP 数据核字（2020）第 031403 号

山林、山民与山村：中国东南山区的历史研究
杜正贞 ［日］佐藤仁史 主编

责任编辑	王荣鑫	
责任校对	张培洁	
封面设计	项梦怡	
出版发行	浙江大学出版社	
	（杭州市天目山路 148 号 邮政编码 310007）	
	（网址：http://www.zjupress.com）	
排 版	浙江时代出版服务有限公司	
印 刷	浙江新华数码印务有限公司	
开 本	880mm×1230mm 1/32	
印 张	10.75	
字 数	251 千	
版印次	2020 年 12 月第 1 版 2020 年 12 月第 1 次印刷	
书 号	ISBN 978-7-308-20041-7	
定 价	58.00 元	